新能源汽车研究与开发丛书

新能源汽车动力系统

王龙杰 程 超 席 林 刘 勇 易小兰 编 著

机械工业出版社

本书以新能源汽车动力系统为背景，层层递进引出新能源汽车动力系统的技术背景、开发细节及其发展趋势。具体来说，本书介绍了新能源汽车动力系统的概念、发展历程、场景设计方法。在此基础上，本书沿着新能源汽车动力系统开发的技术路线，重点阐述了组成原理、性能指标、动力蓄电池及驱动电机的组成原理；并聚焦纯电动、混合动力、燃料电池等主流新能源汽车动力系统，以及制动能量回收的匹配设计及遵循的法律法规等内容。

本书适合对新能源汽车动力系统相关技术感兴趣的读者，包括开发者、设计者、科研工作者，以及刚入门的汽车爱好者等。本书还适合有相关知识背景的从业人员深入学习。

图书在版编目（CIP）数据

新能源汽车动力系统 / 王龙杰等编著. -- 北京：机械工业出版社，2025. 5. --（新能源汽车研究与开发丛书）. -- ISBN 978-7-111-78518-7

Ⅰ. U469.7

中国国家版本馆 CIP 数据核字第 2025ZQ0326 号

机械工业出版社（北京市百万庄大街 22 号　邮政编码 100037）

策划编辑：何士娟　　责任编辑：何士娟　巩高铄

责任校对：甘慧彤　马荣华　景　飞　　封面设计：马精明

责任印制：单爱军

北京华宇信诺印刷有限公司印刷

2025 年 8 月第 1 版第 1 次印刷

184mm × 260mm · 12.5 印张 · 2 插页 · 315 千字

标准书号：ISBN 978-7-111-78518-7

定价：119.00 元

电话服务　　网络服务

客服电话：010-88361066　机　工　官　网：www.cmpbook.com

010-88379833　机　工　官　博：weibo.com/cmp1952

010-68326294　金　书　网：www.golden-book.com

封底无防伪标均为盗版　机工教育服务网：www.cmpedu.com

前　言

在全球能源格局深度调整与环境问题备受瞩目的时代背景下，新能源汽车产业如同一股蓬勃兴起的浪潮，正以前所未有的态势重塑着交通运输领域的风貌。其动力系统作为核心关键，承载着驱动汽车前行与推动产业变革的双重使命，因而成为学术界、产业界乃至全社会共同聚焦的核心领域。

回首往昔，新能源汽车的发展之路宛如跌宕起伏的历史长卷，早期电动汽车虽曾闪耀登场，却又转瞬沉寂。直至现代，在科技浪潮与时代需求的强劲推动下，各类新能源汽车竞相绽放。在此进程中，动力系统技术始终扮演着关键角色，在能源危机的严峻逼迫、环境恶化的迫切警示、政策法规的有力扶持以及科技飞跃的坚实助力下，持续进化演变、迭代升级。能源困局促使全球积极寻觅传统燃油汽车的替代良品，力求挣脱化石能源稀缺的束缚枷锁，尤其是大气污染与温室效应的双重夹击，更使新能源汽车动力系统的研发肩负神圣使命并获得奋进动力；政策扶持宛如明亮灯塔，精准指引方向，精心培育市场，有力推动创新；而科技突破则似神奇画笔，在电池、电机、电控等关键技术领域描绘出浓墨重彩的绚丽画卷，不断拓展新能源汽车动力系统的性能边界与应用前景。

本书作者倾尽全力，对新能源汽车动力系统展开了全方位、深层次、系统性的剖析解读。本书以新能源汽车的发展脉络为经线，细腻梳理了其在历史长河中的起伏变迁及内在因果；以精准定义与科学分类为纬线，清晰勾勒了新能源汽车及其动力系统的多元版图，精心编织起完整而严谨的知识网络。本书深度挖掘了新能源汽车动力系统的类型架构、运作原理、优劣特质及未来走向，凭借扎实的理论阐释与生动的实例剖析，引领读者探秘其核心本质与发展规律；全面展望了未来趋势，助力读者精准锚定产业航向，勇立创新潮头。从对驱动力与行驶阻力的精细解构，到对最高车速、加速性能、爬坡性能等动力指标的深度解析，本书运用科学理论与丰富案例，精准锁定影响性能的关键因素与作用机制；从动力蓄电池的分类准则、性能度量、严苛要求，到各类电池的性能比对，为电池研发、选型、优化筑牢理论根基；从驱动电机的类型甄别、性能要求，到各型电机的构造原理、控制策略与选型诀窍，为电机设计、应用、创新点亮智慧明灯。

继而，本书聚焦纯电动、混合动力、燃料电池等主流新能源汽车动力系统，深入探究其结构差异、原理奥秘、性能优势、设计精要与能量管理智慧；深挖新能源汽车制动能量回收系统，从能量损耗洞察、回收方法创新、制动模式剖析、系统架构解析到策略优化升级，全力挖掘新能源汽车节能潜力与价值；全景展示新能源汽车整车控制系统，涵盖整车控制器、电池管理系统、电机控制器、燃料电池控制器及氢系统控制器等关键部件的功能架构、设计巧思、控制逻辑与协同智慧，彰显整车控制集成的魅力与核心价值；系统梳理新能源汽车动力系统标准法规，从动力性能测试规范到能耗续航试验准则，为新能源汽车全生命周期管理提供了坚实规范依据与可靠质量保障。

创作期间，作者坚守科学精神，秉持客观态度，追求创新理念，广纳全球前沿成果与实践智慧，深度融合理论深度与实践广度，矢志使本书成为专业人士的思想宝库与行动指南，为其科研攻关、技术突破、工程实践注入源头活水；亦愿为汽车爱好者敞开求知大门，助其领略新能源汽车动力系统的科技魅力与创新价值。愿我们携手并肩，在新能源汽车创新发展的漫漫征途上笃定前行，为铸就汽车产业绿色、高效、智能的未来全力以赴，共同谱写辉煌篇章。

本书由吉利学院智能网联与新能源汽车学院的王龙杰、程超、席林、刘勇、易小兰等专任教师共同编著。吉利学院智能网联与新能源汽车学院的席林、刘勇和易小兰老师负责编写第 1 章（共计约 3.4 万字），吉利学院智能网联与新能源汽车学院的王龙杰老师负责编写第 2 ~ 6 章（共计约 18.6 万字），吉利学院智能网联与新能源汽车学院的程超老师负责编写第 7 ~ 10 章（共计约 13 万字）。在本书编著过程中，南充吉利远程、成都领克等企业的工程师们在交流合作过程中给予了作者启发，作者的学生张浩翔、张濬哲、刘琳、张澜、毛译玄、高萌茜为书稿的创作也付出了很多心血，为书稿的整理、内容校正提供了很大的帮助，在这里对各位参与者表示衷心的感谢。

由于作者水平有限，书中存在疏漏之处在所难免，恳请读者提出宝贵意见和建议，以便修订时予以纠正。

作　者

目　录

第1章　绪　　论

汽车在生产、生活及交通中扮演着重要的角色，汽车工业已成为国民经济的重要支柱产业。但是，汽车在给人们提供便捷、舒适的同时，也带来了很多负面影响，如能源危机、环境污染等。为缓解资源与环境的双重压力，各国相继出台了一系列政策来支持新能源汽车的发展，新能源汽车已成为当今汽车技术的研究热点和汽车工业的发展方向。

本章介绍了新能源汽车的发展史、现状及发展趋势，以及新能源汽车的类别，全面分析了新能源汽车动力系统的类型和新能源汽车动力系统的工作原理，指出了新能源汽车动力系统的优势与挑战，探讨了新能源汽车动力系统的未来发展趋势。

1.1　新能源汽车概述

1.1.1　新能源汽车的发展史

由新能源汽车的定义可知，电动汽车是新能源汽车的一种。新能源汽车的种类从最初的纯电动汽车发展到今天的多种类型，经历了漫长的过程。在世界汽车发展史上，电动汽车的发明比内燃机汽车还要早。新能源汽车的发展主要经历了以下不同阶段。

1. 19世纪30年代—50年代——电动汽车的崛起

事实上，电动汽车的历史比内燃机汽车要长。历史上，用于车辆的电机甚至比奥托循环发动机（汽油机）和狄塞尔发动机（柴油机）出现得还要早。早在1835年，荷兰的西伯兰德斯·斯特拉廷（Sibrandus Stratingh）教授就设计了第一款小型电动汽车。但更具实用价值的电动汽车是由苏格兰人罗伯特·戴维森（Robert Davidson）于1838年研制的，他首次使用的是不可充电电池。

2. 19世纪60年代—20世纪20年代——电动汽车的发展

随着电池性能、容量等关键技术的不断进步，法国发明家古斯塔夫·特鲁夫（Gustave Trouve）在1881年巴黎举行的国际电力博览会上演示了三轮电动汽车。紧接着在1884年，托马斯·帕克（Thomas Parker）将电动汽车实现量产。之后，美国费城电车公司于1897年研制的纽约电动出租车实现了电动汽车的商用化。20世纪初，安东尼电气、贝克、底特律电气、爱迪生、斯蒂庞克和其他公司相继推出电动汽车，电动汽车的销量全面超越汽油动力汽车。在当时的汽车消费市场上，电动汽车具有无气味、振动小、无噪声、不用换档和价格低廉等一系列内燃机驱动的车辆所不具备的优势，因此，电动汽车在当时的汽车发展中占据着重要位置。据统计，到1890年，在全世界保有的4200辆汽车中，有38%为电动汽车，40%为蒸汽车，22%为内燃机汽车。

图1-1所示为1882年德国西门子公司制造的无轨电车，图1-2所示为1899年速度突破100km/h的La Jamais Contente电动汽车，图1-3所示为爱迪生于1914年制造的底特律电动汽车。

图 1-1　1882 年德国西门子公司制造的无轨电车

图 1-2　1899 年速度突破 100km/h 的 La Jamais Contente 电动汽车

图 1-3　爱迪生于 1914 年制造的底特律电动汽车

3. 20世纪30年代—20世纪末——电动汽车停滞期

随着石油的大量开采和内燃机技术的不断提高，在1920年之后，与内燃机汽车相比，电动汽车逐渐失去了其竞争优势，于是汽车市场逐渐被内燃机驱动的汽车所取代。在电动汽车逐渐退居有轨电车、无轨电车以及高尔夫球场电动车等领域之后，随着全球石油资源的不断开发和利用，以及内燃机驱动汽车技术的不断成熟，电动汽车逐渐淡出了人们的视线。电动汽车的发展从此开始停滞了大半个世纪。与电动汽车相关的电机驱动、电池材料、动力蓄电池组、电池管理等关键技术的发展也进入了停滞状态。

4. 20世纪末至今——电动汽车的复苏及创新期

20世纪末，随着全球石油资源日益减少，环境问题日趋严重，在对节能环保车辆的需求越来越迫切的大环境下，人们重新认识到了电动汽车的重要性。在20世纪90年代，各个主要的汽车生产商开始关注电动汽车的未来发展，并且不断投入资金和技术到电动汽车领域。新能源汽车的概念应运而生，在日趋激烈的竞争中，新能源汽车的类型不断丰富起来。

1.1.2 新能源汽车的现状及发展趋势

1. 我国新能源汽车现状

从21世纪初开始，我国自主品牌汽车企业的新能源汽车研发和生产也进入一个蓬勃发展的阶段。国内汽车企业纷纷涉足新能源汽车的研发与生产，参与新能源汽车的示范运行及其产业化进程。比亚迪、奇瑞、东风、长安、上汽集团、一汽集团等是主要的参与者，目前已经成功研发多款轿车、客车及客车底盘。

近年来，新能源汽车产业成为我国战略性新兴产业的重要组成部分，为把握全球能源变革发展趋势和我国产业绿色转型发展要求，国家大幅提升新能源汽车的应用比例，推动新能源汽车成为支柱产业。国家不断发布新能源汽车产业相关政策，促进新能源汽车产业的健康发展。2018年11月9日，国家发展和改革委员会、国家能源局、工业和信息化部及财政部联合发布《提升新能源汽车充电保障能力行动计划》，提出力争用3年时间大幅提升充电技术水平，提高充电设施产品质量，加快完善充电标准体系，全面优化充电设施布局，显著增强充电网络互联互通能力，快速升级充电运营服务品质，进一步优化充电基础设施发展环境和产业格局。2018年12月10日，国家发展和改革委员会颁布《汽车产业投资管理规定》，自2019年1月10日起施行。对比之前的规定，新规严格控制燃油汽车新增产能，将不再批准新建独立的燃油汽车企业。同时，引导企业围绕优化产能布局，突破核心技术，推动产业转型升级。严格控制新增传统燃油汽车产能，进一步提高新建纯电动汽车企业项目条件，积极引导新能源汽车健康有序发展。

2018年，我国新能源汽车产销量分别达到127万辆和125.6万辆，比上年同期分别增长59.9%和61.7%。2024年，我国新能源汽车产销量分别达到1288.8万辆和1286.6万辆，同比增长34.4%和35.5%。我国新能源汽车产销量已连续10年位居世界第一，印证了我国新能源汽车行业发展迅猛的事实。

2. 新能源汽车技术的发展趋势

（1）动力系统技术发展

1）电池技术突破主要体现在以下几个方面：

① 能量密度提升：研发更高能量密度的电池材料和电池结构是关键趋势。例如宁德时代的凝聚态电池、比亚迪的刀片电池等，都在一定程度上提高了电池的能量密度，从而增加了新能

源汽车的续驶里程。

② 快充技术发展：华为汽车的低温快速充电（简称快充）技术试验成功，以及欣旺达的闪充电池等，都表明了快充技术的重要性和发展潜力，未来有望实现更短时间内的高比例充电。

③ 固态电池研发：固态电池采用固态电解质替代传统液态电解质，具有更高的能量密度和更好的安全性，预计将成为未来新能源汽车电池技术的重要发展方向。中国科学院院士陈军及其团队已经在固态电池研发方面取得了显著成果。

④ 电池材料创新：未来可能会出现更加高效、安全、环保的电池材料，如硅碳复合材料、硅氧复合材料等负极材料，以及新型的正极材料，以进一步提高电池的性能和寿命。

2）氢燃料电池应用推广。氢燃料电池被认为是未来新能源汽车的一个有潜力的发展方向。它具有能量转换效率高、零排放、加氢时间短等优点，适合长途运输和大型车辆等应用场景。目前，氢燃料电池技术还面临着成本高昂、加氢基础设施不足等挑战，但随着技术的不断进步和政策的支持，其应用范围有望逐渐扩大。

（2）自动驾驶与智能网联

1）自动驾驶技术升级。随着传感器技术、人工智能算法、大数据处理等关键技术的不断突破，无人驾驶汽车的性能正在不断提升，其安全性和可靠性也在逐步增强。汽车制造商和科技公司都在积极投入研发，推动无人驾驶技术的商业化进程。

2）智能网联功能增强。2024 年世界智能网联汽车大会发布了《智能网联汽车全球十大技术趋势》，内容包括面向高级别自动驾驶的超级人工智能、网联汽车高速通信技术、车用存算一体芯片等。新能源汽车将更加智能化和网联化，实现车辆与车辆、车辆与基础设施之间的高速通信和数据共享，提升用户的驾驶体验。

（3）车身与制造技术创新

1）轻量化设计。由于新能源汽车没有传动系统和发动机，车身结构更加简单，因此采用铝合金、高强度钢、碳纤维等轻量化材料，可以减轻车身重量，从而提高能源利用效率、增加续驶里程，同时也有助于提升车辆的操控性能。

2）一体化压铸技术应用。一体化压铸技术可以将多个零部件集成在一个大型压铸零件中，减少零部件数量和生产工序，提高生产效率，降低生产成本，同时也能增强车身的强度和稳定性，是未来新能源汽车制造技术的一个重要发展方向。

（4）能源管理与回收利用优化

1）能源管理系统升级。通过优化电池管理系统、能量回收系统等，提高新能源汽车的能源利用效率，减少能源浪费。例如，智能的能源管理系统可以根据车辆的行驶状态和路况，自动调整电池的充放电策略，延长电池寿命，增加续驶里程。

2）电池回收利用加强。随着新能源汽车保有量的增加，电池回收利用的重要性日益凸显。加强电池回收和再利用技术的研发，建立完善的电池回收体系，不仅可以减少对环境的影响，还能提高资源利用效率，降低电池生产成本。

1.1.3 新能源汽车的类别

1. 新能源汽车定义

根据我国汽车产业发展政策，工业和信息化部于 2017 年 1 月 6 日发布了《新能源汽车生产企业及产品准入管理规定》（以下简称《规定》），自 2017 年 7 月 1 日起施行。该《规定》

对新能源汽车给出了明确的定义：新能源汽车是指采用新型动力系统，完全或者主要依靠新型能源驱动的汽车，包括插电式混合动力（含增程式）电动汽车、纯电动汽车和燃料电池电动汽车等。

从以上的定义可以看出三层意思：首先是新能源汽车必须采用新型的动力系统，驱动电机和动力传动系统都必须与传统的燃油汽车有一定的区别；其次在驱动能源方面，必须是完全或主要依靠新型能源来驱动汽车，不用燃油或极少用燃油；最后，新能源汽车行业重点推进的是插电式混合动力电动汽车、增程式电动汽车、纯电动汽车和燃料电池电动汽车等。

新能源汽车和电动汽车的关系如下：电动汽车是指以车载电源或其他能源为动力，用电机驱动车轮行驶，符合道路交通安全法规各项要求的车辆，电动汽车的关键特征是车轮全部或部分由电机驱动；新能源汽车和电动汽车的定义虽然不同，但由于绝大多数新能源汽车都是通过电机驱动车轮的，电动汽车涵盖了大部分新能源汽车的类型。不过应该注意到，电动汽车只是新能源汽车的细分类型，新能源汽车所包含的范畴大于电动汽车。本书主要讨论电动汽车，在无特指的情况下，本书中的新能源汽车就是指电动汽车。

2. 新能源汽车的分类

按照《规定》中的划分方法，新能源汽车主要分为插电式混合动力电动汽车、增程式电动汽车、纯电动汽车和燃料电池电动汽车。当然，新能源汽车还包括氢发动机汽车、天然气汽车以及其他新能源（如高效储能器、二甲醚）汽车等不同类别的产品。

（1）混合动力电动汽车

混合动力电动汽车是指由多于一种的能量转换器提供驱动动力的混合型电动汽车，即使用蓄电池和副能量单元的电动汽车，其副能量单元实际上是一部燃烧某种燃料的原动机或动力发电机组。目前，混合动力电动汽车多采用传统燃料的燃油发动机与电机混合。按照获取能源的方式不同划分，混合动力电动汽车可以分为可外接充电式混合动力电动汽车和不可外接充电式混合动力电动汽车；按照动力系统结构的不同划分，混合动力电动汽车可以分为串联式混合动力电动汽车、并联式混合动力电动汽车和混联式混合动力电动汽车；按照燃料种类的不同划分，又可以分为汽油混合动力和柴油混合动力两种。目前在国内市场上，混合动力电动汽车的主流是汽油混合动力，而在国际市场上，柴油混合动力车型发展较快。

混合动力电动汽车是传统内燃机汽车与电动汽车相结合的产物，其关键技术是混合动力系统，它的性能直接关系到混合动力电动汽车的整车性能。混合动力电动汽车最突出的优势就是其燃油经济性，可以按平均需要的功率确定内燃机的最大功率，使内燃机处于油耗低、污染少的最优工况下工作，一般比传统燃料汽车节约燃油 30% ~ 50%，而且也可以显著降低排放。同时，电池可以方便地回收制动等工况时的能量。从普及推广的角度来看，可以利用现有的加油站设施，不需要新的投资。但是，混合动力电动汽车也存在着价格高、长距离高速行驶基本不能省油等问题。目前，我国混合动力电动汽车技术发展较快，部分车型已处于技术成熟期。

图 1-4 所示为奥迪 Q5 Hybrid 混合动力电动汽车。

（2）增程式电动汽车

根据 GB/T 19596—2017《电动汽车术语》规定，增程式电动汽车是一种在纯电动模式下可以达到其所有动力性能，而当车载可充电储能系统无法满足续驶里程要求时，打开车载辅助供电装置为动力系统提供电能，以延长续驶里程的电动汽车，且该车载辅助供电装置与驱动系统没有传动轴（带）等传动连接。

图 1-4　奥迪 Q5 Hybrid 混合动力电动汽车

（3）纯电动汽车

纯电动汽车是指以车载电源为动力，用电机驱动车轮行驶，符合道路交通安全法规各项要求的车辆。纯电动汽车完全采用可充电式电池驱动，其基本结构并不复杂，发电机和车载电池是关键部件，其中又以电池最为关键，其难点在于电力储存技术。

由于电力可以通过多种一次能源获得，不必担心能源的枯竭，因此，纯电动汽车具有广阔的使用前景，同时纯电动汽车所具有的无污染、低噪声、高能效等优点也使电动汽车的研究和应用成为汽车工业的一个“热点”。目前，蓄电池单位质量存储的能量太少，充电后续驶里程不理想；而高储量的蓄电池使用寿命较短，没形成经济规模，导致使用成本高，难以实现商业化应用。

对于电动汽车产业化进程而言，目前最大的障碍就是基础设施建设以及价格。与混合动力电动汽车相比，纯电动汽车更需要基础设施的配套，而这需要政府的投入以及相关企业的合作共建，才有可能大规模普及推广。近年来在我国，以锂离子蓄电池为代表的电池技术有了长足的发展。

图 1-5 所示为奥迪 e-tron quattro 纯电动汽车。

图 1-5　奥迪 e-tron quattro 纯电动汽车

（4）燃料电池电动汽车

燃料电池电动汽车是利用燃料电池，将燃料中的化学能直接转化为电能进行动力驱动的新型汽车，如图 1-6 所示。与混合动力电动汽车相比，燃料电池电动汽车完全不进行燃料的燃烧

过程，而是通过燃料电池直接将化学能转化为电能，依靠电机驱动。与纯电动汽车相比，燃料电池电动汽车的动力源主要是燃料电池，而不是蓄电池。燃料电池的能量转换效率比内燃机要高 2～3 倍，燃料电池的化学反应过程不会产生有害物，并且噪声低。因此，从能源利用和环境保护的方面来看，燃料电池电动汽车是一种理想车辆，代表着清洁汽车未来的发展方向。

图 1-6 燃料电池电动汽车

燃料电池电动汽车使用的燃料包括氢、甲醇、汽油及柴油等，国际上普遍采用的是高能量密度的液态氢。近些年，虽然国际上在燃料电池技术方面已经取得了重大进展，但在燃料电池电动汽车开发中仍然存在着一些技术性挑战，如燃料电池组的一体化、整车集成、产业化、商业化等。我国在燃料电池电动汽车领域的研究水平与发达国家相差无几，有关专家指出，我国完全有能力在这一领域赶超世界先进水平。

（5）其他新能源汽车

现阶段，除电动汽车外，还有诸如氢发动机汽车（图 1-7）、天然气汽车（图 1-8）、乙醇汽车、二甲醚汽车等以其他能源作为动力源的汽车。

图 1-7 氢发动机汽车

图 1-8 天然气汽车

氢发动机汽车是在现有发动机基础上加以改造，用氢气（或其他辅助燃料）和空气混合燃烧产生能量从而获得动力的汽车。氢发动机汽车除了具备无污染、低排放等优点外，还具备燃烧性能高、内燃机技术成熟等优点，同时，氢发动机在环保、成本、技术成熟度、应用场景、安全性、快速响应和长寿命等方面具有特殊优势。

天然气汽车是以天然气作为燃料的汽车，又称为“蓝色动力”汽车。按照天然气的化学成分和形态，分为压缩天然气（CNG）汽车、液化天然气（LNG）汽车和液化石油气（LPG）汽车三种。天然气汽车由于以天然气为燃料，具有低污染、低成本、高安全性的特点，但动力性能较低，且燃料不易携带，而且一旦大规模投入使用，必须建立相应的加气站及为加气站输送天然气的管道，涉及城市建设规划、经费投入和环境安全等诸多因素，成本很高。我国天然气资源丰富，且天然气汽车技术发展较快，在天然气资源丰富的地区，天然气汽车较为普及。

乙醇汽车使用的燃料是乙醇汽油，乙醇汽车技术已经相对成熟，对传统内燃机进行改动即可使其适应不同的乙醇汽油燃料。乙醇汽车在美国、巴西等乙醇资源丰富的国家发展较快，而在我国还处于起步阶段。

二甲醚汽车以二甲醚作为压燃式发动机的燃料，使用方式有两种：一是将二甲醚作为点火促进物质，二是将纯液态二甲醚进行直接燃烧。我国二甲醚汽车技术的开发已经取得了重要进展，如上汽集团已经成功开发出二甲醚城市公交客车，并已开始试运行。

1.2 新能源汽车动力系统概述

近年来，新能源汽车在汽车市场上可谓异军突起。路上越来越多造型新颖、安静环保的新能源汽车穿梭而过，传统燃油汽车统治街道的场景逐渐发生变化，新能源汽车以其独特的魅力吸引着消费者的目光。它们为何能如此迅速地崭露头角？这背后离不开其先进的动力系统。新能源汽车的动力系统究竟是如何工作的？让我们一同揭开它的神秘面纱。

1.2.1 新能源汽车动力系统的类型

1. 纯电动动力系统

纯电动汽车的动力系统相对较为简单直接。其核心部件主要包括动力蓄电池组、电机和电控系统。动力蓄电池组就像是汽车的“能量仓库”，为车辆提供行驶所需的电能。目前市面上常见的电池类型有锂离子蓄电池等，它们具有能量密度高、充放电性能好等优点。电机则是将电能转化为机械能的关键装置，相当于汽车的“心脏”，驱动车辆前进。电控系统则如同“大脑”，负责协调和控制动力蓄电池与电机之间的能量传输和运行状态，确保车辆的高效稳定运行。

例如，特斯拉的Model系列车型，其采用的高性能动力蓄电池组和先进的电机技术，使得车辆拥有出色的加速性能和续驶里程。当驾驶员踩下加速踏板时，电控系统会根据踏板的行程和车辆的运行状态，合理地控制动力蓄电池向电机输送电能，电机随即转动，带动车轮旋转，车辆便开始加速行驶。在制动过程中，电机还可以通过能量回收系统将车辆的动能转化为电能回收到动力蓄电池组中，提高能源利用效率。

2. 混合动力系统

混合动力电动汽车的动力系统则更为复杂一些，它结合了传统燃油发动机和电动机的优势。常见的混合动力系统有串联式、并联式和混联式。

串联式混合动力系统中，发动机主要用于驱动发电机发电，电能再供给电机驱动车辆行驶。就好像是一个“发电站”和“电动驱动器”的组合，车辆在行驶过程中，发动机始终保持在较为高效的运行状态发电，电机则根据实际需求提供动力。

并联式混合动力系统中，发动机和电机既可以单独驱动车辆，又可以共同工作。在低速行驶或起步时，电机可以单独驱动车辆，提供安静、平顺的动力；在高速行驶或需要大功率输出

时，发动机则介入工作，与电机一起为车辆提供更强的动力。这种模式既能充分发挥电机的优势，又能利用发动机在高速行驶时的高效性能。

混联式混合动力系统则融合了串联式和并联式的特点，具有更灵活的工作模式和更高的能源利用效率。以丰田普锐斯为例，它的混合动力系统可以根据不同的行驶工况自动切换工作模式，实现最佳的动力输出和燃油经济性。在城市拥堵路况下，车辆可以主要依靠电机驱动，减少燃油消耗和尾气排放；在高速公路行驶时，发动机则可以更高效地工作，为车辆提供稳定的动力。

1.2.2 新能源汽车动力系统的工作原理

1. 动力蓄电池组的工作原理

动力蓄电池组是新能源汽车动力的来源，其工作原理基于化学反应。以锂离子蓄电池为例，在充电过程中，锂离子从正极材料中脱出，经过电解质溶液，嵌入到负极材料中；在放电过程中，锂离子则从负极材料中脱出，回到正极材料中，同时产生电流，为车辆提供动力。这个过程就像是一个“锂离子的搬运工”不断地在正负极之间来回穿梭，实现电能的储存和释放。

为了确保动力蓄电池组的安全和性能，新能源汽车通常配备了先进的电池管理系统（Battery Management System，BMS）。BMS 可以实时监测电池的电压、电流、温度等参数，对电池进行均衡管理、过充电过放电保护等。例如，当电池温度过高时，BMS 会启动散热系统，降低电池温度，防止电池过热引发安全问题；当电池电量过低时，BMS 会提醒驾驶员及时充电，避免电池过度放电影响电池寿命。

2. 电机的工作原理

电机是将电能转化为机械能的装置，其工作原理基于电磁感应定律。当电流通过电机的定子绕组时，会在定子周围产生一个旋转磁场。这个旋转磁场会与电机转子上的永磁体或感应绕组相互作用，产生电磁力，使转子旋转起来。转子的旋转通过传动装置传递给车轮，驱动车辆前进。

不同类型的电机具有不同的特点和优势。永磁同步电机具有高效率、高功率密度等优点，广泛应用于新能源汽车中；异步电机则具有结构简单、可靠性高、成本低等特点，在一些早期的新能源汽车和部分商用车中也有应用。例如，比亚迪的部分车型采用了永磁同步电机，其高效的性能为车辆带来了出色的动力和续驶表现。

3. 电控系统的工作原理

电控系统是新能源汽车动力系统的“指挥官”，它负责协调和控制动力蓄电池组与电机之间的能量传输和运行状态。电控系统主要由控制器、逆变器等组成。

控制器根据驾驶员的操作意图（如加速、减速、制动等）和车辆的运行状态，计算出所需的动力输出，并向逆变器发送控制信号。逆变器则将动力蓄电池组输出的直流电转换为交流电，供给电机使用。同时，电控系统还会对电机的转速、转矩等进行精确控制，以实现车辆的平稳加速、减速和行驶。

此外，电控系统还具备控制能量回收的功能。在制动或减速过程中，电控系统会控制电机转变为发电机工作模式，将车辆的动能转化为电能回收到动力蓄电池组中，提高能源利用效率。它就像是一个“能量回收小能手”，让车辆在行驶过程中尽可能地减少能量的浪费。

1.2.3 新能源汽车动力系统的优势与挑战

1. 具备的优势

（1）环保节能

新能源汽车动力系统以电能为主要能源，相比传统燃油汽车，大大减少了尾气排放，对环境的污染更小。同时，电机的能量转换效率较高，能够更有效地利用能源，降低能源消耗。

（2）静谧舒适

电机在运行过程中噪声较小，使得新能源汽车在行驶过程中更加安静舒适，为用户提供了更好的驾乘体验。

（3）动力性能优越

电机具有转矩大、响应快的特点，使新能源汽车在起步和加速时能够迅速提供强大的动力，给驾驶员带来畅快的驾驶感受。

2. 面临的挑战

（1）续驶里程焦虑

虽然新能源汽车的续驶里程在不断增加，但与传统燃油汽车相比，仍存在一定差距。特别是在长途驾驶或充电设施不完善的情况下，驾驶员可能会担心车辆电量不足，产生“续驶里程焦虑”。

（2）充电设施不足

目前，新能源汽车充电设施的建设还相对滞后，充电桩数量不足、分布不均等问题仍然存在。这给新能源汽车的使用带来了不便，限制了其普及和发展。

（3）电池成本高

电池是新能源汽车动力系统的核心部件，但其成本较高，占据了整车成本的较大比例。这使得新能源汽车的售价相对较高，影响了消费者的购买意愿。

1.2.4 新能源汽车动力系统的未来发展趋势

1. 电池技术的不断突破

随着科技的不断进步，电池技术有望取得更大的突破。未来，电池的能量密度将进一步提高，新能源汽车续驶里程将大幅增加，充电速度也将加快，缩短用户的充电时间。同时，新型电池材料和技术的研发也将不断推进，如固态电池等，有望为新能源汽车动力系统带来更优异的性能和安全性。

2. 智能化发展

新能源汽车动力系统将越来越智能化。通过与互联网、大数据等技术的融合，车辆可以实现远程监控、智能诊断、自动优化等功能。例如，车辆可以根据路况和驾驶习惯自动调整动力输出和能量回收策略，提高能源利用效率和驾驶舒适性。

3. 多能源融合

未来，新能源汽车动力系统可能不再局限于单一的电能或混合动力，而是会向多能源融合的方向发展。例如，将太阳能、氢能等与电能相结合，实现更加多元化的能源供应，进一步提高新能源汽车的环保性能和续驶能力。

新能源汽车的动力系统以其独特的工作原理和优势，为汽车行业的发展带来了新的机遇和挑战。随着技术的不断进步和创新，相信新能源汽车动力系统将不断完善，为我们的出行带来更加环保、高效、舒适的体验。让我们拭目以待，共同见证新能源汽车在未来道路上的精彩表现。

第 2 章　新能源汽车的动力性

汽车的动力性表现为汽车在良好路面上直线行驶时由汽车受到的纵向外力决定的、所能达到的平均行驶速度。汽车是一种高效率的运输工具，运输效率的高低很大程度上取决于汽车的动力性。所以，动力性是汽车各种性能中最基本、最重要的性能。

本章介绍了燃油汽车和新能源汽车的动力性指标；全面分析了汽车的驱动力和行驶阻力，构成汽车行驶基本原理的驱动条件和附着条件，衡量纯电动汽车动力性的最高车速、加速性能及爬坡性能，以及体现混合动力电动汽车动力性特点的最高车速工作原理与影响因素，加速过程中的动力系统协同工作方式和爬坡时的动力分配优势。

2.1　汽车的动力性指标

2.1.1　燃油汽车的动力性指标

从获得尽可能高的平均行驶速度的观点出发，汽车的动力性主要可由三方面的指标来评定：汽车的最高车速 u_{amax}、汽车的加速时间 t、汽车的最大爬坡度 i_{max}。

最高车速是指在水平良好的直线道路（混凝土或沥青道路）上汽车能达到的最高稳定行驶车速。汽车的加速时间表示汽车的加速能力，它对平均行驶车速有着很大影响，特别是轿车对加速时间更为重视。常用原地起步加速时间与超车加速时间来表明汽车的加速能力。原地起步加速时间指汽车由 1 档或 2 档起步，并以最大的加速强度（包括选择恰当的换档时机）逐步换至最高档后到某一预定的距离或车速所需的时间。超车加速时间指用最高档或次高档由某一较低车速全力加速至某一高速所需的时间。因为超车时汽车与被超车辆并行，容易发生安全事故，所以超车加速能力越强，并行行程越短，行驶就越安全。一般常用 0—402.5m（0—1/4mile）或 0—400m 的时间来表明汽车原地起步加速能力；也有用 0—96.6km/h（0—60mile/h）或 0—100km/h 所需的时间来表明加速能力的。对超车加速能力还没有一致的规定，采用较多的衡量指标是用最高档或次高档由 30km/h 或 40km/h 全力加速行驶至某一高速所需的时间；还有用加速过程曲线，即车速 - 时间关系曲线全面反映加速能力的。图 2-1 所示为一些汽车的原地起步加速过程曲线。

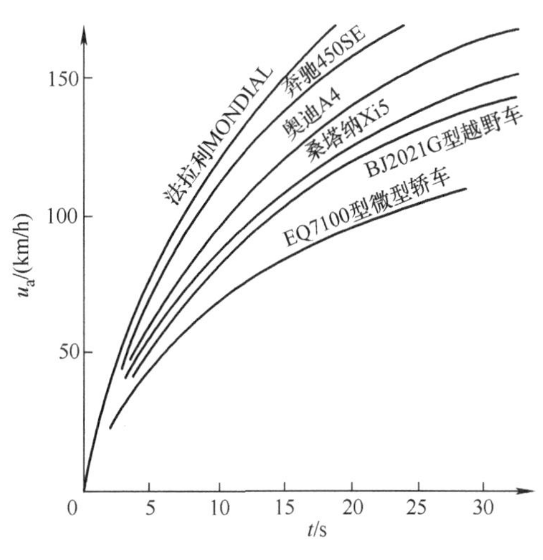

图 2-1　一些汽车的原地起步加速过程曲线

进行动力性评价试验时，各国规定各车型的载质量是不一样的。我国规定，M_1 类 50% 最大允许载质量小于或等于 180kg 的，试验质量为 180kg；当车辆的 50% 最大允许载质量大于

180kg 时，车辆的试验质量为车辆整备质量加上 50% 的最大允许载质量（包括测量人员和仪器的质量），载荷分布尽量均匀。德国规定为半载。美国国家环境保护局（EPA）规定，有关排放等试验中，轿车的载质量为 100 ~ 180kg，用于测定最高车速。

汽车的上坡能力是用满载（或某一载质量）时汽车在良好路面上的最大爬坡度 i_{max} 表示的。显然，最大爬坡度是指 1 档最大爬坡度，轿车最高车速大、加速时间短，经常在较好的道路上行驶，一般不强调它的爬坡能力；然而它的 1 档加速能力大，故爬坡能力也强。货车在不同地区的各种道路上行驶，所以必须具有足够的爬坡能力，一般 i_{max} 为 30%，即 16.7° 左右。要进一步说明的是，i_{max} 代表了汽车的极限爬坡能力，它应比实际行驶中遇到的道路最大坡度大很多，这是因为应考虑到在实际坡道行驶时，在坡道上停车后顺利起步加速、克服松软坡道路面的大阻力、克服坡道上崎岖不平路面的局部大阻力等要求。

越野汽车要在坏路或无路条件下行驶，因而爬坡能力是一项很重要的指标，它的最大爬坡度可达 60%，即 31° 左右。

应指出的是，上述三方面指标均应在无风或微风条件下测定。

有时也以汽车在一定坡道上必须达到的车速来表明汽车的爬坡能力。例如在 Timothy C. Moore 所写的文章中规定美国新一代轿车的爬坡能力为：在 EPA 试验规定的载质量下应能以 104km/h 的车速通过 6% 的坡道，而在满载时的车速则不能低于 80km/h。

军用车辆的战术技术要求中，不一定包含车辆的最高速度，但常规定在一定坡道上车辆应达到的速度。

也有以一定坡道上汽车的加速时间来表明汽车加速性能的。例如 Timothy C. Moore 在文章中提出，美国新一代轿车在满载时，在 6% 坡道上的 0—96km/h 加速时间不应大于 20s。他认为，汽车具有这样的加速性能时，便可以安全地从有坡度的匝道进入高速公路并汇入高速行驶的车流。

2.1.2 新能源汽车的动力性指标

与传统内燃机汽车一样，电动汽车的动力性仍然由最高车速、加速性能和爬坡性能三方面的指标来评定，测试的环境、仪器设备和载荷条件也基本相同，但也存在一些不同之处。

1. 纯电动汽车的动力性指标

根据 GB/T 28382—2012《纯电动乘用车　技术条件》中的规定，电动汽车最高车速采用 30min 最高车速指标，即电动汽车能够持续 30min 以上的最高平均车速，其值应不低于 80km/h。加速性能包括车辆 0—50km/h 和 50—80km/h 的加速性能，其加速时间应分别不超过 10s 和 15s。爬坡性能包括爬坡速度和车辆最大爬坡度，即车辆通过 4% 坡度的爬坡车速不低于 60km/h，车辆通过 12% 坡度的爬坡车速不低于 30km/h，车辆最大爬坡度不低于 20%。

2. 混合动力电动汽车的动力性指标

混合动力电动汽车具有发动机和电机两套驱动系统，具备多种运行模式。因此，混合动力电动汽车的动力性指标需要结合具体的驱动模式来确定。

根据 GB/T 19752—2005《混合动力电动汽车　动力性能　试验方法》的规定，混合动力电动汽车在混合驱动模式下的动力性指标包括：最高车速、30min 最高车速、0—100km/h 或 0—50km/h 的加速时间、爬坡车速、坡道起步能力和最大爬坡度。

如果混合动力电动汽车具有纯电力驱动模式，则还需要考虑在纯电动模式下的动力性指

标，包括：最高车速、0—50km/h 加速时间、爬坡车速和坡道起步能力。

2.2　汽车的驱动力和行驶阻力

确定汽车的动力性，就是确定汽车沿行驶方向的运动状况。为此，需要掌握沿汽车行驶方向作用于汽车的各种外力，即驱动力与行驶阻力。根据这些力的平衡关系建立汽车行驶方程式，就可以估算汽车的最高车速、加速度和最大爬坡度。

汽车的行驶方程式为

$$F_t = \sum F$$

式中，F_t 为驱动力；$\sum F$为行驶阻力之和。

驱动力是由发动机的转矩经传动系传至驱动轮上得到的。行驶阻力有滚动阻力、空气阻力、坡度阻力和加速阻力。现在分别研究驱动力和这些行驶阻力，并最后把 $F_t = \sum F$ 这一行驶方程式加以具体化，以便研究汽车的动力性。

2.2.1　汽车的驱动力

汽车发动机产生的转矩，经传动系传至驱动轮上。此时作用于驱动轮上的转矩 T_t 产生一个对地面的圆周力 F_0，地面对驱动轮的反作用力 F_t（方向与 F_0 相反）即驱动汽车的外力（图 2-2），此外力称为汽车的驱动力，其数值为

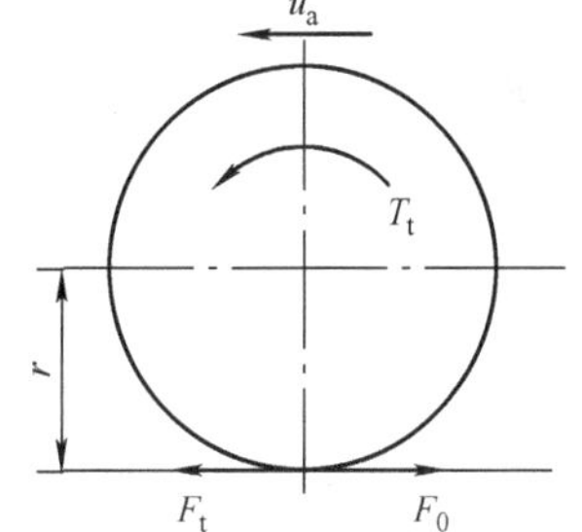

图 2-2　汽车的驱动力

$$F_t = \frac{T_t}{r}$$

式中，T_t 为作用于驱动轮上的转矩；r 为车轮半径。

作用于驱动轮上的转矩 T_t 是由发动机产生的转矩经传动系传至车轮上的。若令 T_{tq} 表示发动机转矩，i_g 表示变速器的传动比，i_0 表示主减速器的传动比（也可称为主传动比），η_T 表示传动系的机械效率，则有

$$T_t = T_{tq} i_g i_0 \eta_T$$

对于装有分动器、轮边减速器、液力传动等装置的汽车，上式应计入相应的传动比和机械效率。

因此，驱动力为

$$F_t = \frac{T_{tq} i_g i_0 \eta_T}{r} \tag{2-1}$$

由式（2-1）可知，F_t 与发动机转矩 T_{tq}、变速器传动比 i_g、主减速器传动比 i_0、传动系的机械效率 η_T 和车轮半径 r 等因素有关。

若转矩的单位以 N · m 表示，功率的单位以 kW 表示，转速的单位以 r/min 表示，则功率与转矩有如下关系：

$$P = \frac{T_{tq} n}{9550} \tag{2-2}$$

2.2.2　汽车的行驶阻力

汽车在水平道路上等速行驶时，必须克服来自地面的滚动阻力和来自空气的空气阻力。滚动阻力以符号 F_f 表示，空气阻力以符号 F_w 表示。当汽车在坡道上上坡行驶时，还必须克服重力沿坡道的分力，称为坡度阻力，以符号 F_i 表示。汽车加速行驶时，还需要克服加速阻力，以符号 F_j 表示。因此，汽车行驶的总阻力为

$$\sum F = F_f + F_w + F_i + F_j$$

上述诸阻力中，滚动阻力和空气阻力是在任何行驶条件下均存在的，坡度阻力和加速阻力仅在一定行驶条件下存在。在水平道路上等速行驶时就没有坡度阻力和加速阻力。

1. 滚动阻力

车轮滚动时，轮胎与路面的接触区域产生法向、切向的相互作用力以及相应的轮胎和支撑路面的变形。轮胎和支撑路面的相对刚度决定了变形的特点。当弹性轮胎在硬路面（混凝土路、沥青路）上滚动时，轮胎的变形是主要的。此时，轮胎有内部摩擦产生弹性迟滞损失，使轮胎变形时对它做的功不能全部回收。

图 2-3 所示为 9.00-20 型轮胎在硬支撑路面上受径向载荷时的变形曲线，图 2-4 为轮胎径向变形示意图。图中 *OCA* 为加载变形曲线，*OCAB* 围成的面积为加载过程中对轮胎做的功；*ADE* 为卸载变形曲线，*ADEB* 围成的面积为卸载过程中轮胎恢复变形时释放出的功。由图可知，两曲线并不重合，两面积之差 *OCADE* 即为加载与卸载过程的能量损失。此能量消耗在轮胎各组成部分相互间的摩擦以及橡胶、帘线等物质的分子间的摩擦中，最后转化为热能而消失在大气中。这种损失称为弹性迟滞损失。

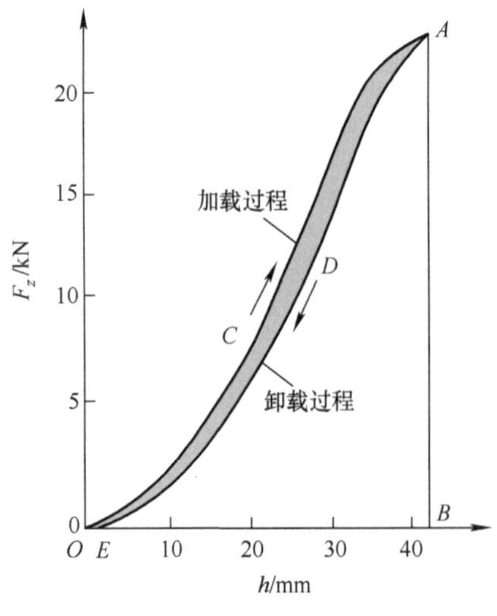

图 2-3　9.00-20 型轮胎径向变形曲线

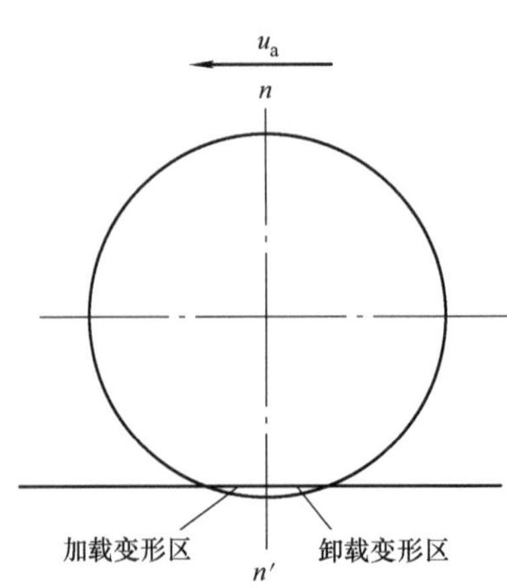

图 2-4　9.00-20 型轮胎径向变形示意图

进一步分析便可知，这种迟滞损失表现为阻碍车轮滚动的一种阻力偶。当车轮不滚动时，地面对车轮的法向反作用力的分布是前后对称的；但当车轮滚动时，在法线 n-n' 前后相对应点 d 和 d' 处（图 2-5a）变形虽然相同，但由于弹性迟滞现象，处于压缩过程的前部 d 点的地面法向反作用力大于处于恢复过程的后部 d' 点的地面法向反作用力，这可以从图 2-5b 中看出。设取同一变形 δ，压缩时的受力为 CF，恢复时的受力为 DF，而 CF 大于 DF。这样就使地面法向反作用力的分布在车轮前后并不对称，它们的合力 F_Z 相对于法线 n-n' 前移一个距离 a（图 2-6a），它随弹性迟滞损失的增大而变大。合力 F_Z 与法向载荷 W 大小相等，方向相反。

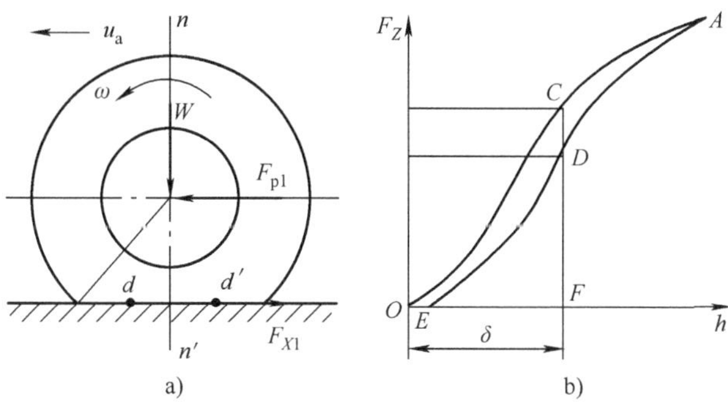

图 2-5　弹性车轮在硬路面上的滚动

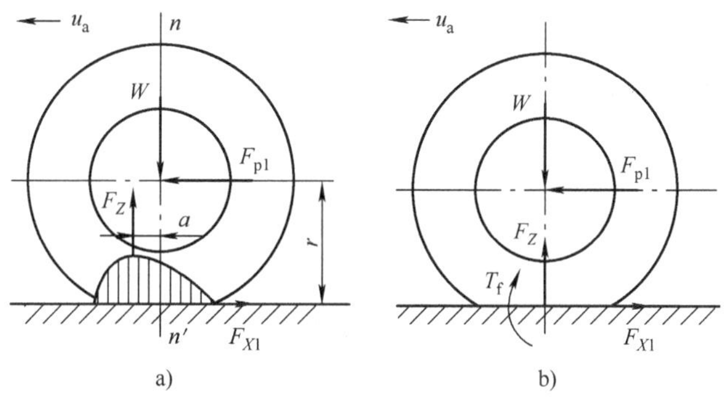

图 2-6　从动轮在硬路面上滚动时的受力情况

如果将法向反作用力 F_Z 平移至与通过车轮中心的垂线重合，则从动轮在硬路面上滚动时的受力情况也可画成图 2-6b 所示的形式，即滚动时有滚动阻力偶矩 $T_f = F_Z a$ 阻碍车轮滚动。

由图 2-6 可知，欲使从动轮在硬路面上等速滚动，必须在车轮中心施加一个推力 F_{p1}，它与地面切向反作用力构成一个力偶矩来克服上述滚动阻力偶矩。由平衡条件得

$$F_{p1} r = T_f$$

故

$$F_{p1} = \frac{T_f}{r} = F_Z \frac{a}{r}$$

令 $f=\dfrac{a}{r}$，考虑到 F_z 与 W 的大小相等，常将 F_{p1} 写作

$$F_{p1}=Wf \text{或} f=\frac{F_{p1}}{W}$$

式中，f 为滚动阻力系数。

可见，滚动阻力系数是车轮在一定条件下滚动时所需的推力与车轮负荷之比，即单位汽车重力所需的推力。换言之，滚动阻力 F_f 等于滚动阻力系数与车轮负荷的乘积，即

$$F_f=Wf \text{或} F_f=\frac{T_f}{r} \tag{2-3}$$

这样，在分析汽车行驶阻力时就不必具体考虑车轮滚动时所受到的滚动阻力偶矩，而只需要知道滚动阻力系数，从而求出滚动阻力即可（当然，滚动阻力无法在真正的受力图上表现出来，它只是一个数值）。这将有利于动力性分析的简化。

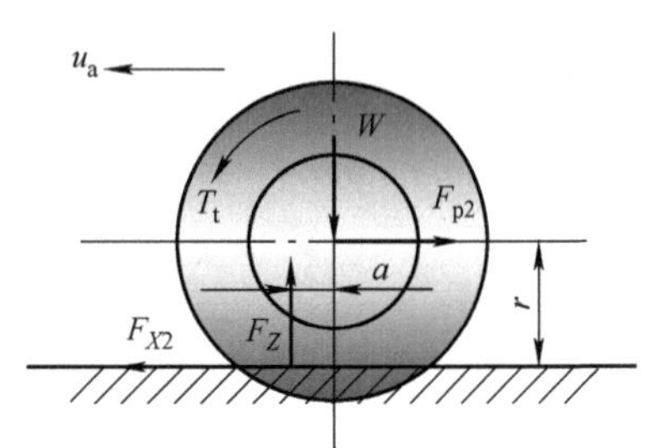

图 2-7　驱动轮在硬路面上等速滚动时的受力情况

图 2-7 所示为驱动轮在硬路面上等速滚动时的受力情况。图中 F_{X2} 为驱动力矩 T_t 所引起的道路对车轮的切向反作用力，F_{p2} 为驱动轴作用于车轮的水平力，法向反作用力 F_Z 作用点也由于轮胎迟滞现象而前移一个距离 a，即在驱动轮上也作用有滚动阻力偶矩 T_f。由平衡条件得

$$F_{X2}r=T_t-F_Z a=T_t-T_f$$

$$F_{X2}=\frac{T_t}{r}-\frac{T_f}{r}=F_t-F_f$$

读者可将图 2-7 与图 2-2 相比，图 2-2 中没有考虑车轮滚动阻力而求得车轮驱动力 F_t。现在可以看出，真正作用在驱动轮上驱动汽车行驶的力为地面的切向反作用力 F_{X2}，它的数值为驱动力 F_t 减去驱动轮上的滚动阻力。因此，图 2-2 所示的只是一种定义，和滚动阻力一样，在受力图上，驱动力也是画不出来的。

滚动阻力系数由试验确定。滚动阻力系数与路面的种类、行驶的车速，以及轮胎的构造、材料、气压等有关。表 2-1 给出了汽车在某些路面上以中、低速行驶时，滚动阻力系数 f 的数值。

表 2-1　滚动阻力系数 f 的数值

路面类型		滚动阻力系数 f	路面类型	滚动阻力系数 f
良好的沥青或混凝土路面		0.010 ~ 0.018	泥泞土路（雨季或解冻期）	0.100 ~ 0.250
一般的沥青或混凝土路面		0.018 ~ 0.020	干砂	0.100 ~ 0.300
碎石路面		0.020 ~ 0.025	湿砂	0.060 ~ 0.150
良好的卵石路面		0.025 ~ 0.030	结冰路面	0.015 ~ 0.030
坑洼的卵石路面		0.035 ~ 0.050	压紧的雪道	0.030 ~ 0.050
压紧土路	干燥的	0.025 ~ 0.035		
	雨后的	0.050 ~ 0.150		

为了控制汽车排放的温室气体 CO_2 的数量和节约燃料，欧盟于 2009 年 7 月 13 日发布了第 661 号法规，对 C1 类、C2 类、C3 类轮胎的滚动阻力系数提出了限值要求，要求分两个阶段实施完成，即按照 ISO 28580:2009（乘用车、货车和客车轮胎　测量滚动阻力方法　单点测试和测量结果的相关性）标准测量的滚动阻力系数不能超过表 2-2 的规定。2014 年 11 月 1 日起，禁止不符合第一阶段限值要求的新轮胎销售和使用（C3 类轮胎除外）；2016 年 11 月 1 日起，按照第二阶段限值实施新型轮胎的型式认证。

表 2-2　轮胎滚动阻力系数最高限值

轮胎种类	第一阶段最高限值	第二阶段最高限值
C1：用于 M_1、O_1、O_2 类车辆	0.012	0.0105
C2：用于 3.5t 以上 M_2、M_3、N、O_3、O_4 类车辆。单胎负荷指数≤ 121，速度级别为 N 及以上	0.0105	0.009
C3：用于 3.5t 以上 M_1、M_2、M_3、N_2、N_3、O_3、O_4 类车辆，单胎负荷指数≥ 122，或负荷指数≤ 121，但是速度≤ M	0.008	0.0065

按照滚动阻力的大小，还可将轮胎分为 7 级，即 A ~ G 级。具体规定见表 2-3。

表 2-3　轮胎按滚动阻力分级

级别	轮胎种类		
	C1	C2	C3
A	RRC ≤ 6.5	RRC ≤ 5.5	RRC ≤ 4.0
B	6.6 ≤ RRC ≤ 7.7	5.6 ≤ RRC ≤ 6.7	4.1 ≤ RRC ≤ 5.0
C	7.8 ≤ RRC ≤ 9.0	6.8 ≤ RRC ≤ 8.0	5.1 ≤ RRC ≤ 6.0
D	—	—	6.1 ≤ RRC ≤ 7.0
E	9.1 ≤ RRC ≤ 10.5	8.1 ≤ RRC ≤ 9.2	7.1 ≤ RRC ≤ 8.0
F	10.6 ≤ RRC ≤ 12	9.3 ≤ RRC ≤ 10. 5	RRC ≥ 8.1
G	RRC ≥ 12.1	RRC ≥ 10.6	—

注：RRC= 滚动阻力系数 ×1000。

2. 空气阻力

汽车直线行驶时受到的空气作用力在行驶方向上的分力称为空气阻力。空气阻力分为压力阻力与摩擦阻力两部分。

（1）压力阻力

作用在汽车外形表面上的法向压力的合力在行驶方向的分力，称为压力阻力（图 2-8）；压力阻力又分为 4 部分：形状阻力、干扰阻力、内循环阻力和诱导阻力。压力阻力占空气阻力的 91%。

1）形状阻力占压力阻力的大部分，与车身主体形状有很大关系。

2）干扰阻力是车身表面凸起物（如后视镜、手柄、引水槽、悬架导向杆、驱动轴等）引起的阻力。

3）发动机冷却系统、车身通风等所需空气流经车体内部时构成的阻力，即为内循环阻力。

4）诱导阻力是空气升力在水平方向的投影。

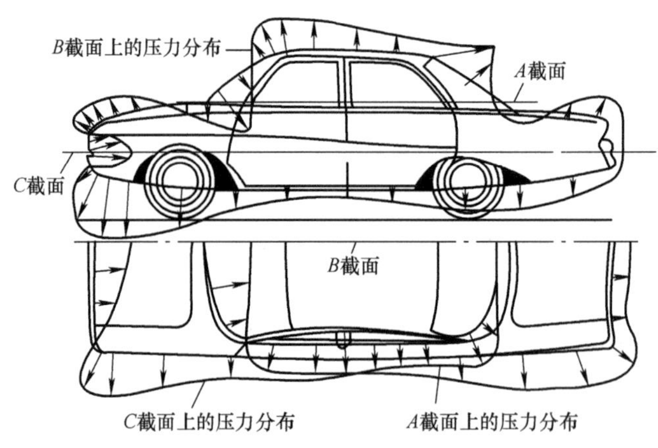

图 2-8 车身表面上的空气法向压力分布

（2）摩擦阻力

摩擦阻力是空气的黏性在车身表面产生的切向力的合力在行驶方向的分力。摩擦阻力占空气阻力的 9%。

在一般轿车中，这几部分阻力的大致比例为：形状阻力占 58%，干扰阻力占 14%，内循环阻力占 12%，诱导阻力占 7%，摩擦阻力占 9%。

在汽车行驶范围内，空气阻力的数值通常都总结成与气流相对速度的动压力 $\frac{1}{2}\rho u_r^2$ 成正比的形式，即

$$F_w = \frac{1}{2} C_D A \rho u_r^2$$

式中，C_D 为空气阻力系数，一般讲应是雷诺数 Re 的函数，在车速较高、动压力较高而相应气体的黏性摩擦较小时，C_D 将不随 Re 而变化；ρ 为空气密度，一般 ρ=1.2258kg/m^3；A 为迎风面积（m^2），即汽车行驶方向的投影面积；u_r 为相对速度（m/s），在无风时即汽车的行驶速度。

本章只讨论无风条件下汽车的运动，u_r 即为汽车行驶速度 u_a。若 u_a 以 km/h、A 以 m^2 计，则空气阻力（N）为

$$F_w = \frac{C_D A u_a^2}{21.15} \tag{2-4}$$

式（2-4）表明，空气阻力是与 C_D 及 A 值成正比的。A 值受到乘坐使用空间的限制，不易进一步减小，所以降低 C_D 值是降低空气阻力的主要手段。20 世纪 50 年代—70 年代初，轿车 C_D 值维持在 0.4 ~ 0.6 之间。但自 70 年代能源危机后，为了进一步降低油耗，各企业都致力于设法降低 C_D 值，至 90 年代，不少轿车的 C_D 值已降到 0.3 左右甚至更低。

（3）低 C_D 值轿车的车身特点（图 2-9）

1）车身前部发动机盖应向前下倾。面与面交界处的棱角应为圆弧状。风窗玻璃应尽可能“躺平”，且与车顶圆滑过渡。前立柱应圆滑，侧窗应与车身相平。尽量减少灯、后视镜等凸出物，凸出物的形状应接近流线型。在保险杠下方的前面，应装有合适的扰流板，翼子板应与轮胎相平。

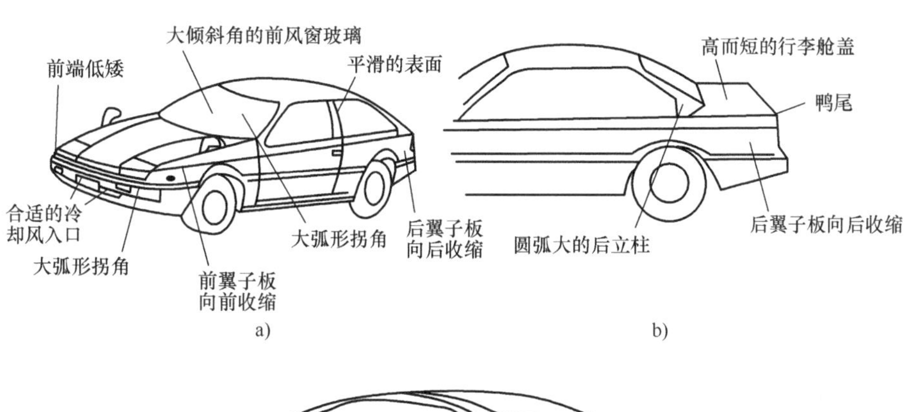

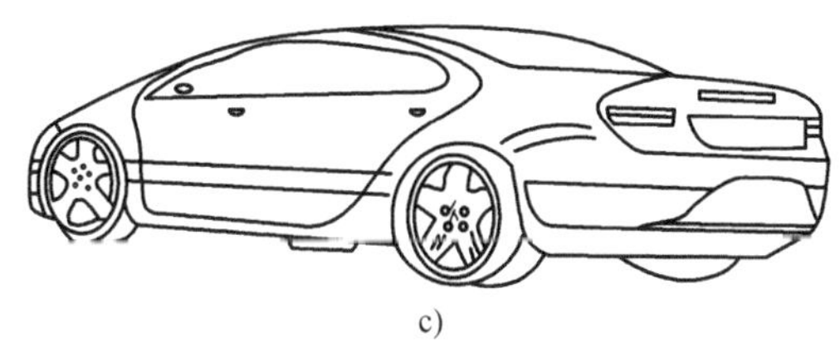

图 2-9　低 C_D 值轿车的车身特点

2）整个车身应向前倾斜 1° ~ 2°。水平投影应为“腰鼓”形，后端稍稍收缩，前端呈半圆形。

3）汽车后部最好采用舱背式（hatch back）或溜背式（fast back），应有后扰流板。若用折背式（notch back），则行李舱盖板至地面的距离应高些，长度要短些，后面应有鸭尾式结构，如图 2-9b 所示。

4）车身底部所有零部件应在车身下平面内且较平整，最好有平滑的盖板盖住底部，盖板从车身中部或由后轮以后向上稍稍升高。

5）发动机冷却进风系统应仔细选择进风口与出风口的位置，应有高效率的散热器和精心设计的内部风道。

图 2-9c 所示为克莱斯勒公司 Dodge Intrepid ESX 车身的外形，其设计意图中的 C_D 值为 0.2。这种车身的发动机舱盖、行李舱盖与车厢平顺圆滑地相连，总体造型浑然一体。

目前，对货车与半挂车的空气阻力也很重视。不少半挂车的牵引车驾驶室上已装用导流板等装置，以减小空气阻力，节省燃油。

值得指出的是，汽车的 C_D 值实际上随着车身的离地距离、俯仰角以及侧向风的大小而变化。一般给出的是额定载荷下（如轿车为半载），无侧向风时的空气阻力值。

3. 坡度阻力

当汽车上坡行驶时（图 2-10），汽车重力沿坡道的分力表现为汽车坡度阻力，即

$$F_i = G\sin\alpha \tag{2-5}$$

式中，G 为作用于汽车上的重力，$G=mg$，m 为汽车质量，g 为重力加速度。

道路坡度 i 是以坡高 h 与底长 s 之比来表示的，即

$$i = \frac{h}{s} = \tan\alpha$$

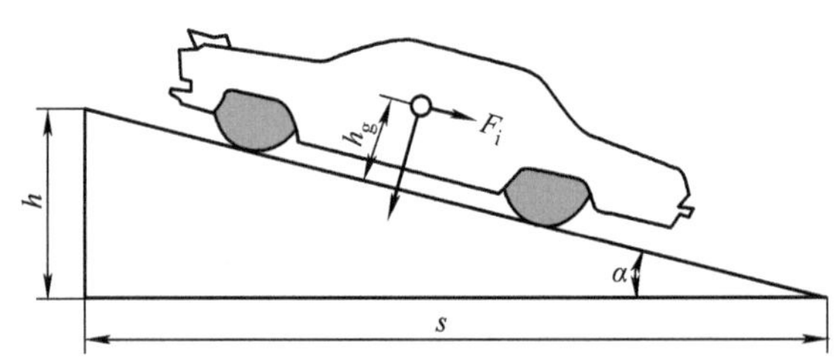

图 2-10　汽车的坡度阻力

根据我国公路路线设计规范，各级公路的设计车速见表 2-4，公路的最大纵坡与车速的关系见表 2-5。

表 2-4　各级公路的设计车速

公路等级	高速公路			一级公路			二级公路		三级公路		四级公路
设计车速 /(km/h)	120	100	80	100	80	60	80	60	40	30	20

表 2-5　最大纵坡与车速的关系

设计车速 /(km/h)	120	100	80	60	40	30	20
最大纵坡（%）	3	4	5	6	7	8	9

因此，一般道路的坡度均较小，此时

$$\begin{aligned} \sin\alpha &\approx \tan\alpha = i \\ F_i &= G\sin\alpha \approx G\tan\alpha = Gi \end{aligned} \tag{2-6}$$

图 2-11 所示为坡度 i 与道路坡度角 α 的换算图。

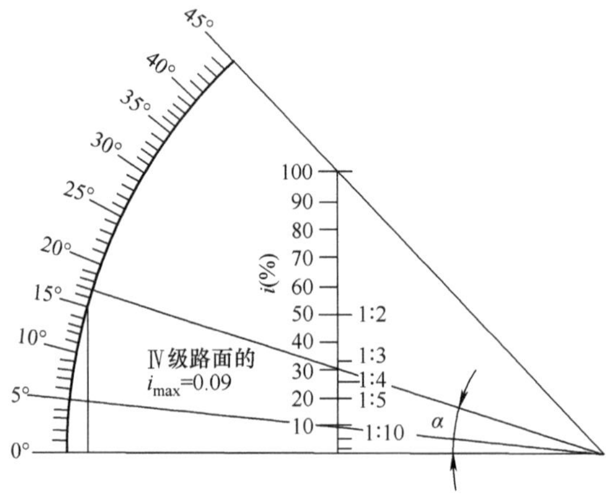

图 2-11　坡度 i 与道路坡度角 α 的换算图

在坡度大时，近似等式有一定误差，坡度阻力应按式（2-5）计算。

上坡时垂直于坡道路面的汽车重力分力 F_i 为 $G\cos\alpha$，故汽车在坡道上行驶时的滚动阻力为 $F = Gf\cos\alpha$。

由于坡度阻力与滚动阻力均属于与道路有关的阻力，而且均与汽车所受重力成正比，故可把这两种阻力合在一起称作道路阻力，以 F_ψ 表示，即

$$F_\psi = F_f + F_i = Gf\cos\alpha + G\sin\alpha$$

当 α 不大时，$\cos\alpha \approx i$，$\sin\alpha \approx 1$，则

$$F_\psi = Gf + Gi = G(f + i)$$

令 $f + i = \psi$，ψ 称为道路阻力系数，则

$$F_\psi = G\psi \tag{2-7}$$

4. 加速阻力

汽车加速行驶时，需要克服其质量加速运动时的惯性力，就是加速阻力 F_j。汽车的质量分为平移质量和旋转质量两部分。加速时，不仅平移质量产生惯性力，旋转质量也要产生惯性力偶矩。为了便于计算，一般把旋转质量的惯性力偶矩转化为平移质量的惯性力，对于固定传动比的汽车，常以系数 δ 作为计入旋转质量惯性力偶矩后的汽车旋转质量换算系数，因而汽车加速时的阻力（单位为 N）可写作

$$F_j = \delta m \frac{\mathrm{d}u}{\mathrm{d}t} \tag{2-8}$$

式中，δ 为汽车旋转质量换算系数，$\delta > 1$；m 为汽车质量（kg）；$\frac{\mathrm{d}u}{\mathrm{d}t}$ 为行驶加速度（$\mathrm{m/s^2}$）。

δ 主要与飞轮的转动惯量、车轮的转动惯量以及传动系的传动比有关，根据公式推导，有

$$\delta = 1 + \left(\frac{1}{m}\right)\frac{\sum I_w}{r^2} + \left(\frac{1}{m}\right)\frac{I_f i_g^2 i_0^2 \eta_T}{r^2}$$

式中，I_w 为车轮的转动惯量（$\mathrm{kg \cdot m^2}$）；I_f 为飞轮的转动惯量（$\mathrm{kg \cdot m^2}$）；i_0 为主传动比；i_g 为变速器的速比。

2.3　汽车行驶基本原理

汽车行驶必须具备两个基本行驶条件：驱动条件和附着条件。

2.3.1　驱动条件

汽车动力装置（发动机 / 驱动电机）输出的功率包含转矩和转速两部分，经传动系统降低转速、增大转矩后传递给驱动轮。T_t 为传动系统传给驱动轮的转矩，该转矩使驱动轮具有转动的趋势。在驱动轮与地面接触处向地面施加一个力 F_0 的同时，地面就对驱动轮施加一个与 F_0 数值相等、方向相反的力 F_t，这个力就是驱动力，$F_0 = F_t = T_t$（转矩）$/r$（车轮半径）。

汽车行驶总阻力 $\sum F$ 包括滚动阻力 F_f、空气阻力 F_w、上坡阻力 F_i 和加速阻力 F_j，其公式为

$$\sum F = F_f + F_w + F_i + F_j \tag{2-9}$$

当 $F_t = \sum F$ 时，汽车匀速行驶；当 $F > \sum F$ 时，汽车速度增加；当 $F < \sum F$ 时，汽车减速乃至停驶。

2.3.2 附着条件

驱动力的最大值一方面取决于发动机可能产生的最大转矩和变速器换入最低档时的传动比，另一方面又受轮胎与地面的附着作用限制。

车轮有附着作用是因为轮胎与地面之间存在摩擦力，如果驱动力大于摩擦力，车轮与路面之间就会发生滑动。由附着作用决定的阻碍车轮滑动的力的最大值就是附着力 F_{ϕ}。$F_{\phi} = G\phi$，式中 G 为附着重力，ϕ 为附着系数。附着力是汽车所能发挥的驱动力的极限，其表达式为 $F_t \leqslant F_{\phi}$。

为什么在附着系数小的路面上汽车不能前进？应采用什么措施？

在冰雪或泥泞的路面上，由于附着力很小，当驱动力大于附着力时，车轮与路面之间会产生滑动，汽车不能前进。即使加大节气门开度或换入低档，车轮也只会原地滑转。为了增加车轮在冰雪路面的附着力，可使用防滑差速器、特殊花纹的轮胎、镶钉轮胎或者在普通轮胎上绕装防滑链，以提高对冰雪路面的附着作用。

非全轮驱动汽车的附着重力仅为分配到汽车驱动轮上的那一部分汽车的总重力，而全轮驱动汽车的附着重力则为全车的总重力，因而其附着力较前者显著增大。

2.4 纯电动汽车动力性

纯电动汽车动力性表现为汽车在良好路面上直线行驶时，由汽车受到的纵向外力决定的、所能达到的平均行驶速度，主要包括以下几个关键方面。

2.4.1 最高车速

1. 定义

最高车速是指在水平良好的路面（混凝土或沥青路面）上，车辆所能达到的最高行驶速度。它是衡量纯电动汽车动力性能的一个重要指标。例如，一些高性能的纯电动汽车的最高车速可以达到 200km/h 以上，而普通家用纯电动汽车的最高车速一般在 120 ~ 160km/h 之间。

2. 影响因素

（1）电机最大功率

电机功率越大，在一定的车辆阻力下，所能达到的最高车速越高。这就像一个力气更大的人推车，能让车达到更高的速度。

（2）空气动力学设计

良好的空气动力学外形可以降低车辆在高速行驶时的空气阻力。例如，具有流线型车身的纯电动汽车，相比车身方正的车型，在高速行驶时受到的空气阻力更小，更有利于提高最高车速。

（3）传动系统传动比

合适的传动比能够使电机的转速和转矩有效地传递到车轮，从而影响车辆的最高车速。

2.4.2　加速性能

1. 定义

加速性能主要包括车辆的原地起步加速时间和超车加速时间。原地起步加速时间是指车辆从静止状态加速到一定速度（如 0—100km/h）所需的时间；超车加速时间是指车辆在一定车速下加速到更高车速（如 40—80km/h）所需的时间。加速性能好的纯电动汽车可以在短时间内达到较高的速度，这在城市驾驶和高速公路超车等场景中非常重要。

2. 影响因素

（1）电机的转矩特性

电机转矩输出特性对加速性能有直接影响。具有高转矩输出特性的电机可以在起步和加速阶段为车辆提供强大的动力。例如，一些采用高性能永磁同步电机的纯电动汽车，其电机在低速时就能输出较大的转矩，使得车辆起步加速很快。

（2）电池的放电性能

电池能够在短时间内提供足够的电能给电机，才能保证车辆有良好的加速性能。如果电池的放电倍率较低，在加速过程中可能无法满足电机对电能的需求，导致加速缓慢。

（3）车辆的质量

根据牛顿第二定律 $F=ma$（其中 F 是合力，m 是质量，a 是加速度），车辆质量越小，在相同的动力下，加速度越大。所以采用轻质材料制造车身等部件可以有效提高车辆的加速性能。

2.4.3　爬坡性能

1. 定义

爬坡性能是指车辆在满载或有一定负载的情况下，能够爬上的最大坡度。这对于在山区或有坡度道路行驶的车辆非常重要。一般用车辆能够爬上的最大坡度角度或坡度百分比来表示。

2. 影响因素

（1）电机转矩

足够的电机转矩是车辆爬坡的关键。当车辆爬坡时，需要克服车辆自身重力沿坡面方向的分力和行驶阻力。电机转矩越大，就越有能力驱动车辆爬上更陡的坡。

（2）汽车的驱动形式

四轮驱动的纯电动汽车相比两轮驱动的车辆，在爬坡时可以将动力更有效地分配到各个车轮，从而提高爬坡性能。

（3）轮胎与地面的附着力

良好的轮胎附着力可以保证车辆在爬坡过程中轮胎与地面之间有足够的摩擦力，防止车辆打滑。如果轮胎磨损严重或者路面湿滑，车辆的爬坡性能会受到影响。

2.5　混合动力电动汽车的动力性

混合动力电动汽车的动力性综合了传统燃油汽车和纯电动汽车的特点，以下是有关混合动力电动汽车动力性的详细内容。

2.5.1 最高车速工作原理与影响因素

混合动力汽车在达到最高车速时，动力系统的工作模式会因车辆设计的区别而有所不同。一些车型在高速行驶时主要依靠发动机提供动力。发动机的最大功率是影响最高车速的关键因素之一。例如，丰田普锐斯在某些高速行驶工况下，其发动机直接驱动车辆，发动机最大功率决定了车辆在这种模式下能达到的最高速度。

车辆的传动系统和空气动力学设计也很重要。和纯电动汽车类似，良好的空气动力学设计可以降低风阻，合适的传动系统能够有效地将动力传递到车轮。部分混合动力汽车还会有电机辅助驱动，在高速超车等需要额外动力的情况下，电机和发动机协同工作来提高车速。

2.5.2 加速过程中的动力系统协同工作

混合动力汽车在加速时通常有多种动力组合方式。在起步阶段，电机可以提供即时的高转矩，实现快速起步。由于电机转矩响应迅速，能够在短时间内输出较大转矩，使得车辆可以像纯电动汽车一样快速起动。例如，本田雅阁混合动力车型在起步加速时，电机首先工作，提供强大的转矩，让车辆能在短时间内达到一定的速度。当需要持续加速时，例如在 0—100km/h 的加速过程中，发动机也会适时介入。发动机和电机的协同工作可以提供更持续稳定的动力。发动机可以弥补电机在高转速下转矩下降的问题，两者结合可以优化加速曲线，使车辆加速性能更好。

此外，电池的性能同样影响加速。电池要能够及时为电机提供足够的电能，以保证电机在加速过程中有足够的动力输出。而且，电池管理系统会控制电池的放电功率，确保其在安全高效的范围内工作。

2.5.3 爬坡时的动力分配优势

爬坡时，混合动力电动汽车的动力系统优势明显。电机在爬坡起步阶段可以发挥其高转矩的特性，轻松起步。比如在一些地下停车场陡坡起步时，电机能够提供足够的转矩防止车辆后溜并且开始爬坡。

随着坡度的增加和爬坡过程的持续，发动机可以加入动力输出。发动机和电机可以根据车辆的负载、道路的坡度等情况动态分配动力。例如，在爬长坡时，发动机和电机协同工作，发动机提供持续稳定的动力，电机在需要时提供额外的转矩，两者结合保证车辆能够爬上较陡的坡。

此外，车辆的四轮驱动系统（如果有）也会增强爬坡性能。一些混合动力 SUV 配备了四轮驱动系统，通过合理分配前后轴的动力，提高车辆在复杂路况和爬坡时的通过性和动力性。同时，轮胎的附着力对混合动力汽车爬坡同样重要，它确保车辆在爬坡过程中能够有效地将动力传递到地面。

第 3 章　新能源汽车动力蓄电池

新能源汽车动力蓄电池是为新能源汽车提供动力来源的电池系统。它就像传统燃油汽车的油箱，但储存的是电能而非燃油。其主要作用是储存能量，并且在车辆行驶过程中为驱动电机提供电能，使车辆能够正常行驶。例如，在纯电动汽车中，动力蓄电池是唯一的能量来源，车辆在加速、匀速行驶以及爬坡等所有工况下的动力都依靠它来提供。在混合动力电动汽车中，动力蓄电池也是关键组成部分，它与发动机协同工作，在起步、加速等工况下提供额外动力，还能在车辆制动时回收能量。

本章介绍了动力蓄电池的分类、特点、性能指标、新能源汽车对动力蓄电池的要求等，全面分析了锂离子蓄电池、燃料电池及固态电池的工作原理，指出了固态电池面临的挑战与限制，探讨了固态电池应用与发展前景。

3.1　新能源汽车动力蓄电池概述

1. 重要性

动力蓄电池是新能源汽车的核心部件，它的性能直接决定了新能源汽车的多个关键性能指标。从续驶里程方面看，动力蓄电池的能量密度越高，车辆能够储存的电能就越多，续驶里程也就越长。比如，一款动力蓄电池能量密度较高的纯电动汽车与另一款动力蓄电池能量密度较低的纯电动汽车相比，在相同电池容量下，前者可能能够行驶更远的距离。从动力性来说，动力蓄电池的功率密度影响车辆的加速和爬坡性能。高功率密度的动力蓄电池能够在短时间内提供足够的电能，让车辆快速加速或爬上陡坡。而且，动力蓄电池的安全性也至关重要，因为它涉及车辆使用者的生命财产安全。一旦电池出现热失控等安全问题，可能会导致车辆起火、爆炸等严重后果。

2. 发展历程

早期的新能源汽车动力蓄电池主要是铅酸蓄电池。铅酸蓄电池技术比较成熟，价格相对较低，但是它的能量密度很低，体积和质量较大，而且循环寿命较短。例如，传统的铅酸蓄电池能量密度通常为 30 ~ 50W · h/kg，这使得搭载铅酸蓄电池的车辆续驶里程较短。随着技术的发展，镍氢蓄电池被应用于新能源汽车，特别是在一些混合动力电动汽车中得到了广泛应用。镍氢蓄电池的能量密度较铅酸电池有所提高，并且具有较好的高倍率充放电性能。然而，镍氢蓄电池的能量密度仍然有限，无法满足纯电动汽车长续驶里程的需求。

目前，锂离子蓄电池成为主流。锂离子蓄电池的能量密度大幅提高，例如三元锂电池的能量密度一般为 150 ~ 300W · h/kg，而且其功率密度也比较高，能够满足车辆动力性的要求。同时，锂离子蓄电池的循环寿命也在不断提高，一些优质的锂离子蓄电池可以达到数千次的充放电循环寿命。固态电池是未来的一个发展方向，它有望解决目前锂离子蓄电池存在的一些问题，如安全性和能量密度的进一步提升等。

3.1.1 动力蓄电池的分类

1. 按工作原理分类

动力蓄电池按工作原理划分主要可分为生物电池、物理电池和化学电池三大类。

（1）生物电池

生物电池是利用生物（如生物酶、微生物或叶绿素等）分解反应过程中表现出来的带电现象所进行的能量转换，有酶电池、微生物电池和生物太阳能电池等。它主要有体积小、无污染、寿命长、可在常温常压下使用等优点。随着全球能源危机的到来，目前对生物电池的研究日趋深入。

（2）物理电池

物理电池是指利用物理原理制成的电池，其特点是能在一定条件下实现直接的能量转换，主要有太阳能电池、飞轮电池、核能电池和温差电池。太阳能电池利用光电效应，将光能转化为电能，然后输出直流电存储于电池之中。飞轮电池将电能转换为飞轮的旋转动能，飞轮以高速旋转来储存动能，而后再利用发电机将动能转变成电能输出。核能电池是利用放射性物质衰变会释放能量的原理制成的。温差电池是一种直接将热能转换成电能的电池。

（3）化学电池

化学电池是将化学反应产生的能量直接转换为电能的装置，也称为化学电源，它是一种介于传统电解质电容器和电化学电池之间的新型储能元件，是生活中使用较多的一种电池。

2. 按电解液种类分类

1）碱性电池：电解液主要以氢氧化钾水溶液为主的电池，如碱性锌锰电池（俗称碱锰电池或碱性电池）、镉镍电池、氢镍电池等。

2）酸性电池：主要以硫酸水溶液为介质的电池，如铅酸蓄电池。

3）中性电池：以盐溶液为介质的电池，如锌锰干电池、海水激活电池等。

4）有机电解液电池：主要以有机溶液为介质的电池，如锂离子蓄电池等。

3. 按工作性质和储存方式分类

1）一次电池：又称为原电池，即不能再充电使用的电池，如锌锰干电池、锂原电池等。

2）二次电池：即可充电电池，如铅酸蓄电池、镍镉蓄电池、镍氢蓄电池、锂离子蓄电池等。

3）燃料电池：活性材料在电池工作时才连续不断地从外部加入电池，如氢氧燃料电池、金属燃料电池等。

4）储备电池：电池储存时电极板不直接接触电解液，直到电池使用时才进入电解液的电池，如镁－氯化银电池，又称海水激活电池。

4. 按电池所用正、负极材料分类

1）锌系列电池：如锌锰电池、锌银电池等。

2）镍系列电池：如镍镉电池、镍氢电池等。

3）铅系列电池：如铅酸蓄电池。

4）锂系列电池：如锂离子蓄电池、锂聚合物电池和锂硫电池等。

5）二氧化锰系列电池：如锌锰电池、碱锰电池等。

6）空气（氧气）系列电池：如锌空气电池、铝空气电池等。

3.1.2　动力蓄电池的性能指标

自电动汽车诞生以来，提高动力蓄电池的功率密度、能量密度、使用寿命以及降低成本一直是电动汽车动力蓄电池技术研发的核心。下面重点介绍动力蓄电池的一些基本指标。

1. 端电压和电动势

（1）端电压

动力蓄电池正极和负极之间的电位差称为端电压。动力蓄电池在没有负载情况下的端电压称为开路电压。动力蓄电池接上负载后处于放电状态，此时的电池电压称为负载电压，又称为工作电压。电池充放电结束时的电压称为终止电压，分为充电终止电压和放电终止电压。图 3-1 所示为电池充电及放电电压变化曲线。由图可知，电池无论充电还是放电，在结束时都有一个电压极限值，充电时的电压极限值就是充电终止电压，放电时的电压极限值就是放电终止电压。

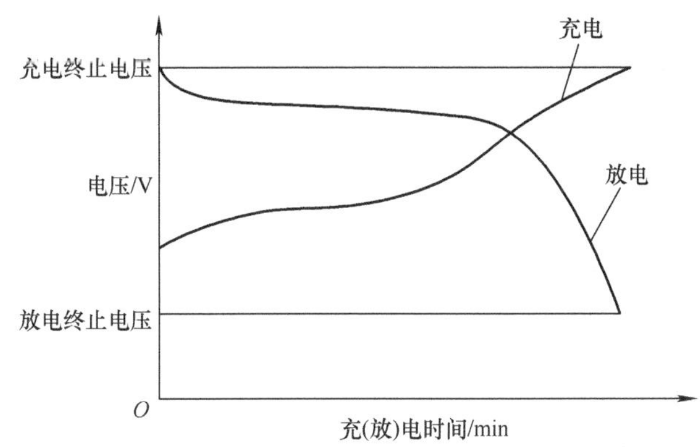

图 3-1　电池充电及放电电压变化曲线

（2）电动势

电池上两个电极的平衡电极电位之差称为电动势。

2. 容量

容量是指电池在一定的放电条件下所能放出的电量，用符号 C 表示，单位常用 A · h 或 mA · h 表示。

（1）理论容量

假定电池中的活性物质全部参加电池的成流反应时所能提供的电量即为电池的理论容量，它是电池容量的最大极限值。理论容量可根据电池反应式中电极活性物质的用量，按法拉第电解定律计算的活性物质的电化学当量精确求出。

法拉第电解定律：电流通过电解质溶液时，在电极上发生化学反应的物质的质量与通过的电量成正比。其表达式可以写为

$$Q=\frac{zmF}{M} \tag{3-1}$$

式中，Q 为电极反应中通过的电量（A · h）；z 为电极反应式中的电子计量系数；m 为发生反应的活性物质的质量（g）；M 为活性物质的摩尔质量（g/mol）；F 为法拉第常数，约 96500g/mol 或 26.8A · h。

（2）额定容量

额定容量又称为标称容量，是指按国家或有关部门规定的标准，保证电池在一定放电条件（如温度、放电率、终止电压等）下应该放出的最低限度的容量。额定容量是制造厂标明的安时容量，是电池的一个重要参数。

（3）实际容量

电池在实际应用工作情况下放出的电量即为实际容量。充满电的电池在一定条件下所能输出的电量，等于放电电流与放电时间的积分。实际容量 C 的计算方法如下。

恒电流放电时

$$C = IT \tag{3-2}$$

变电流放电时

$$C = \int_0^T I(t)\mathrm{d}t \tag{3-3}$$

式中，I 为放电电流，是放电时间 t 的函数；T 为放电至终止电压的时间。

电池的实际容量除了与其本身的结构与制造工艺有关外，还受其放电制度的影响。

3. 内阻

电流通过电池内部时受到阻力，使电池的工作电压降低，该阻力称为电池内阻。由于电池内阻的作用，电池放电时的端电压低于电动势和开路电压，充电时充电的端电压高于电动势和开路电压。电池内阻是化学电源的一个极为重要的参数，它直接影响电池的工作电压、工作电流、输出能量与功率等，对于一个实用的化学电源，其内阻越小越好。

电池内阻不是常数，在放电过程中随着活性物质组成、电解液浓度和电池温度的变化以及放电时间而变化。电池内阻包括欧姆内阻和极化内阻两部分。欧姆内阻主要由电极材料、电解液、隔膜的内阻及各部分零件的接触电阻组成；极化内阻是指化学电源的正极与负极在电化学反应进行时，由极化所引起的内阻，它是电化学极化和浓差极化所引起的电阻之和。极化内阻与活性物质的本性、电极的结构、电池的制造工艺以及电池的工作条件有关，电池工作条件对电池内阻的影响尤为突出，放电电流和温度对其影响很大。

4. 能量与能量密度

能量是指电池在一定放电制度下所能释放出的电能，单位常用 kW · h 或 W · h 表示。

电池的能量分为理论能量和实际能量。

1）理论能量是电池的理论容量与其电动势的乘积，即

$$W_o = C_o E \tag{3-4}$$

2）实际能量是电池放电时实际输出的能量，在数值上等于电池实际放电电压、放电电流与放电时间的积分，即

$$W = \int V(t)I(t)\mathrm{d}t \tag{3-5}$$

实际能量一般用电池组额定容量与电池放电平均电压的乘积来估算。

能量密度是指单位质量或单位体积的电池所能输出的能量，相应地称为质量能量密度（W·h/kg）或体积能量密度（W · h/L），也称为质量比能量或体积比能量。在电动汽车应用方面，电池的质量比能量影响电动汽车的整车质量和续驶里程，而体积比能量影响电池的布置空间。

5. 功率与功率密度

功率是指在一定的放电制度下，单位时间内电池输出的能量，单位为 W 或 kW。功率密度又称为比功率，是单位质量或单位体积电池输出的功率，单位为 W/kg 或 W/L。比功率是评价动力蓄电池及动力蓄电池包是否满足电动汽车加速和爬坡能力的重要指标。

6. 荷电状态

荷电状态（State of Charge，SOC）描述了电池的剩余电量，其值为电池在一定放电倍率下，剩余电量与相同条件下额定容量的比值。荷电状态值是个相对量，一般用百分比的方式表示，SOC 的取值为 $0 \leqslant SOC \leqslant 100\%$。

7. 放电深度

放电深度（Depth of Discharge，DOD）是放电容量与额定容量之比的百分数，与 SOC 之间存在以下关系：

$$DOD = 100\% - SOC \tag{3-6}$$

8. 循环使用寿命

循环使用寿命（Cycle Life）是指以电池充电和放电一次为一个循环，按一定测试标准在电池容量降到某一规定值（一般规定为额定值的 80%）以前，电池经历的充放电循环总次数。循环使用寿命是评价电池寿命性能的一项重要指标。

9. 自放电率

自放电率是指电池在存放时间内，在没有负荷的条件下自身放电导致电池容量损失的速度，用单位时间（月或年）内电池容量下降的百分数表示。

10. 输出效率

电池实际上是一个能量储存器，充电时把电能转变为化学能储存起来，放电时再把化学能转变为电能释放出来，供用电装置使用。电池的输出效率通常用容量效率和能量效率来表示，电池的容量效率是指电池放电时输出的容量与充电时输入的容量之比，电池的能量效率是指电池放电时输出的能量与充电时输入的能量之比。通常，电池的能量效率为 55% ~ 85%，容量效率为 65% ~ 95%。对电动汽车而言，能量效率是比容量效率更重要的一个评价指标。

11. 抗滥用能力

抗滥用能力是指电池对短路、过充电、过放电、机械振动、撞击、挤压以及遭受高温和着火等非正常使用情况的容忍程度。

12. 成本

电池的成本与电池的技术含量、材料、制作方法和生产规模有关，目前新开发的高比能量、高比功率动力蓄电池，如锂离子蓄电池，成本较高，使得电动汽车的造价也高。开发和研制高效、低成本的动力蓄电池是电动汽车发展的关键。

电池成本一般以电池单位容量或能量的成本进行表示，单位为元 /（A · h）或元 /（W · h）。对于不同类型或同类型不同生产厂家、不同型号的电池可以进行比较。

13. 放电制度

放电制度是电池放电时所规定的各种条件，主要包括放电电流（速率）、放电终止电压和温度等。

（1）放电电流

放电电流是指电池放电时电流的大小。放电电流的大小直接影响电池的各项性能指标，因此，介绍电池的容量或能量时，必须说明放电电流的大小，指出放电的条件。放电电流通常用放电率表示，放电率是指电池放电时的速率，有时率和倍率两种表示形式。

时率是以放电时间表示的放电速率，即以一定的放电电流放完额定容量所需要的时间，常用 C/n 来表示，其中，C 为额定容量，n 为一定的放电电流。放电率所表示的时间越短，所用的放电电流越大；放电率所表示的时间越长，所用的放电电流越小。

倍率实际上是指电池在规定时间内放出其额定容量所输出的电流值与额定值的比率。电池放电电流在数值上等于额定容量的倍数。例如，3 倍率（3C）放电，表示放电电流的数值是额定容量数值的 3 倍。若电池的容量为 15A · h，那么放电电流应为（3 × 15）A=45A。

（2）放电终止电压

电池放电时，电压下降到不宜再继续放电的最低工作电压称为放电终止电压，其值与电池材料直接相关，并受到电池结构、放电率、环境温度等多种因素影响。

3.1.3 新能源汽车对动力蓄电池的要求

1. 比能量高

为了提高电动汽车的续驶里程，要求电动汽车上的动力蓄电池尽可能储存更多的能量，但电动汽车又不能太重，其安装电池的空间也有限，这就要求动力蓄电池具有更高的比能量。

2. 比功率大

为了使电动汽车在加速行驶、爬坡能力及负载行驶等方面能与燃油汽车竞争，动力蓄电池应具备较大的比功率。

3. 循环寿命长

循环寿命越长，则动力蓄电池在正常使用周期内支持电动汽车行驶的距离就越远，有助于降低车辆使用期内的运行成本。

4. 均匀一致性好

对于电动汽车而言，动力蓄电池组的工作电压大多达到数百伏，这就要求至少有几十到上百个蓄电池串联。为达到设计容量要求，有时甚至需要更多的单体蓄电池并联。由于动力蓄电池组的使用性能会受到性能最差的某些单体蓄电池的制约，设计上要求各单体蓄电池在容量、内阻、功率特性和循环特性等方面具有高度的均匀一致性。

5. 高低温性能好、环境适应性强

电动汽车作为一种交通工具，要求动力蓄电池既能在北方冬天极冷的气温下，又能在南方夏天炎热的环境中长期稳定地工作。在最恶劣的气候条件下，电池的工作温度可能覆盖 –40℃ ~ 60℃，甚至达到 80℃。因此，要求动力蓄电池应当具有良好的高低温特性。

6. 安全性好

动力蓄电池应当能够有效避免因泄漏、短路、撞击、颠簸等引起的起火或爆炸等危险事故的发生，确保汽车在正常行驶或非正常行驶过程中的安全。

7. 价格低廉

动力蓄电池应当做到材料来源丰富，制造成本低，从而降低整车价格，提高电动汽车的市场竞争力。

8. 绿色、环保

要求动力蓄电池制作的材料与环境友好、无二次污染，并可再生利用。

3.1.4　常见动力蓄电池性能比较

电动汽车的未来发展很大程度上取决于动力蓄电池的各项性能，因此，需要了解不同车用动力蓄电池的性能，见表 3-1。

表 3-1　常见车用动力蓄电池的性能比较

性能指标	锂离子蓄电池	镍氢蓄电池	固态电池
能量密度	高，一般为 150 ~ 300W · h/kg，三元锂电池能量密度较高，磷酸铁锂电池稍低	低，一般为 70 ~ 100W · h/kg	更高，理论上有更大提升空间，如 2024 年重庆太蓝新能源有限公司研发的单体容量达 120A · h 的全固态锂金属电池，能量密度高达 720W · h/kg
功率密度	高，可满足车辆快速加速、爬坡等工况的高功率需求，输出电流大时能快速提供电能	较高，比功率已达到 1500W/kg 以上，适合大电流放电，能满足车辆动力性要求	高，可快速充放电，能为车辆提供强劲动力
循环寿命	长，一般可达 500 ~ 1000 次充放电，磷酸铁锂电池循环寿命可达 1500 次以上，若浅充浅放，循环次数可达 5000 次以上	相对较短，一般循环次数在 300 ~ 500 次之间	更长，内部结构稳定，能经受更多次充放电循环，如美国橡树岭国家实验室研发的无机固态薄膜电解质电池，循环寿命达 10000 次
安全性	较好，含有机溶剂，过热时可蒸发帮助冷却，防止热失控，但需在适当温度下操作维护，部分锂离子蓄电池材料热稳定性好，如磷酸铁锂电池	略低，使用过程中会产生氢气，若排放不畅可能导致爆炸，但现代设计已降低风险	高，固态电解质不易燃、不挥发，能有效降低起火和爆炸风险
自放电率	低，室温下自放电率小于 12%	较高，约 15% / 月	低
成本	较高，原材料成本、生产工艺等因素导致其价格较高，但随着技术发展和规模效应扩大，成本逐渐降低	较低，但含贵金属催化剂，成本也相对较高	非常高，目前处于研发和小规模生产阶段，制造工艺复杂，原材料成本高，大规模量产有望降低成本
工作温度范围	−25 ~ 45℃，若改进正极材料和电解液热稳定性，工作温区可扩宽至 −40 ~ 70℃	低温性能优越，无机电解液体系使其在低温环境中更稳定	宽，受温度影响小，可在较宽温度范围内正常工作，部分聚合物固态电解质电池工作温度为 60 ~ 80℃
单体电压	高，单体电压一般为 3.6 ~ 3.7V，相当于三个串联的镍氢电池	低，电压为 1.2 ~ 1.3V	高
充电速度	快，使用额定电压为 4.2V 的恒流恒压充电器，一般 1.5 ~ 2.5h 可充满	慢，充满大致需要 1 天	快，能实现快速充电，可显著缩短充电时间

3.2　锂离子蓄电池

锂离子蓄电池是 1990 年由日本索尼公司首先推向市场的新型高能蓄电池，是目前世界最新一代的充电电池。与其他蓄电池相比，锂离子蓄电池具有电压高、比能量高、充放电寿命长、无记忆效应、无污染、充电速度快、自放电率低、工作温度范围宽和安全可靠等优点，已成为未来电动汽车较为理想的动力电源。

近年来，在各国的支持与推动下，锂离子蓄电池技术迅速发展，其产业化也正在向前推进。目前，作为纯电动汽车的独立驱动电源，锂离子蓄电池的比能量还需要进一步提高；而作为混合动力电动汽车的辅助电源，锂离子蓄电池在性能、寿命、安全性等方面基本符合要求。

3.2.1 锂离子蓄电池的分类

按照外形形状分类，锂离子蓄电池可以分为以下 2 种。

1）方形锂离子蓄电池。

2）圆柱形锂离子蓄电池。

按照正极材料的不同分类，汽车用锂离子蓄电池主要分为以下 3 种。

1）锰酸锂离子蓄电池。

2）磷酸铁锂离子蓄电池。

3）镍钴锂离子蓄电池或镍钴锰锂离子蓄电池。

3.2.2 锂离子蓄电池的特点

1. 锂离子蓄电池的优点

锂离子蓄电池有许多显著特点，它的优点主要体现在以下方面。

1）工作电压高。锂离子蓄电池的工作电压为 3.6V，是镍氢和镍镉蓄电池工作电压的 3 倍。

2）比能量高。锂离子蓄电池比能量可达到 150W·h/kg，是镍镉蓄电池的 3 倍、镍氢蓄电池的 1.5 倍。

3）循环寿命长。目前锂离子蓄电池循环寿命已达 1000 次以上，在低放电深度下可达几万次，超过了其他几种二次电池。

4）自放电率低。锂离子蓄电池月自放电率仅为 6% ~ 8%，远低于镍镉蓄电池（25% ~ 30%）和镍氢蓄电池（15% ~ 20%）。

5）无记忆性。可以根据要求随时充电，而不会降低电池性能。

6）对环境无污染。锂离子蓄电池中不存在有害物质，是名副其实的“绿色电池”。

7）能够制造成任意形状。

2. 锂离子蓄电池的缺点

锂离子蓄电池也有一些不足，主要表现在以下方面。

1）成本高。主要是正极材料 $LiCoO_2$ 的价格高，但按单位瓦时的价格来计算，已经低于镍氢蓄电池，与镍镉蓄电池持平，但高于铅酸蓄电池。

2）必须有特殊的保护电路，以防止过充电。

3.2.3 锂离子蓄电池的工作原理

锂离子蓄电池的正极材料采用锂化合物 $LiCoO_2$、$LiNiO_2$ 或 $LiMn_2O_4$，负极则采用 Li-C 层间化合物 Li_xC_6，电解质采用 $LiPF_6$ 的碳酸乙烯酯（EC）和低黏度碳酸二乙酯（DEC）等烷基碳酸酯搭配的混合溶剂体系。典型的电池体系为

$$(-)Li_xC_6|LiPF_6—EC+DEC|LiCoO_2(+)$$

图 3-2 所示为锂离子蓄电池的工作原理。电池在充电时，锂离子从正极材料的晶格中脱出，通过电解质溶液和隔膜，嵌入负极中；放电时，锂离子从负极脱出，通过电解质溶液和隔膜，嵌入正极材料晶格中。在整个充放电过程中，锂离子往返于正、负极之间。

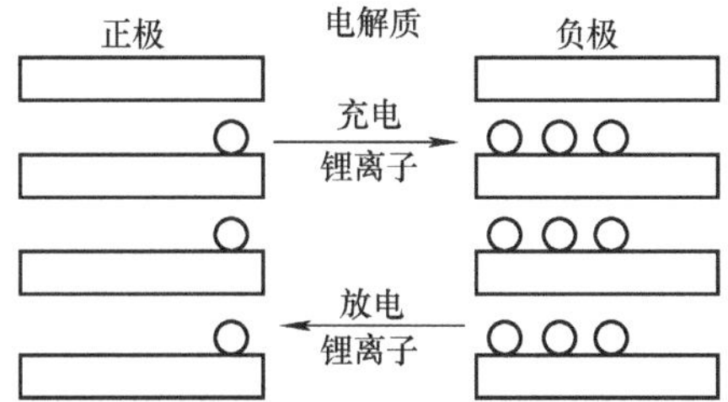

图 3-2　锂离子蓄电池的工作原理

$$LiCoO_2 \underset{放电}{\overset{充电}{\rightleftharpoons}} Li_{1-x}CoO_2 + xLi^+ + xe^- \tag{3-7}$$

$$6C + xLi^+ + xe^- \underset{放电}{\overset{充电}{\rightleftharpoons}} Li_xC_6 \tag{3-8}$$

$$LiCoO_2 + 6C \underset{放电}{\overset{充电}{\rightleftharpoons}} Li_{1-x}CoO_2 + Li_xC_6 \tag{3-9}$$

由于锂离子蓄电池只涉及锂离子而不涉及金属锂的充放电过程，从根本上解决了锂枝晶的产生而带来的电池循环性和安全性的问题。

3.2.4　锂离子蓄电池的充放电特性

1. 充电电压

1）锂离子蓄电池对充电终止电压的精度要求很高，一般误差不能超过额定值的 1%。

2）终止电压过高会影响锂离子蓄电池的寿命，甚至造成过充电现象，对电池造成永久性的损坏。

3）终止电压过低会使充电不完全，电池的可使用时间变短。

2. 充电电流

（1）充电倍率选择

1）锂离子蓄电池的充电倍率（充电电流）应根据电池生产厂家的建议选用。

2）虽然某些电池充电倍率可达 $2C$，但常用的充电倍率为（0.5 ~ 1）C。

（2）大电流充电危害

采用大电流对锂离子蓄电池充电时，因充电过程中电池内部的电化学反应会产生热量，故有一定的能量损失，同时必须检测电池的温度以防止过热损坏电池或产生爆炸。

（3）恒流充电问题

若全部用恒定电流充电，虽然可以在一定程度上缩短充电时间，但很难保证电池充满，如果对充电结束控制不当还会造成过充电现象。

3. 最大放电电流限制

（1）限制范围

锂离子蓄电池的最大放电电流一般被限制在（2 ~ 3）C。其中，C 是电池的容量倍率。例如，对于一个 10A·h 容量的电池，1*C* 的放电电流就是 10A，2*C* 就是 20A，3*C* 就是 30A。

（2）大电流放电的危害

大电流放电会使电池发热严重，这是因为电池内部存在内阻，根据焦耳定律，电流越大，产生的热量越多。发热会对电池的组成物质造成损坏，影响电池的使用寿命。大电流放电时，电池的部分能量转变成热能，导致电池的放电容量降低。这是因为电池释放的总能量是有限的，转化为热能的能量多了，用于对外做功（放电）的能量就少了。

4. 过放电及其处理

（1）过放电的危害

电池过放电（低于 3.0V）会造成电池的失效，这是因为锂离子蓄电池有其特定的工作电压范围，低于这个范围会导致电池内部结构发生不可逆的变化。

（2）过放电后的预处理（预充电）

对于过放电的锂离子蓄电池，在充电前需要进行预处理，即使用小电流充电。这样做的目的是使电池内部被过放电的单元被激活。在电池电压达到 3.0V 后再按正常方式充电，这一阶段的充电称为预充电。预充电能够帮助恢复电池的性能，避免直接采用正常充电方式对电池造成进一步的损害。

锂离子蓄电池的充电温度一般应该被限制在 0 ~ 60℃范围内。电池温度过高会损坏电池并可能引起爆炸；温度过低虽不会造成安全方面的问题，但很难将电池充满。由于充电过程中，电池内部将有一部分热能产生，在大电流充电时，还需要对电池进行温度监测，并且在超过设定充电温度时停止充电，以保证安全。

3.3 燃料电池

燃料电池（Fuel Cell）是一种将存在于燃料与氧化剂中的化学能直接转化为电能的发电装置。燃料和空气分别送进燃料电池，电就被奇妙地生产出来。它从外表上看有正负极和电解质等，像一个蓄电池，但实质上它不能“储电”，而是一个“发电厂”。虽然也称为电池，但燃料电池无论是原理、结构还是管理方式都与其他电池有着本质的区别。实际使用的燃料电池具有非常复杂的系统，其活性物质储存在电池外的容器中。燃料电池放电时，电极本身是不发生变化的，只要供给燃料和氧化剂，燃料电池就可以像传统的柴油机、汽油机一样连续工作，而常规蓄电池必须充电后才能使用。

3.3.1 燃料电池的分类

燃料电池通常可按照电解质、工作温度、燃料种类等进行分类。表 3-2 给出了按电解质类型划分的燃料电池的特性，从表中可以看出，汽车驱动用的燃料电池主要是质子交换膜燃料电池。

1. 按燃料电池的运行机理分类

1）酸性燃料电池。

2）碱性燃料电池。

2. 按电解质分类

1）质子交换膜燃料电池（PEMFC），主要用于汽车驱动。

表 3-2　按电解质类型划分的燃料电池的特性

电池种类	质子交换膜燃料电池	碱性燃料电池	磷酸燃料电池	固体氧化物燃料电池	熔融碳酸盐燃料电池
电解质	PEM	KOH	H_3PO_4	Y_2O_3 - ZrO_2	Li_2CO_3 - K_2CO_3
燃料	氢气	氢气	天然气、甲醇	天然气、甲醇、石油	天然气、甲醇、汽油
导电离子	H^+	OH^-	H^+	O_2	CO_3^{2-}
操作温度 /℃	室温 ~90	65 ~ 220	180 ~ 200	500 ~ 1000	650
质量比功率 /（W/kg）	300~1000	35 ~ 105	100 ~ 220	15 ~ 20	30 ~ 40
寿命 /h	5000	10000	15000	7000	15000
优点	空气作为氧化剂，固体电解质，室温工作起动快	起动快，常温常压下工作	成本相对较低	可用空气作为氧化剂，可用天然气或甲烷作为燃料	可用空气作为氧化剂，可用天然气或甲烷作为燃料
缺点	对 CO 敏感，反应物需要加湿	需要纯氧，成本高	对 CO 敏感，启动慢	工作温度较高	工作温度较高
应用情况	汽车	航天	工业用 200kW 电池	100kW 实验电厂	280kW ~ 2MW 实验电厂

2）碱性燃料电池（AFC）。

3）磷酸燃料电池（PAFC）。

4）熔融碳酸盐燃料电池（MCFC）。

5）固体氧化物燃料电池（SOFC）。

6）直接甲醇燃料电池（DMFC）。

7）再生型燃料电池（RFC）。

8）锌空气燃料电池（ZAFC）。

9）质子陶瓷燃料电池（PCFC）。

3. 按燃料使用类型分类

1）直接型燃料电池。

2）间接型燃料电池。

3）再生型燃料电池。

4. 按燃料种类分类

1）氢燃料电池。

2）甲醇燃料电池。

3）乙醇燃料电池等。

5. 按工作温度分类

1）低温型（温度低于 200℃）。

2）中温型（温度为 200 ~ 750℃）。

3）高温型（温度为 750 ~ 1000℃）。

4）超高温型（温度高于 1000℃）。

6. 按燃料状态分类

1）液体型燃料电池。

2）气体型燃料电池。

3.3.2 燃料电池的特点

1. 燃料电池的优势

（1）能量转换效率高

燃料电池将储存在燃料和氧化剂中的化学能通过电极反应直接转换为电能，其反应过程不涉及燃烧和热机做功，因此，能量转换效率不受“卡诺循环”的限制，理论上，燃料电池的化学能转换效率可达 100%，实际的能量转换效率也已高达 60% ~ 80%，是普通内燃机热效率的 2 ~ 3 倍。

（2）环境相容性好

燃料电池是真正意义上的高效清洁能源。燃料电池排放的水量少而且非常干净，不存在水污染问题。由于没有运动的机械部件，其噪声也很小。

（3）使用寿命长

只要燃料和催化剂能从外部源源不断地供给，燃料电池即可持续不断地发出电能，不需要充电。因此，其使用寿命远高于其他电池。

（4）能源补充快

燃料电池所需的燃料主要是氢，充气或更换氢气瓶一般只要几分钟，比纯电动汽车的动力蓄电池充电时间或更换电池的时间要短得多。

（5）来源广泛

氢燃料可以从甲烷、天然气、石油气以及其他能分解出氢的烃类化合物中获得，来源广泛。

2. 存在的问题

（1）燃料种类单一

目前，无论是液态氢、气态氢，还是碳水化合物经过重整后转换的氢，它们均是燃料电池的唯一燃料。氢气的产生、储存、保管、运输和灌装或重整都比较复杂，对安全性要求很高。

（2）要求高质量的密封

燃料电池的单体电池所能产生的电压约为 1V，不同种类的燃料电池的单体电池所能产生的电压略有不同。通常将多个单体电池按使用电压和电流的要求组合成为燃料电池发动机组，在组合时，对于单体电池间的电极连接，必须有严格的密封，因为若燃料电池密封不良，氢气会泄漏到燃料电池的外部，从而降低氢的利用率并严重影响燃料电池发动机的效率，还会引发氢气燃烧事故。由于要求严格的密封，使得燃料电池发动机的制造工艺很复杂，并给使用和维护带来很多困难。

（3）价格高

制造成本高，电池价格昂贵。

（4）需要配备辅助电池系统

燃料电池可以持续发电，但不能储存电能和回收燃料电池电动汽车再生制动的反馈能量。通常在燃料电池电动汽车上还要增加辅助电池，用来储存燃料电池富裕的电能，并在燃料电池

电动汽车减速时接收再生制动的能量。

总之，由于燃料电池同时具备效率高、污染小、寿命长等优点，被认为是今后替代传统内燃机的最理想的汽车动力装置，并将在国防、通信和民用电力等更多领域发挥其重要作用，燃料电池已被列入新经济和21世纪可持续发展的三大技术之一，与信息技术、生物技术并驾齐驱。但目前存在的制氢、储氢等方面的问题，还有待通过技术上的进一步探索和提高来解决。

3.3.3　质子交换膜燃料电池的工作原理

图3-3所示为质子交换膜燃料电池（Proton Exchange Membrane Fuel Cell，PEMFC）的原理结构图。由图3-3可见，PEMFC由三种基本组件构成：质子交换膜（两个表面上敷有催化剂Pt）、电极（兼气体扩散区）和双极板。质子交换膜将阳极和阴极隔开，质子交换膜中安装有固态酸电解质，电解质内含有自由氢离子H^+。

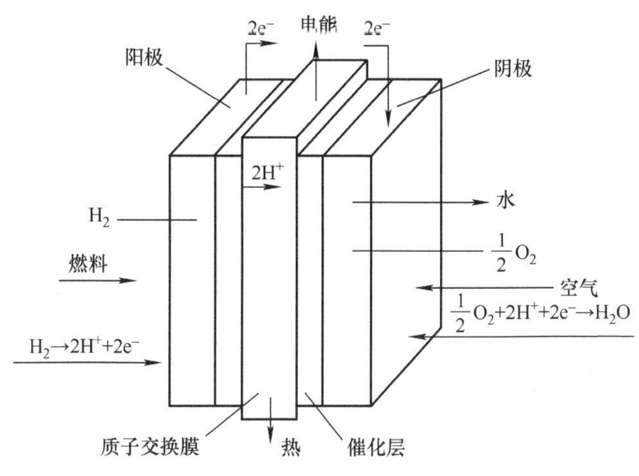

图3-3　PEMFC原理结构图

质子交换膜内部的固态酸电解质中充满液态的水，使得游离的H^+可以从阳极到阴极自由通过，而电子不能通过。由于氢原子由一个质子和一个电子构成，H^+是氢原子失去电子后的产物，只有一个质子，因此，H^+可以通过并进行交换的膜称为质子交换膜（Proton Exchange Membrane，PEM）。下面分步骤介绍PEMFC的工作过程。

1）从图3-3左侧双极板送来的氢气经过阳极的气体扩散层，与阳极表面的催化剂Pt接触，氢分子被分裂，并键合在Pt的表面，形成弱的H-Pt键。

2）氢分子被分裂的过程就是氧化反应的过程，一个氢原子分裂后，释放出自己的电子，沿着阳极通过外电路奔向阴极。同时，氢原子失去电子后，变成氢离子H^+，很快从H-Pt键中挣脱，黏附在膜表面的水分子上，形成水合氢离子，进入电解质内，穿过质子交换膜，向阴极扩散。反应式为

$$H_2 \longrightarrow 2H^+ + 2e^- \tag{3-10}$$

3）从图3-3右侧双极板送来的氧气经过阴极的气体扩散层，与阴极表面的催化剂Pt接触，氧分子被分裂，并键合在Pt的表面，形成弱的O-Pt键。

4）氧分子被分裂的过程就是还原反应的过程，一个氧原子分裂后，在阴极吸收从阳极通道外电路送来的两个电子，并与阳极通过质子交换膜在电解质中送来的两个 H^+ 结合，生成水。反应式为

$$\frac{1}{2}O_2 + 2H^+ + 2e^- \longrightarrow H_2O \tag{3-11}$$

氢原子和氧原子分别在阳极和阴极同时发生了两个“半反应”：氢原子在阳极发生氧化反应，失去了电子，变成氢离子；氧原子在阴极发生还原反应，得到了电子，与氢离子生成了水。这两个反应构成了一个完整的氧化还原反应，氢气与氧气反应生成水。总的反应式为

$$2H_2 + O_2 = 2H_2O \tag{3-12}$$

图 3-4 所示为反映这一过程的单体 PEMFC 的工作原理示意图。

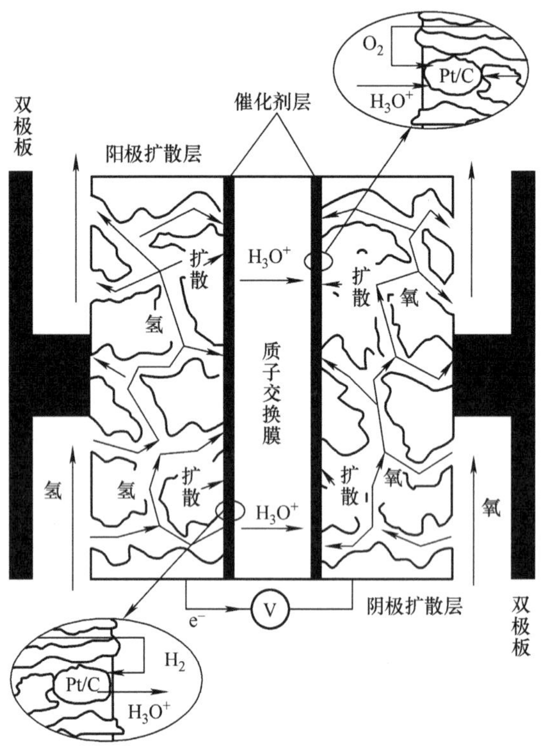

图 3-4　单体 PEMFC 的工作原理示意图

3.4　固态电池

3.4.1　定义与结构

1. 定义

固态电池是指采用固态电解质的电池。与传统锂离子蓄电池使用液态电解质不同，固态电池的电解质为固态物质。

2. 结构

固态电池主要由正极、固态电解质和负极构成。正极通常采用具有高能量密度的材料，如锂钴氧化物（$LiCoO_2$）、镍钴锰酸锂（NCM）等；负极材料有金属锂、石墨等；固态电解质则是固态电池的关键部分，常见的固态电解质有氧化物、硫化物、聚合物等类型。

3.4.2　工作原理

在充电过程中，锂离子从正极材料中脱嵌，通过固态电解质迁移到负极材料中嵌入。例如，在以锂金属为负极的固态电池中，正极材料中的锂离子在电场作用下，通过固态电解质向负极移动，在负极表面得到电子被还原成锂原子并沉积在负极上。放电时，过程相反，锂离子从负极脱嵌，通过固态电解质回到正极，同时释放出电能。

3.4.3　固态电池的优点

1. 安全性高

固态电解质不可燃、不挥发，避免了传统锂离子蓄电池因液态电解质泄漏、燃烧或爆炸而引发的安全隐患。例如，在高温、过充电、短路等极端条件下，固态电池能够更好地保持稳定。

2. 能量密度高

理论上，固态电池能够实现更高的能量密度。一方面，一些固态电解质能够兼容高能量密度的电极材料；另一方面，由于不需要像液态电解质那样预留多余空间来防止膨胀等问题，电池内部空间可以更有效地被利用，从而提高能量密度。

3. 循环寿命长

固态电池的内部结构相对稳定，在充放电过程中，电极和电解质之间的界面反应较少，能够经受更多次的充放电循环。

3.4.4　挑战与限制

1. 离子电导率较低

目前，许多固态电解质的离子电导率比液态电解质低，这会影响电池的充放电性能，导致充电时间长、功率输出受限等问题。

2. 成本高

固态电池的生产工艺复杂，特别是高质量固态电解质的制备成本较高，同时，一些适合固态电池的电极材料也较为昂贵，这使得固态电池的制造成本远高于传统锂离子蓄电池。

3. 界面稳定性问题

在固态电池中，电极与固态电解质之间的界面接触和稳定性是一个关键问题。如果界面接触不良，会增加电池的内阻，影响电池性能；而且在充放电过程中，界面可能会发生副反应，导致电池性能下降。

3.4.5　应用与发展前景

1. 应用领域

固态电池在电动汽车、消费电子、储能等领域都有广阔的应用前景。在电动汽车方面，固态电池的高能量密度和安全性可以有效解决续驶里程焦虑和电池安全问题。

2. 发展方向

目前，全球众多科研机构和企业都在致力于固态电池的研发和产业化。研究方向主要集中在开发高离子电导率的固态电解质、优化电极－电解质界面、降低生产成本等方面，随着技术的不断突破，固态电池有望在未来逐步实现大规模商业化应用。

3.4.6 其他新能源汽车动力蓄电池

除了前面提及的锂离子蓄电池、燃料电池和固态电池以外，新能源汽车还可以使用其他类型的动力蓄电池或电能储存装置，如铅酸蓄电池、镍氢蓄电池、钠硫蓄电池、太阳能电池、超级电容器、超高速飞轮及空气电池等。

第 4 章　新能源汽车的驱动电机

在新能源汽车中，一般用动力蓄电池和驱动电机取代常规燃油汽车中的发动机。因此，驱动电机是新能源汽车的核心部件，其主要功能是把电能转换为机械能来驱动汽车行驶。驱动电机性能的好坏直接影响电动汽车整车性能，特别是最高车速、加速性能及爬坡性能等。因此，在开发电动汽车之前，初步确定电机类型及其参数，进而对电机进行选择是至关重要的。

本章介绍了新能源汽车经常采用的驱动电机，包括有刷直流电机、永磁无刷直流电机、交流异步电机（感应电机）、永磁同步电机以及开关磁阻电机，并分析了新能源汽车对驱动电机的要求；全面介绍了直流电机、交流异步电机及永磁同步电机构造和原理；指出了交流异步电机的基本调速方法和永磁同步电机的控制方法，探讨了直流电机在电动汽车上的应用。

4.1　驱动电机概述

驱动电机是一种将电能转换为机械能的装置，其主要功能是产生驱动力矩，用于驱动各种机械设备、交通工具等运行。例如在电动汽车中，驱动电机是车辆行驶的动力源，它把动力蓄电池提供的电能转变为车轮旋转的机械能，驱动汽车前进。

驱动电机是电动汽车的核心部件之一。它直接决定了车辆的动力性能、加速性能和最高车速等。不同类型的电动汽车（纯电动汽车、混合动力电动汽车）根据其设计要求和性能目标，选择不同类型的驱动电机。例如，纯电动汽车大多采用高性能的永磁同步电机或异步电机，以提供足够的动力和较高的效率。

新能源汽车经常采用的驱动电机包括有刷直流电机、永磁无刷直流电机、交流异步电机（感应电机）、永磁同步电机以及开关磁阻电机等，分别详细介绍如下。

4.1.1　有刷直流电机

直流电机最早应用于电动汽车，它具有起动加速时驱动力大、调速控制简单、技术成熟和成本低等优点。但是直流电机的电枢电流由电刷和换向器引入，换向时产生电火花，换向器容易烧蚀，电刷容易磨损，需要经常更换，维护工作量大。接触部分存在磨损，不仅使电机效率降低，还限制了电机的工作转速。因此，新研制的电动汽车基本不采用直流电机。

4.1.2　永磁无刷直流电机

永磁无刷直流电机是一种高性能的电机，它既有交流电机的结构简单、运行可靠、维护方便等诸多优点，又具备运行效率高、无励磁损耗、运行成本低和调速性能好等特点。因此，它在电动汽车上的应用与日俱增。

4.1.3 交流异步电机

交流异步电机在电动汽车上广泛应用，这是因为异步电机采用变频调速，实现无级变速，使传动效率大为提高。另外，异步电机很容易实现正反转，再生制动能量的回收也更加简单。当采用笼型转子时，异步电机还具有结构简单、坚固耐用、价格低廉、工作可靠、效率高和免维护等优点。

4.1.4 永磁同步电机

永磁同步电机在结构上与无刷直流电机相似，不同之处在于它采用正弦波驱动，因而在具备无刷直流电机优点的同时，还具有噪声低、体积小、功率密度大、转动惯量小、脉动转矩小和控制精度高等特点，特别适用于混合动力电动汽车电机驱动系统，可达到减小系统体积、改善汽车加速性能和行驶平稳性等目的。因此，永磁同步电机受到了全世界各大汽车生产厂商的重视。

4.1.5 开关磁阻电机

开关磁阻电机是一种新型电机，其结构简单、坚固、工作可靠、效率高、调速系统运行性能和经济指标比普通的交流调速系统好，具有很大的潜力，被公认是一种极有发展前途的电动汽车驱动电机。

随着电子技术和计算机技术的飞速发展，新的电机理论与控制方式层出不穷，正推动着新的电机驱动技术迅猛发展。高密度、高效率、轻量化、低成本、宽调速牵引电机驱动系统已成为各国研究和开发的主要热点，如轮毂电机、永磁式开关磁阻电机、转子磁极分割型混合励磁结构同步电机、永磁无刷交流电机等。各种电机的性能比较见表 4-1。

表 4-1 各种电机的性能比较

项目	直流电机	交流电机	永磁电机	开关磁阻电机
转速范围 /（r/min）	4000 ~ 6000	12000 ~ 20000	4000 ~ 10000	> 15000
功率密度	低	中	高	较高
功率因数（%）	—	82 ~ 85	90 ~ 93	60 ~ 65
峰值效率（%）	85 ~ 89	94 ~ 95	95 ~ 97	85 ~ 90
负荷效率（%）	80 ~ 87	90 ~ 92	85 ~ 97	78 ~ 86
过载能力（%）	200	300 ~ 500	300	300 ~ 500
恒功率区比例	—	1 : 5	1 : 2.25	1 : 3
电机重量	重	中	轻	轻
电机外形尺寸	大	中	小	小
可靠性	一般	好	优良	好
结构坚固性	差	好	一般	优良
控制操作性能	最好	好	好	好
控制器成本	低	高	高	一般

4.2　新能源汽车对驱动电机的要求

新能源汽车对驱动电机的要求主要由以下三方面决定：驾驶性能要求、车辆的性能约束以及车载能源系统的性能。驾驶性能的要求是由包括汽车动力性能、制动性能及续驶里程等性能在内的驾驶模式决定的；车辆的性能约束主要是指车型、车重、载重及平顺舒适性等；车载能源系统的性能主要与蓄电池、燃料电池、超级电容器、飞轮等能源有关。同时，驱动电机系统的发展与大功率电子器件、微处理器技术以及控制策略等的发展也密切相关。

用于新能源汽车的各种驱动电机与普通工业用电机有明显区别，新能源汽车通常要求电机能够频繁起停、加减速，在车辆低速或爬坡时要求高转矩，车辆高速行驶时要求低转矩，并要求变速范围大；而工业驱动电机通常优化在额定的工作点，因此，新能源汽车驱动电机应单独归为一类。新能源汽车对驱动电机系统的主要要求体现在以下不同方面。

4.2.1　低速大转矩特性及较宽范围内的恒功率特性

驱动电机的运行特性要满足电动汽车的要求，在恒转矩区，要求低速运行时具有大转矩，以满足汽车起动和爬坡的要求；在恒功率区，要求低转矩时具有高速度，以满足电动汽车在平坦良好路面高速行驶的要求。

4.2.2　整个运行范围内的高效率和大比功率

新能源汽车的驱动电机需要有大比功率和优良的效率（在较宽的转速和转矩范围内都有较高的效率）。高效率可以使汽车单次充电续驶里程增长，特别是在路况复杂以及行驶方式频繁改变时，低负荷运行时也应具有较高的效率；大比功率能够降低车辆自重和提高车辆的加速性能。

4.2.3　体积小、重量轻

新能源汽车的驱动电机安装在车上，受限于汽车的容积效率，应尽可能减少对有效车载空间的占用，降低系统的总重量。驱动电机应尽可能地采用铝合金外壳以实现减重。各种电机控制装置的重量和冷却系统的重量也应尽可能轻，同时，控制装置的各元器件布置应尽可能集中，以节省空间。

4.2.4　高转速

新能源汽车驱动电机的最高转速要求达到基速（他励直流电机固有机械特性的基速是指在额定的电枢电压、额定的励磁电流状态下的空载转速；而永磁电机和异步电机的基速是指同步转速，即 2 极 3000r/min、4 极 1500r/min、6 极 1000r/min、8 极 750r/min 等，与电源频率有关）的 4 ~ 5 倍；工业驱动电机只要求达到恒功率时基速的 2 倍。

4.2.5　过载能力强、瞬时功率大

新能源汽车驱动电机通常需要 4 ~ 5 倍的过载，以满足车辆短时加速行驶与最大爬坡时对驱动功率的要求，而工业驱动电机一般有 2 倍的过载就可满足要求。此外，新能源汽车还要求驱动电机带载起动性能好、使用寿命长等。

4.2.6 协同性能好

当有多电机协同工作时，新能源汽车要求驱动电机可控性高、稳态精度高、动态性能好；而工业驱动电机只需满足某一种特定的性能要求。

4.2.7 能作为发电机使用

新能源汽车要求驱动电机能在汽车减速时实现再生制动，将能量回收并给蓄电池充电，使电动汽车具有最佳的能源利用率。

4.2.8 高可靠性

由于新能源汽车经常工作在高温、恶劣天气及底盘振动等条件下，要求其具有较强的耐温和耐潮湿性能，运行时噪声低。在任何情况下，驱动电机的高可靠性是汽车高安全性的保障之一。

4.2.9 高电压

在允许的范围内尽可能地采用高电压，这样可以减小电机的尺寸和导线等装备的尺寸，特别是可以降低逆变器的成本。

4.3 直流电机

直流电机是一种将直流电能转换为机械能的装置。其工作原理基于载流导体在磁场中受到的安培力的作用。当直流电流通过电枢绕组时，在定子磁场的作用下，绕组会产生电磁力，进而形成转矩使电枢旋转。例如，当把一个简单的直流电机模型接入直流电源后，电流会从电源的正极通过电刷、换向器进入电枢绕组，然后再通过换向器和电刷回到电源负极。在这个过程中，电枢绕组在磁场中受到力的作用而转动。

在 20 世纪 80 年代之前，几乎所有的车辆牵引电机都为直流电机。这是因为直流电机具有起步加速牵引力大、控制性能好和控制系统较简单等优点。其缺点是在高速大负荷运行时，机械换向器表面会产生电火花，因而电机的运转速度不能太高。由于直流电机采用机械式电刷和换向器，其在过载能力、转速范围、体积比功率、质量比功率、系统效率和使用维护等方面均受到限制。

直流电机大致可以分为永磁式电机（没有励磁绕组，永磁体的磁场是不可控制的）和绕组式电动机（有励磁绕组，磁场可由直流电流控制）。在电动汽车所采用的电机中，小功率电机采用的是永磁式电机，而大功率的电机大多采用的是串励电机、并励电机及复励电机等有励磁绕组的电机。

4.3.1 直流电机的分类

绕组式直流电机根据励磁方式的不同，可分为他励式、并励式、串励式和复励式 4 种类型。不同励磁方式直流电机的电路如图 4-1 所示。

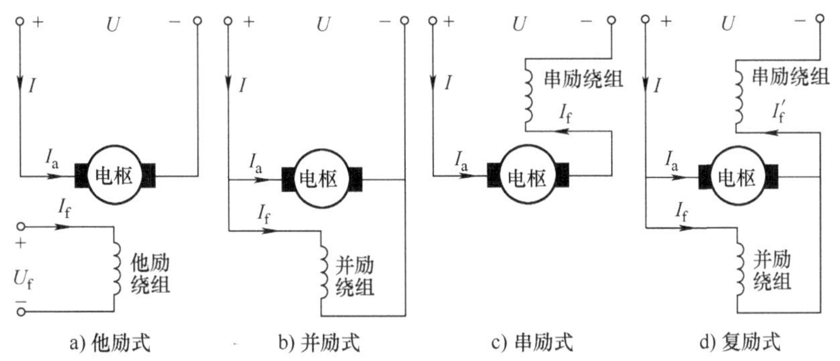

图 4-1　不同励磁方式直流电机的电路图

1. 他励直流电机

如图 4-1a 所示，他励直流电机的励磁绕组与电枢绕组无连接关系，而由其他直流电源为励磁绕组供电。因此，励磁电流不受电枢端电压或电枢电流的影响，永磁直流电机也可看成他励直流电机。

他励直流电机在运行过程中励磁磁场稳定且容易控制，容易实现电动汽车的再生制动要求，但当采用永磁激励时，虽然电机效率高、重量轻且体积较小，但由于励磁磁场固定，电机的机械特性不理想，驱动电机产生不了足够大的输出转矩来满足电动汽车起动和加速时的大转矩要求。

2. 并励直流电机

如图 4-1b 所示，并励直流电机的励磁绕组与电枢绕组并联，共用同一电源，性能与他励直流电机基本相同。并励绕组两端电压就是电枢两端电压，但是励磁绕组用细导线绕成，匝数很多，因此具有较大的电阻，使得通过它的励磁电流较小。

3. 串励直流电机

如图 4-1c 所示，串励直流电机的励磁绕组与电枢绕组串联后，再接于直流电源，这种直流电机的励磁电流就是电枢电流。这种电机内的磁场随着电枢电流的改变有显著变化，为了不致引起励磁绕组中过大的损耗和电压降，励磁绕组的电阻越小越好，因此，串励直流电机通常采用较粗的导线绕成，匝数较少。

（1）低速运行时的优势

串励直流电机在低速运行时，能给电动汽车提供足够大的转矩。这是因为在低速时，电机电枢中的反电动势较小，与电枢串联的励磁绕组中的励磁电流较大，从而能产生较大的转矩。

（2）高速运行时的问题

随着电动汽车行驶速度的提高，电机电枢中的反电动势增大，与电枢串联的励磁绕组中的励磁电流减小，电机高速运转时的弱磁调速功能难以实现。这导致驱动电机输出转矩快速减小，不能满足电动汽车高速行驶时由于风阻大而需要输出较大转矩的要求。

（3）运行效率低

串励直流电机运行效率低。

（4）再生制动稳定性差

在实现电动汽车的再生制动时，由于没有稳定的励磁磁场，再生制动的稳定性差。

（5）控制系统故障率高

串励直流电机再生制动需要加接触器切换，使得电机控制系统的故障率较高，可靠性较差。

（6）励磁绕组损耗大

串励电机的励磁绕组损耗大，体积和质量也较大。

4. 复励直流电机

如图 4-1d 所示，复励直流电机有并励和串励两个励磁绕组，电机的磁通由两个绕组内的励磁电流产生。若串励绕组产生的磁通量与并励绕组产生的磁通量方向相同称为积复励；若两个磁通量方向相反，则称为差复励。

复励直流电机的永磁励磁部分采用高磁性钕铁硼材料，运行效率高。由于电机永磁励磁部分有稳定的磁场，用该类电机构成驱动系统时易实现再生制动功能。同时，由于电机增加了增磁绕组，通过控制励磁绕组的励磁电流或励磁磁场的大小，能克服纯永磁他励直流电机不能产生大输出转矩的不足，满足了车辆低速爬坡时的大转矩要求，而电机的质量和体积比串励电机的还要小。

电动汽车所使用的直流电机主要是他励直流电机（包括永磁直流电机）、串励直流电机和复励直流电机 3 种。

4.3.2 直流电机的基本构造

直流电机主要由转子、定子、机座和电刷架等部分组成，各部分主要部件如图 4-2 所示。

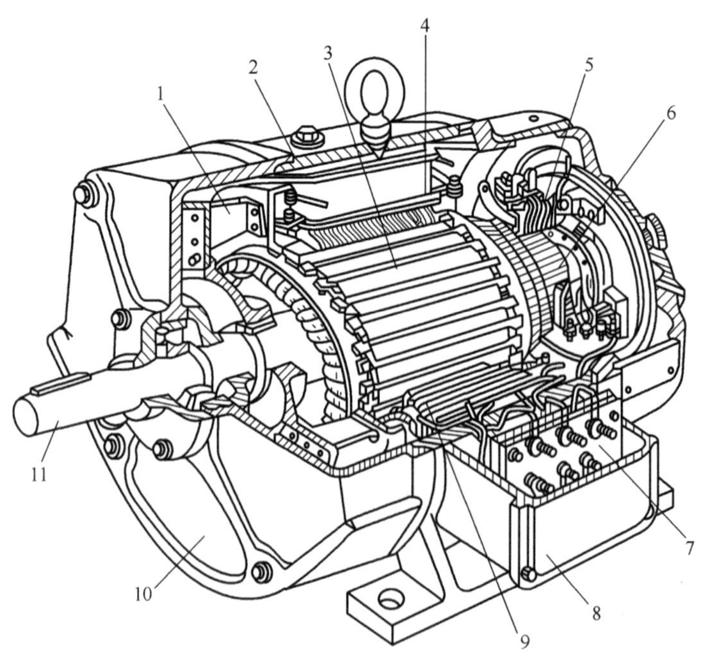

图 4-2 直流电机的构造

1—风扇 2—机座 3—电枢 4—主磁极 5—电刷架 6—换向器 7—接线板 8—出线盒 9—换向极 10—端盖 11—轴

1. 定子部分

直流电机的定子主要由主磁极、机座、换向极和电刷装置等组成。

（1）主磁极

其作用是建立主磁场，由主极铁心和套装在铁心上的励磁绕组构成。主极铁心一般由 1 ~ 1.5mm 的低碳钢板冲压成型叠装固定而成，是主磁路的一部分。励磁绕组用铜线按要求绕制而成，产生励磁电动势。

（2）机座

机座用铸钢或厚钢板焊制而成，既是主磁路的一部分，也是电机的结构框架。

（3）换向极

其作用是改善直流电机的换向性能，使直流电机运行时不产生有害的电火花。它由换向极铁心和套装在铁心上的换向极绕组构成。

（4）电刷装置

电刷装置由电刷、刷握、刷杆、汇流排等组成，用于电枢电路的引入或引出。

2. 转子部分

转子部分包括电枢铁心、电枢绕组和换向器等。

（1）电枢铁心

它既是主磁路的组成部分，又是电枢绕组的支撑部分。电枢绕组嵌放在电枢铁心的槽内。电枢铁心一般用 0.50mm 的硅钢片叠压而成。

（2）电枢绕组

电枢绕组由铜线按要求绕制而成，它是直流电机的电路部分，也是产生电动势和电磁转矩进行机电能量转换的部分。

（3）换向器

换向器由冷拉梯形铜排和绝缘材料等组成，用于电枢电流的换向。

3. 端盖

端盖固定在基座两端，内部装有轴承以支撑电动机转子旋转。

4. 电刷架

电刷架装在端盖上并与换向器相连。

4.3.3　直流电机的工作原理及其性能

1. 直流电机的工作原理

直流电机的工作原理较为简单。当一载流导线放置在磁场中时，将产生作用于导线上的磁场力。该力垂直于导线和磁场，如图 4-3 所示。此磁场力与导线长度 L、电流大小 I 以及磁感应强度 B 成正比，即

$$F = BIL \tag{4-1}$$

当导线形成一个线圈时，作用于线圈两边的磁场力即产生一转矩，该转矩可表示为

$$T = BILD\cos\alpha \tag{4-2}$$

式中，α 为线圈平面与磁场之间的夹角，如图 4-3 所示。

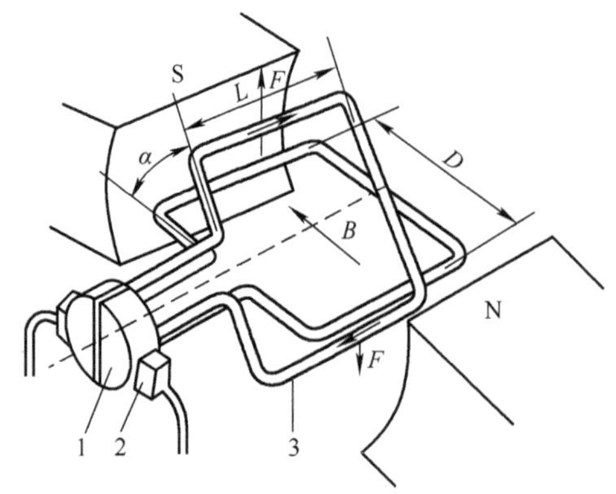

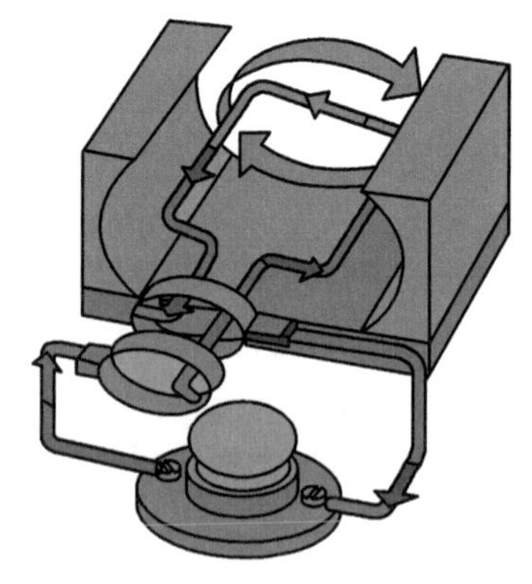

图 4-3　直流电机的工作原理

1—集电环　2—电刷　3—线圈

磁场可由一套绕组或永磁体产生。前者称为绕组式励磁直流电机，后者称为永磁直流电机，载流线圈称为电枢。事实上，电枢是由许多线圈构成的。为获得连续的最大转矩，集电环和电刷被用来导通每个位于 $\alpha = 0$ 处的线圈，此时转矩最大，即直流电机有转矩较大的特点。此外，当转子电枢旋转时，电枢绕组也切割磁感线，因此，电枢本身也产生感应电动势。按照右手定则可知，该电动势的方向恰与电枢电流的方向相反，故称为反电动势，用 E 表示，如图 4-4 所示。

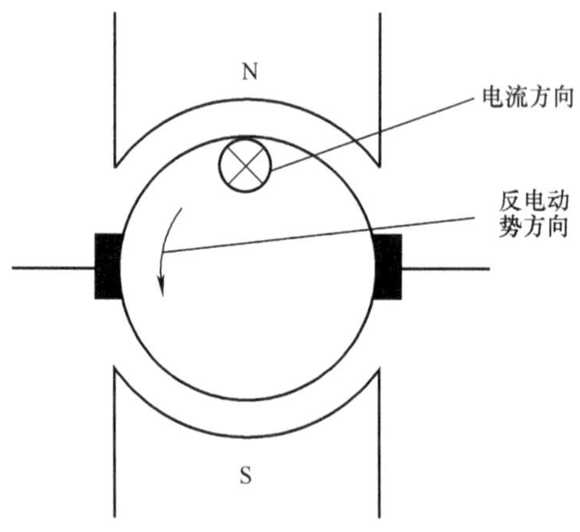

图 4-4　反电动势方向示意图

2. 直流电机的驱动特性

电动汽车用直流电机的驱动特性如图 4-5 所示。

（1）恒转矩区

随着转速的增加，驱动电机功率上升，但输出转矩恒定，在基速 n_0 时，电机功率达到最大值 P_{max}。

（2）恒功率区

随着电机转速增加，电机输出功率恒定，转矩随转速呈双曲线形下降。

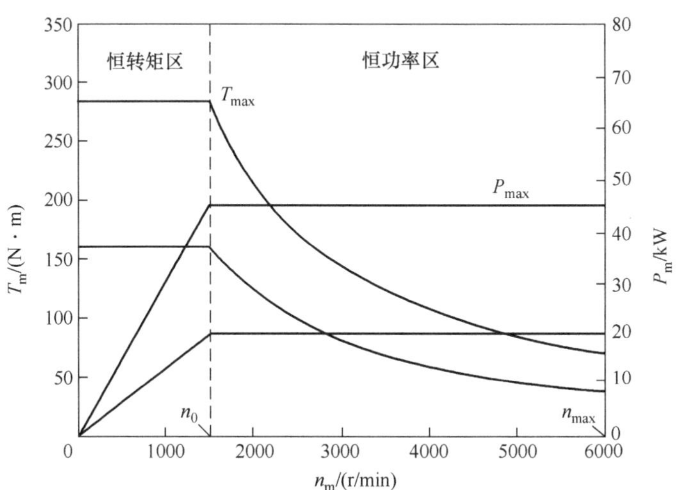

图 4-5　直流电机的驱动特性

4.3.4　直流电机在电动汽车中的应用

1. 直流电机在电动汽车中应用的主要类型

（1）串励直流电机

1）优点：在低速运行时，串励直流电机能给电动汽车提供足够大的转矩。这是因为在低速时，电机电枢中的反电动势较小，与电枢串联的励磁绕组中的励磁电流较大，从而产生较大的转矩，适合电动汽车起步和爬坡等需要大转矩的工况。

2）缺点：

① 从低速到高速运行时弱磁调速特性不理想。随着电动汽车行驶速度提高，电机电枢中的反电动势增大，与电枢串联的励磁绕组中的励磁电流减小，电机高速运转时的弱磁调速功能难以实现，导致驱动电机输出转矩快速减小，无法满足电动汽车高速行驶时由于风阻大而需要输出较大转矩的要求。

② 运行效率低。在实现电动汽车的再生制动时，由于没有稳定的励磁磁场，再生制动的稳定性差。

③ 控制系统故障率高，因为再生制动需要加接触器切换。

④ 励磁绕组损耗大，体积和质量也较大。

（2）他励直流电机

1）优点：

① 调速性能好，通过改变励磁电流或电枢电压可以方便地实现宽范围的调速，能够满足电动汽车在不同行驶工况下的速度要求。

② 可以实现较为稳定的再生制动，在制动过程中能将部分机械能转化为电能回馈给电池，提高能源利用率。

2）缺点：

① 结构相对复杂，需要独立的励磁电源，成本较高。

② 电机的体积和质量较大，对于电动汽车的轻量化设计有一定影响。

2. 直流电机在电动汽车中应用的现状与趋势

（1）现状

早期的电动汽车有采用直流电机的情况，特别是一些低速、短途的电动汽车。但随着技术的发展，直流电机由于其自身的一些局限性，在现代主流电动汽车中的应用逐渐减少。

（2）趋势

目前，电动汽车更倾向于采用交流异步电机和永磁同步电机。永磁同步电机具有高效率、高功率密度和调速性能较好等优点，交流异步电机则具有结构简单、可靠性高和成本较低等优势。但是，在一些特定的应用场景下，如对低速大转矩有特殊需求且对成本较为敏感的小型电动汽车或电动三轮车等，直流电机仍有一定的应用空间。

4.4 交流异步电机

对于纯电动汽车和混合动力电动汽车的电驱动系统，无换向器电机驱动呈现了优于传统有换向器直流电机驱动的许多特点。目前，在各种无换向器电机驱动系统中，交流异步电机驱动技术最为成熟，与直流电机驱动相比，交流异步电机驱动具有更多的优点，如重量轻、体积小、无退磁担忧、成本低和效率高。这些优点对于电动汽车的应用尤其重要。

交流异步电机又称为感应电机，是由气隙旋转磁场与转子绕组感应电流相互作用产生电磁转矩，从而将电能量转换为机械能量的一种交流电机。异步电机的种类很多，最常见的分类方式是按转子结构和定子绕组相数分类。按照转子结构划分，有笼型异步电机和绕线型异步电机；按照定子绕组相数划分，有单相异步电机、两相异步电机和三相异步电机。异步电机是各类电机中应用最广、需求量最大的一种。在电动汽车中，主要使用笼型异步电机。下面介绍的异步电机就是指三相笼型异步电机。

4.4.1 交流异步电机的结构

异步电机主要由静止的定子和旋转的转子两大部分组成，定子和转子之间存在气隙。此外，还有端盖、机座和风扇等部件。图 4-6 所示为三相交流异步电机的典型结构。

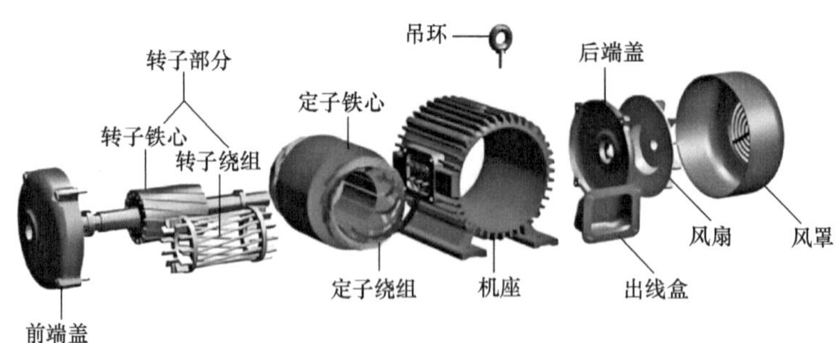

图 4-6 三相交流异步电机的典型结构

1. 定子

异步电机的定子由定子铁心、定子绕组和机座构成。

（1）定子铁心

定子铁心是电机磁路的一部分，其上放置定子绕组。定子铁心一般由 0.35 ~ 0.5mm 厚、表面具有绝缘层的硅钢片冲制叠压而成，在铁心的内圆冲有均匀分布的槽，用以放置定子绕组。定子铁心的槽有半闭口型槽、半开口型槽和开口型槽 3 种。

（2）定子绕组

定子绕组是电机的电路部分，通过三相交流电，产生旋转磁场。定子绕组由 3 个在空间互隔 120° 电角度、对称排列且结构完全相同的绕组连接而成，这些绕组的各个线圈按星形或三角形规律分别嵌放在定子各槽内。图 4-7 所示为星形排列的定子绕组。

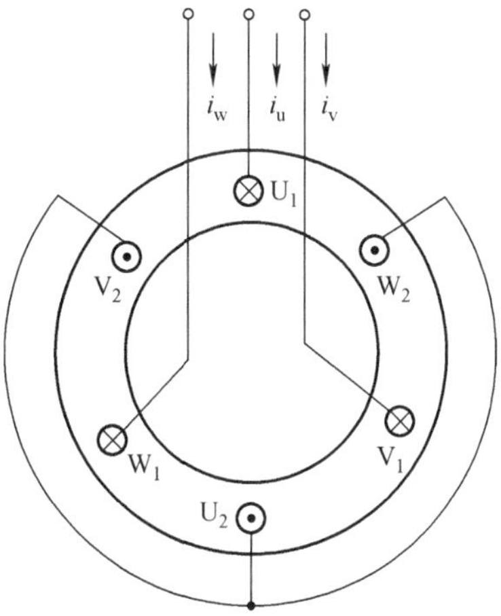

图 4-7　星形排列的定子绕组

（3）机座

机座主要用于固定定子铁心与前、后端盖，以支撑转子，并起防护、散热等作用。机座通常为铸铁件，大型异步电机的机座一般用钢板焊成，微型电机的机座采用铸铝件。封闭式电机的机座外面有散热筋以增加散热面积，防护式电机的机座两端端盖开有通风孔，使电机内外的空气可直接对流，以利于散热。

2. 转子

异步电机的转子由转子铁心、转子绕组和转轴组成。

（1）转子铁心

转子铁心也是电机磁路的一部分，铁心槽内放置转子绕组。转子铁心所用材料与定子铁心一样，由 0.5mm 厚的硅钢片冲制叠压而成，硅钢片外圆冲有均匀分布的孔，用来安置转子绕组，通常用定子铁心冲落后的硅钢片内圆来冲制转子铁心。小型异步电机的转子铁心一般直接压装在转轴上，大、中型异步电机（转子直径为 300 ~ 400mm）的转子铁心则借助转子支架压在转轴上。

（2）转子绕组

转子绕组是转子的电路部分，它的作用是切割定子旋转磁场产生感应电动势及电流，并形成电磁转矩，而使电机旋转，转子绕组分为笼型转子和绕线转子。

（3）转轴

转轴用于固定和支撑转子铁心，并输出机械功率。转轴一般使用中碳钢制成。

3. 气隙

异步电机定子与转子之间有一小间隙，称为电机气隙。气隙的大小对异步电机的运行性能有很大影响。功率越大，转速越高，气隙尺寸越大。中、小型异步电机的气隙一般为 0.2 ~ 2mm。

4.4.2　交流异步电机的特点及应用

异步电机的基本特点是转子绕组不需要与其他电源相连，其定子电流直接取自交流电力系统。与其他类型电机相比，异步电机具有下述特点。

1. 优点

1）结构简单，制造、使用、维护方便，运行可靠性高，重量轻，成本低。以三相异步电机为例，与同功率、同转速的直流电机相比，前者质量只是后者的 1/2，成本仅为后者的 1/3。

2）高速低转矩时运转效率高。

3）低速时有高转矩，并有宽泛的速度范围。

4）易实现转速超过 10000r/min 的高速旋转。

5）控制装置简单化。

2. 缺点

异步电机的局限性在于其转速与旋转磁场的同步转速有固定的转差率，因而调速性能较差，在要求有较宽泛的平滑调速范围的使用场合，不如直流电机经济、方便。此外，异步电机运行时，从电力系统吸取无功功率以励磁，这会导致电力系统的功率因数变差。因此，在大功率、低转速的场合不如使用同步电机合理。

3. 交流异步电机在新能源汽车上的应用

异步电机成本低且可靠性高，即使逆变器损坏而产生短路，也不会产生反向电动势，也就不可能出现紧急制动的情况。因此，异步电机广泛应用于大型高速的电动汽车中。三相笼型异步电机的功率容量覆盖面很广，可以从零点几瓦到几千瓦。可采用空气冷却或液体冷却方式，冷却自由度高，对环境的适应性好，并且能够实现再生制动。与同样功率的直流电机相比，异步电机效率较高，且重量减轻约一半。

一般情况下，作为电动汽车专用的电机，由于安装条件受限，并且要求小型、轻量化，当电机以 1000r/min 以上的转速高速运转时，大多采用一级齿轮减速器实现减速。此外，由于汽车常处于振动等恶劣环境中，低速状态下需要高转矩，并且要在较宽的速度范围内具有恒输出功率特性，因此，电动汽车用异步电机与一般工业用电机有所不同，这就需要在设计上采用各种新方法，以达到电动汽车的需求。

出于对工作环境的考虑，电机大多采用全封闭式结构，为了使框架、托座等结构轻量化，采用压铸铝方式制造，也有采用水冷却定子框架的水冷式电机。电机高速运转时，由于频率升高会引起铁损的增大，因此希望减少电机的极数，一般较多采用 2 极或 4 极电机。此外，为了减少铁损，普遍采用磁性良好的电磁钢板。

4.4.3 异步电机的工作原理

异步电机的工作原理可以由图 4-8 说明。图 4-8a 中的三相定子绕组各只画了一个线圈，分别为 A-X、B-Y 和 C-Z。当定子三相绕组内通以三相交流电时，各相电流瞬间大小和方向都不同，可以用 3 个彼此互差 120° 的旋转电流相量表示，在图 4-8b 所示的瞬间，A 相电流最大，B、C 两相电流都是反向的。于是三相电流可以合成一个两极磁场，磁感线的通路和方向如图 4-8a 中虚线所示。

当三相电流依次变化时，就可以形成一个旋转磁场。在转子未转时，转子表面的导体会切割旋转磁场而感应电动势，由于转子绕组（无论是笼型还是绕线型）是自行闭合的，感应电动势将产生电流，而转子导体中的电流在旋转磁场中会受到电磁力的作用，转子表面所有导体产生的电磁力形成转矩，其方向与旋转磁场方向相同，因而转子将跟随旋转磁场而转动，但转子转动速度总是比旋转磁场慢一些。

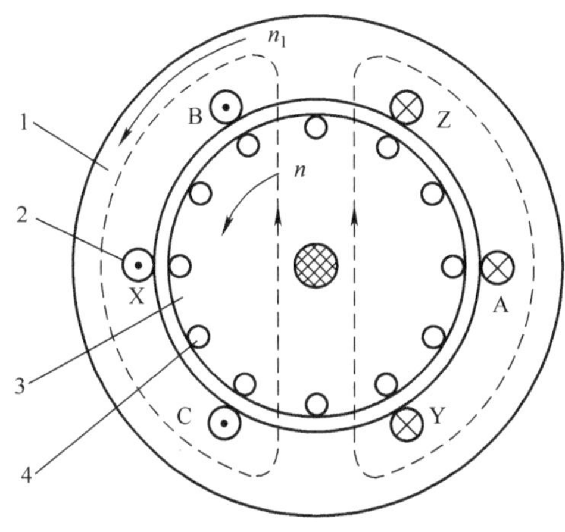

a) 基本结构

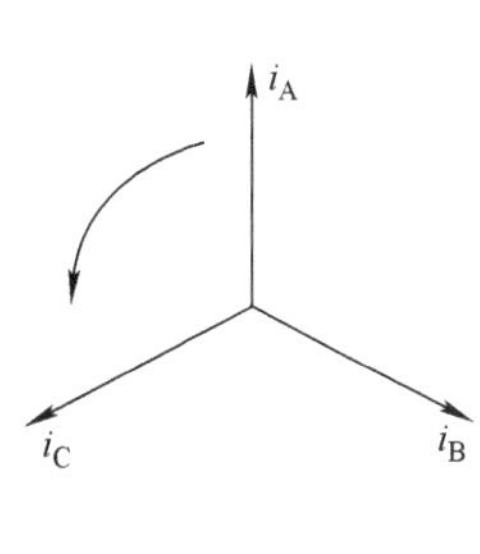

b) 电流相量

图 4-8　交流异步电机工作原理示意图

1—定子铁心　2—定子绕组　3—转子铁心　4—转子绕组

设旋转磁场的转速为 n_1，转子转速为 n，总有 $n < n_1$，这是因为一旦转子转速达到了旋转磁场的转速，转子导体将不再切割磁场，也就不会产生电动势、电流以及使之转动的力矩。因此，转子的转速总是小于旋转磁场的转速，这就是异步电机名称的由来。

将旋转磁场转速 n_1 称为同步转速，$A_n = n_1 - n$ 称为转差，并将 $s = A_n/n_1 = (n_1 - n)/n_1$ 称为转差率。一般异步电机运行时的转差率 s 为 3% ~ 5%，并与负载有关，当负载加大时，转差率也会增加。

图 4-8 中的三相绕组各自只画了一个线圈，接通三相交流电时将合成一对磁极。实际上定子三相绕组中不止有一个线圈，而且根据线圈布置情况，实际可以形成多对磁极。磁极数越多，电机转速越低。若设磁极对数为 p，交流电频率为 f_1，则它们与同步转速 n_1 的关系为

$$n_1 = \frac{60 f_1}{p} \tag{4-3}$$

表 4-2 给出了不同磁极对数的三相异步电机在不同频率下的同步转速。

表 4-2　三相异步电机的同步转速与频率和磁极对数的关系

磁极对数 p	各频率下的同步转速 /（r/min）		
	50Hz	150Hz	200Hz
1	3000	9000	12000
2	1500	4500	6000
3	1000	3000	4000
4	750	2250	3000
5	600	1800	2400
6	500	1500	2000

4.4.4 异步电机的基本调速方法

改变异步电机的供电电压（调压）或改变供电频率（调频），都可以改变电机的转速。例如在负载转矩不变的情况下，降低定子端电压，转速就会降低；提高电源频率，旋转磁场转速以及转子转速都会提高。为了保持电机良好的运行性能，在调速过程中，常将调压和调频两种方法同时进行，这种调速方法称为变压变频（Variable Voltage and Variable Frequency，VVVF）调速。

一般以额定状态（额定电压、额定频率、额定转速）为基准，将调速范围大体分为两个阶段，如图 4-9 所示。

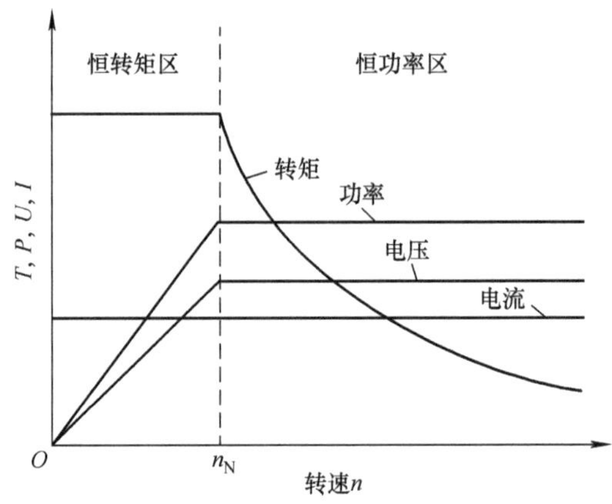

图 4-9　异步电机的调速特性

1）需要调低转速时，可以降低定子供电频率，但当电机端电压 U 不变，仅降低频率时，为了维持电压与电动势的平衡，磁通量会成反比地增大，这将导致磁场过度饱和，引起电机功率因数下降和发热，因此还需同时降低电压，也就是使 $U_1/f_1\approx$ 常数，以保持磁通量 Φ 基本恒定。在低于额定转速的调速范围内，磁通量 Φ，定、转子电流以及电磁转矩都基本不变，故称为恒转矩调速。

2）当需要调高转速时，可以提高供电频率 f_1，但保持定子电压 U_1 基本不变，此时磁通量 Φ 将减小，电磁转矩 T 也相应减小，而定子和转子的电流基本不变。因转速提高而转矩减小，输出机械功率基本不变，属于恒功率调速。从输入功率角度看，因电压和电流都基本不变，所以输入的电功率也基本不变。这种减小磁通的调速方式也称为弱磁调速。

在电动汽车驱动中，为了提高调速性能，希望恒功率区的转速范围尽可能宽一些。这种 VVVF 调速的频率调节范围很宽，一般为 0.5 ~ 320Hz。

4.5 永磁同步电机

4.5.1 永磁同步电机的结构

永磁同步电机的基本结构与交流异步电机类似，也包括定子部分和转子部分，如图 4-10 所示。

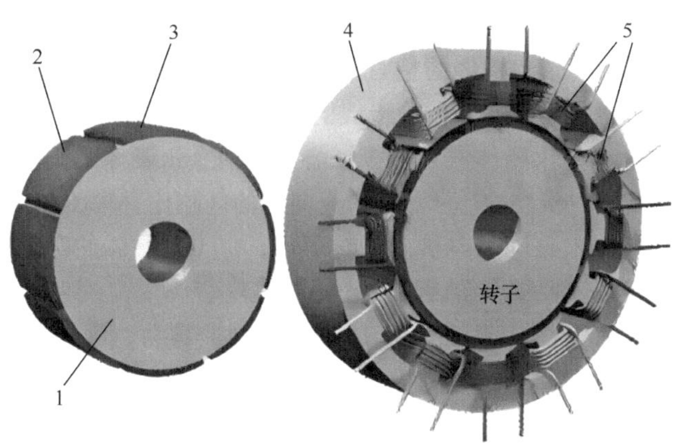

图 4-10　永磁同步电机结构

1—转子铁心　2—永磁体 S 极　3—永磁体 N 极　4—定子铁心　5—定子绕组

三相永磁同步电机具有三相分布着绕组的定子和永磁转子，在磁路结构和绕组分布上保证反电动势波形为正弦波。为了进行磁场定向控制，输入定子的电压和电流也为正弦波。根据永磁体在转子上位置的不同，永磁同步电机可以分为内置式永磁同步电机（SPM）和外置式永磁同步电机（IPM）。

1. 内置式永磁同步电机

内置式永磁同步电机按永磁体磁化方向可分为径向式、切向式和混合式，在有阻尼绕组的情况下如图 4-11 所示。

a) 径向式　　b) 切向式　　c) 混合式

图 4-11　内置式永磁同步电机转子结构示意图

内置式永磁同步电机的转子由于内部嵌入永磁体，容易导致转子机械结构上的凸极特性。

2. 外置式永磁同步电机

外置式永磁同步电机根据永磁体是否嵌入转子铁心中，可以分为面贴式和插入式两种，如图 4-12 所示。

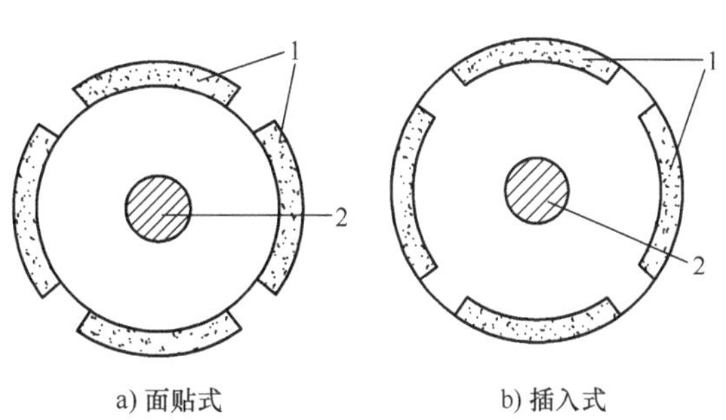

a) 面贴式　　b) 插入式

图 4-12　外置式永磁同步电机转子结构示意图

1—永磁体　2—转轴

面贴式永磁同步电机的转子永磁体一般为瓦片形，通过合成粘胶粘于转子铁心表面。在功率较大的面贴式永磁同步电机中，永磁体与气隙之间可以通过无纬玻璃丝加以捆绑保护，防止永磁体因转子高速转动而脱落。在面贴式永磁同步电机中，由于永磁体的相对磁导率接近真空磁导率（$\mu = 1.0$），等效气隙基本均匀，交轴和直轴电感基本相等，是一种隐极式同步电机。

插入式永磁同步电动机的永磁体嵌入转子铁心中，两个永磁体之间的铁心成为铁磁介质凸出的部分。插入式永磁同步电机在交轴（q 轴）方向上的气隙比直轴（d 轴）的小，交轴的电感也比直轴大，是一种凸极式永磁同步电机。相对而言，由于永磁体的存在使得面贴式永磁同步电机定子和转子之间的有效气隙较大，因而定子的电感较小。

外置式永磁同步电机的结构比内置式简单，并且制造容易，因而在工业上应用较多。其中，面贴式永磁同步电机的转子结构最为简单，与插入式相比，它提高了转子表面的平均磁通量密度，可以得到更大的电磁转矩，因而在工业上应用较多。

4.5.2 永磁同步电机的特点

1. 优点

永磁同步电机与其他电机相比，具有以下优点。

1）用永磁体取代绕组式同步电机转子中的励磁绕组，从而省去了励磁线圈、集电环和电刷，以电子换向实现无刷运行，结构简单，运行可靠。

2）永磁同步电机的转速与电源频率间始终保持准确的同步关系，控制电源频率就能控制电机的转速。

3）永磁同步电机恒转矩区较宽，一般延伸到电机最高转速的 50% 左右，因而低速动力性较好；同时，电机最高转速较高，能达到 10000r/min。

4）具有较硬的机械特性，对于因负载变化而引起的电机转矩的扰动具有较强的承受能力，瞬间最大转矩可以达到额定转矩的 3 倍以上，适合在负载转矩变化较大的工况下运行。

5）永磁同步电机的转子为永磁体，不需要励磁，因此，电机可以在很低的转速下保持同步运行，调速范围宽。

6）永磁同步电机与异步电机相比，不需要无功励磁电流，因而功率因数高，定子电流和定子铜耗小，效率高。

7）体积小、重量轻。近年来，随着高性能永磁材料的不断应用，永磁同步电机的功率密度得到很大提高，比起同容量的异步电机，体积和质量都有不小幅度的降低，使其适合应用在许多特殊场合。

2. 缺点

永磁同步电机存在以下缺点。

1）由于永磁同步电机的转子为永磁体，无法调节，必须通过增加定子直轴去磁电流分量来削弱磁场，这会增大定子的电流，增加电机的铜耗。

2）永磁同步电机的磁钢价格较高。

总体而言，永磁同步电机由于体积小、重量轻、转动惯量小且功率密度高（可达 1kW/kg），能适应电动汽车空间有限的特点；另外，它的转矩惯量比大，过载能力强，尤其在低转速时输出转矩大，满足电动汽车的起动加速需求。因此，永磁同步电机得到电动汽车行业的广泛重视，并且应用普遍。

4.5.3　永磁同步电机的工作原理

永磁同步电机的工作原理与永磁直流无刷电机一样，当定子绕组输入三相正弦交流电时，会产生一个旋转磁场。该旋转磁场与转子的永磁体磁场相互作用，使转子产生电磁转矩，并随着定子的旋转磁场转动，由于转子的转动与旋转磁场同步，故这种电机称为永磁同步电机。其绕线形式如图 4-13 所示。对于同一型号的同步电机，转速只与电源的频率有关。

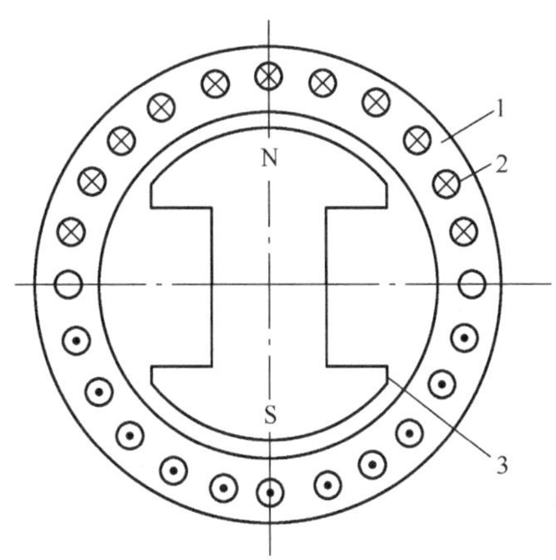

图 4-13　永磁同步电机的绕线形式

1—定子铁心　2—定子绕组　3—转子

4.5.4　永磁同步电机的控制方法

目前，三相同步电机主要有两种控制方式，一种是他控式（又称为频率开环控制），另一种是自控式（又称为频率闭环控制）。他控式主要通过独立控制电源频率的方式来调节转子的转速，不需要知道转子的位置信息，经常采用恒压频比的开环控制方案。

自控式也是通过改变外部电源的频率来调节转子的转速，与他控式不同的是，外部电源频率的改变是和转子的位置信息有关的，转子转速越高，定子通电频率就越高，转子的转速是通过改变定子绕组外加电压（或电流）频率的大小来调节的。由于自控式同步电机不存在他控式同步电机的失步和振荡问题，并且永磁同步电机用永磁体作为转子也不存在电刷和换向器，降低了转子的体积和质量，提高了系统的响应速度和调速范围，且具有直流电机的性能，因此本节主要讨论自控式。

1. 矢量控制

矢量控制理论的基本思想是：以转子磁链旋转空间矢量为参考坐标，将定子电流分解为相互正交的两个分量，一个与磁链同方向，代表定子电流励磁分量；另一个与磁链方向正交，代表定子电流转矩分量，分别对其进行控制，获得与直流电机一样良好的动态特性。因其控制结构简单，控制软件较容易实现，已被广泛应用到调速系统中。

2. 直接转矩控制

直接转矩控制不需要传统矢量控制里复杂的旋转坐标变换和转子磁链定向，转矩取代电流成为受控对象，电压矢量则是控制系统唯一的输入，直接控制转矩和磁链的增加或减小，但是转矩和磁链并不解耦，对电机模型进行简化处理，没有 PWM 信号发生器，控制结构简单，受电机参数变化影响小，能够获得极佳的动态性能。

3. 智能控制

为了提高永磁同步电机的控制性能和控制精度，模糊控制、神经网络控制等开始应用于同步电机的控制中。

采用智能控制的永磁同步电机控制系统，在多环控制结构中，智能控制器处于最外环充当速度控制器，而内环电流控制、转矩控制仍采用比例 - 积分（PI）控制、直接转矩控制等方法。这主要是因为外环是决定系统的根本因素，而内环主要的作用是改造对象特性以利于外环的控制。各种扰动给内环带来的误差可以由外环控制或抑制。

尽管在永磁同步电机系统中应用智能控制，也不能完全摒弃传统的控制方法，必须将两者很好地结合起来，才能取长补短，使系统的性能达到最优。

第 5 章　纯电动汽车动力系统

纯电动汽车是指以车载电源为动力，用电机驱动车轮行驶，符合道路交通安全法规各项要求的车辆。纯电动汽车动力系统主要由电力驱动系统、电源系统和辅助系统三部分构成。其中，电力驱动系统的部件有电机、控制器、功率变换器、机械传动装置和车轮等。电机的作用就像普通汽车中的发动机，在工作时，会把动力蓄电池中储存的电能转换为车轮的动能，或是在需要制动时把车轮上的动能转换成电能返回到动力蓄电池中，以实现电动汽车的制动能量回收。控制器在电力驱动系统中的作用是协调和控制各个子系统，相当于一个整车控制系统，只有各个部分都协调好，才能发挥电动汽车的最佳性能。电源系统顾名思义，包括电动汽车的动力蓄电池组以及电池管理系统（BMS）。辅助系统则由辅助动力源、动力转向系统、空调及照明装置组成。纯电动汽车动力系统的工作原理为：先由动力蓄电池组提供电能，经过控制器和功率变换器的调速控制，驱动电机，再由传动系统驱动车轮，使纯电动汽车行驶。

本章介绍了纯电动汽车的定义、发展历程、结构组成、工作原理及特点；探讨了纯电动汽车续驶里程模型的建立及影响因素；全面解析了纯电动汽车电池管理系统的基本组成和功能，涉及纯电动汽车动力蓄电池管理系统的电量管理系统、热管理系统、均衡管理系统、数据通信系统及安全管理系统；分析了纯电动汽车能耗经济性评价指标及行驶能耗；还探讨了决定纯电动汽车动力性的驱动电机的转速－转矩特性、驱动力和传动系，以及纯电动汽车动力系统设计中的驱动电机参数设计、传动系统传动比设计和动力蓄电池组参数设计。

5.1　纯电动汽车

5.1.1　纯电动汽车定义

纯电动汽车是指驱动能量完全由电能提供、由电机驱动的汽车。它可以通过家用电源、专用充电桩或者特定的充电场所进行充电，以满足日常的行驶需求。纯电动汽车本身不排放有害气体，不对环境造成污染；使用过程中有良好的经济效益；具备结构简单、维修方便、能量利用效率高及噪声小等优点。纯电动汽车的驱动系统由驱动电机、动力蓄电池和传动机构构成。

5.1.2　纯电动汽车发展历程

1. 早期探索

1831 年，法拉第（Faraday）研制了世界上第一台感应发电机。1859 年，法国人加斯顿·普兰特（Gaston Planté）发明了世界上第一个可充电的铅酸蓄电池，为纯电动汽车的发展奠定了基础。1881 年，法国人古斯塔夫 · 特鲁夫（Gustave Trouve）第一次将直流电机和可充电的电池用于私人汽车，并在同年巴黎举办的国际电力博览会上展出了一辆能实际操作使用的纯电动三轮车。

2. 挫折与复兴

1908 年，福特 T 型车的流水线生产方式改变了整个汽车行业，其低成本和大规模生产加速了纯电动汽车的消失。到 1924 年，纯电动汽车在全美汽车展中销声匿迹。20 世纪 70 年代，能源危机和石油短缺使电动汽车重新获得发展动力，但 70 年代末石油价格下跌，纯电动汽车的发展再次变缓。20 世纪 80 年代，人们对空气质量和温室效应的关注增加，电动汽车又一次获得关注。

3. 商业化进程

20 世纪 90 年代初，美国加州大气资源管理局颁布了关于零排放车辆的法规，推动了纯电动汽车的发展，汽车制造商开始将电动汽车商业化。1997 年，通用汽车公司开发了双座 EV1，日产公司的 Altra EV 也于同年问世。21 世纪初，中国的一些汽车公司，如比亚迪、奇瑞和北汽等，都在开发纯电动汽车，并相继推出了自主品牌的产品。

5.1.3 纯电动汽车结构

1. 纯电动汽车动力系统组成

纯电动汽车动力系统主要由电源系统、驱动电机系统及整车控制系统组成，详细介绍如下。

（1）电源系统

电源系统包括动力蓄电池、电池管理系统、车载充电机及辅助动力源等部分。动力蓄电池是能量储存装置，目前主要使用锂离子蓄电池。电池管理系统可监控电池使用情况，控制充放电过程。车载充电机负责转换电网供电制式，为动力蓄电池充电。辅助动力源为辅助系统提供不同等级的电压和动力。

（2）驱动电机系统

驱动电机系统由电子控制器、功率变换器、驱动电机、机械传动装置和车轮等部分组成，其功能是将动力蓄电池中的电能转化为车轮的动能，推进汽车行驶，并在减速制动或下坡时实现再生制动。

（3）整车控制系统

整车控制系统是电机系统的控制中心，处理输入信号，根据驾驶员的踏板信号向电机控制器发送控制指令，控制电机的起动、加速、减速、制动等。还可配合电池管理系统进行发电反馈，控制动力蓄电池的充放电过程，并传输车辆行驶状况信息到车载信息显示系统。

2. 纯电动汽车的结构形式

纯电动汽车主要由驱动电机、可充电动力蓄电池组（指高压动力蓄电池）、控制系统及安全保护系统等组成。其结构形式多样，布置灵活。按照驱动电机布置方式的不同，纯电动汽车可分为电机中央驱动和分布式电机驱动两种形式。

（1）电机中央驱动形式

电机中央驱动形式与内燃机汽车的驱动方案相似，用驱动电机和电池替代内燃机和油箱，通过电机驱动左右两侧车轮，其具体的结构形式如图 5-1a ~ 图 5-1c 所示。该结构的操作方式与内燃机汽车相同，技术成熟，安全可靠，但传动装置体积和质量较大，系统效率较低。

（2）分布式电机驱动形式

分布式电机驱动形式一般将 2 个或 4 个电机分散布置到车轮上，其传动链短、传动高

效、结构紧凑、车内空间利用率高，但控制系统复杂，成本高。其具体的结构形式如图 5-1d ~ 图 5-1f 所示。

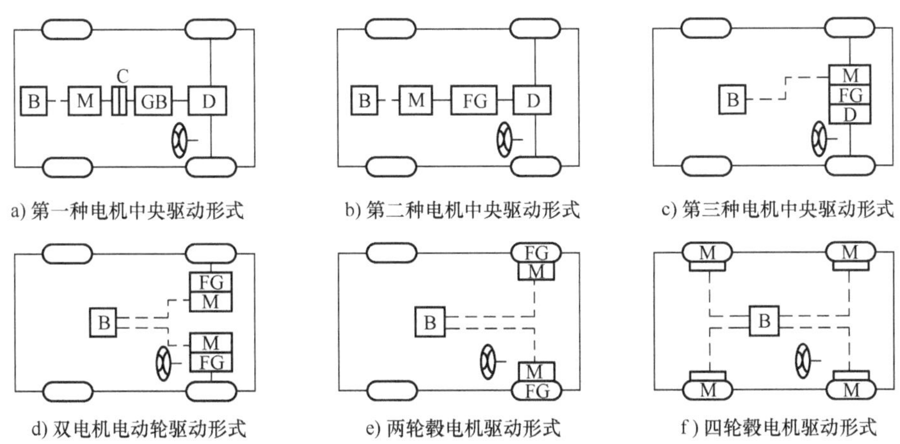

图 5-1　纯电动汽车的结构形式

B—动力蓄电池　M—驱动电机　C—离合器　GB—变速器　FG—固定速比减速器　D—差速器

5.1.4　纯电动汽车工作原理

纯电动汽车的工作原理是通过电力驱动电机来实现车辆运行。具体来说，驾驶员通过操作电子加速踏板，向车辆的控制器或处理器发送一个模拟电子信号，这个信号会被转化为具体的指令，用以控制电机的输出功率、转速以及旋转方向，实现电能向机械能的转化，从而驱动汽车前进或后退。纯电动汽车的工作原理如图 5-2 所示。

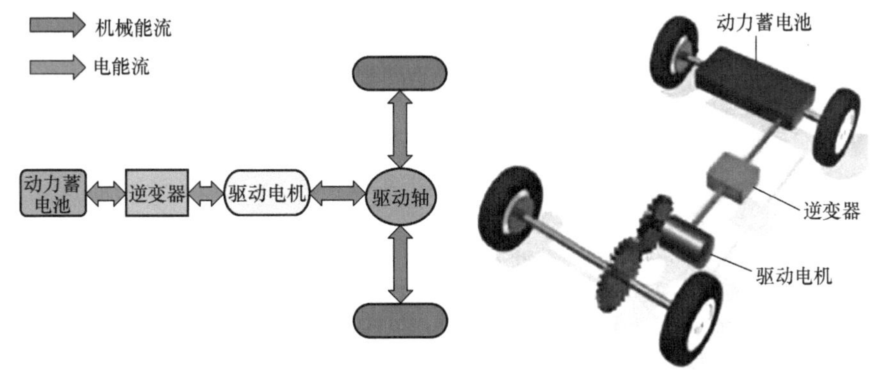

图 5-2　纯电动汽车的工作原理（见彩插页）

5.1.5　纯电动汽车特点

1. 纯电动汽车的优点

（1）环保节能

纯电动汽车不产生有害的污染气体，具有低能耗、低污染、低排放等优点，对环境友好。

（2）使用成本低

电力价格相对稳定，充电费用远低于燃油费用，且纯电动汽车的维护成本相对较低，不需要定期更换机油、火花塞等部件。

（3）噪声小

纯电动汽车运行时噪声较小，提供了更加安静舒适的驾驶环境。

（4）动力性能好

电力驱动系统能够提供即时的转矩输出，使车辆具有较好的加速性能，一些高性能纯电动汽车的加速能力甚至超过了传统燃油汽车。

2. 纯电动汽车缺点

（1）续驶里程有限

相较于燃油汽车，纯电动汽车的续驶里程普遍较短，尽管近年来电池技术不断进步，但续驶里程仍是限制其广泛应用的重要因素之一。

（2）充电时间长

相比燃油汽车加油的便捷性，纯电动汽车的充电时间较长，特别是在使用普通充电桩进行充电时，即使是使用快充也需要一定的时间才能充满。

（3）电池成本高

电池是纯电动汽车的核心部件，其成本较高，导致纯电动汽车的整体售价相对较高，尽管有政府补贴等优惠政策，但购买成本仍然是消费者考虑的重要因素。

（4）充电基础设施不完善

充电站的数量还不足，且分布还不够广泛，在一些偏远地区或老旧小区，充电设施的缺乏给用户带来了不便。

5.2 纯电动汽车续驶里程

目前，影响纯电动汽车发展的主要因素之一是续驶里程。为了尽可能提高纯电动汽车的续驶里程，有必要对其影响因素进行分析。

5.2.1 纯电动汽车续驶里程模型

根据 GB/T 19596—2017《电动汽车术语》，续驶里程是指电动汽车在动力蓄电池完全充电的状态下，以一定的行驶工况，能连续行驶的最大距离，单位为 km。它是电动汽车主要的经济性指标之一。本节分两种情况进行讨论，即等速行驶和多工况行驶的续驶里程计算。

1. 等速行驶续驶里程的计算

在水平良好路面上，电动汽车一次充电后以 v_a 等速行驶所需的电机功率 P 为

$$P = \frac{v_a}{3600\eta_1}\left(mgf + \frac{C_D A v_a^2}{21.15}\right) \tag{5-1}$$

动力蓄电池携带的额定总能量为

$$W_0 = Q_m U_e = G_e q \tag{5-2}$$

式中，Q_m 为动力蓄电池的额定容量（A·h）；U_e 为动力蓄电池的端电压（V）；G_e 为电动汽车携带的动力蓄电池总质量（kg）；q 为动力蓄电池比能量（W·h/kg）。

等速行驶续驶里程为

$$S = \frac{W_0 v_a}{P} \eta_e \tag{5-3}$$

式中，η_e 为动力蓄电池放电效率。

2. 多工况行驶续驶里程的计算

多工况行驶续驶里程为

$$S = \sum_{i=1}^{k} S_i \tag{5-4}$$

式中，S_i 为单个状态行驶距离（km）；k 为车辆能够完成的状态总数。

5.2.2 纯电动汽车续驶里程影响因素

纯电动汽车续驶里程的影响因素较为复杂，其中最主要的因素是车载能源问题。而续驶里程还与纯电动汽车在行驶过程中所消耗的能量密切相关，其影响因素主要来自电动汽车行驶的外部条件和电动汽车本身的结构条件。

1. 滚动阻力系数对续驶里程的影响

轮胎的滚动阻力系数越小，续驶里程越长，因此，降低轮胎滚动阻力系数可明显增加电动汽车的续驶里程。对于低速、整车质量较大的电动汽车来说，效果更为明显。因此，采用滚动阻力系数小的子午线轮胎、增大轮胎气压是增加电动汽车续驶里程的重要途径。

2. 空气阻力系数对续驶里程的影响

空气阻力系数越小，续驶里程越长；车速越高，空气阻力系数对电动汽车续驶里程的影响越明显。通过对电动汽车进行流线型设计、将底部做成光滑表面、取消散热器格栅等措施，可以降低空气阻力系数。

3. 机械效率对续驶里程的影响

提高电动汽车动力传动系统的机械效率，能有效增加电动汽车的续驶里程。电动汽车整车质量越小、行驶速度越低，机械效率对续驶里程的影响越大。

4. 整车质量对续驶里程的影响

整车质量越大，续驶里程越短，并且车速不同时，续驶里程也不相同。降低整车总质量可通过采用轻质材料的方法实现。

5. 动力蓄电池参数对电动汽车续驶里程的影响

动力蓄电池参数包括很多，这里主要从动力蓄电池的放电深度、动力蓄电池比能量、蓄电池箱串联蓄电池数量、动力蓄电池箱并联蓄电池组数量以及动力蓄电池的自放电等方面进行分析。

（1）动力蓄电池的放电深度

动力蓄电池的放电深度越大，电动汽车的续驶里程就越长，但放电深度过大将会对动力蓄电池产生永久损害。同时，车速和负荷对续驶里程的影响也很明显。

（2）动力蓄电池比能量

当电动汽车携带的动力蓄电池总量一定时，动力蓄电池参数中动力蓄电池的比能量对续驶里程影响最大，比能量越大，续驶里程越长。可见提高动力蓄电池的比能量对提高电动汽车续驶里程意义重大。

（3）蓄电池箱串联蓄电池数量

增加每个蓄电池箱串联蓄电池的数量，电动汽车的续驶里程将明显增长。主要原因如下：一方面，增加了蓄电池的数量，可以增加动力蓄电池组的总能量储备；另一方面，由于动力蓄电池组的电压增高，在蓄电池放电效率相同的情况下，减小了蓄电池的放电电流，可以增加动力蓄电池组的有效容量。

然而，在增加蓄电池数量的同时，也增加了电动汽车的总质量，从而增加了电动汽车的能量消耗，缩短了电动汽车的续驶里程。但每个蓄电池箱蓄电池数量的增加，会增加动力蓄电池组的电压，电动汽车的动力性会得到提高。因此，电动汽车动力传动系统的匹配应兼顾电动汽车的续驶里程和动力性。

同时，串联蓄电池增加会引起各蓄电池的均匀性问题，增加了电池管理系统的管理难度。

（4）蓄电池箱并联蓄电池组数目

在保持动力蓄电池组总电压的情况下，增加并联蓄电池箱的数量可显著增加电动汽车的续驶里程。主要原因如下：一方面，增加蓄电池的数量，可增加动力蓄电池组的总能量储备；另一方面，在各并联支路蓄电池组不超过额定放电电流的情况下，并联支路的增加，可以增加动力蓄电池组总的放电电流，从而增加蓄电池组的额定容量。

增加蓄电池箱并联数量，可提高动力蓄电池组的放电功率，电动汽车的动力性会显著提高。因此，增加蓄电池箱并联数量可提高电动汽车的动力性和续驶能力。但是，随着蓄电池数量的增加，蓄电池占整车质量的比重和电动汽车的总质量也将增大，这将增加电动汽车的能量消耗，缩短电动汽车的续驶里程。

同时，并联蓄电池增加也会引起各电池的均匀性问题，增加了电池管理系统的管理难度。

（5）动力蓄电池自放电率

动力蓄电池的自放电率是指在动力蓄电池存放期间容量的下降率，即动力蓄电池无负荷时自身放电使容量损失的速度。显然，自放电率越大，动力蓄电池在存放期间的容量损失就越多，能量的无用损耗也就越多，相应的电动汽车的续驶里程也就越短。

6. 续驶里程其他影响因素的分析

（1）行驶工况对续驶里程的影响

行驶工况对电动汽车的续驶里程影响很大。对于恒速行驶，所设定的速度越高，放电电流就越大。因此，每千米消耗的电能随车速的升高而增加，而蓄电池的放电容量则随车速的升高而减小，故其续驶里程随行驶车速的升高而减少。

（2）行驶的环境状况对续驶里程的影响

在相同的车辆条件下，电动汽车行驶的道路情况与环境气候对电动汽车的续驶里程有很大影响。例如气温的高低一方面对蓄电池的有效容量有很大影响，另一方面也会影响电动汽车的总效率（涉及电机效率、机械传动效率和电气元件效率等）和通风、冷却、空调系统所消耗的能量。另外，风力的方向与大小、道路的条件（摩擦因数、坡度、平整性）及交通拥堵情况都会使车辆的能量消耗增加或减少，从而使电动汽车的续驶里程有显著的差别。

（3）辅助系统和低电压系统对续驶里程的影响

电动汽车上制动系统和转向系统的液压泵需要辅助电机驱动，其他还有照明、音响、空

调、通风、取暖等电器均需要消耗动力蓄电池的能量。辅助系统和低电压系统的功率越大，消耗的电能就越多，电动汽车的续驶里程就越短，动力性能也会受到影响。

由此可见，影响电动汽车续驶里程的因素众多，在实际设计中，应尽可能综合考虑各种因素的影响，以增加电动汽车的续驶里程。

5.3　纯电动汽车电池管理系统

电池管理系统（BMS）是集监测、控制与管理于一体的、复杂的电气测控系统，也是电动汽车商品化、实用化的关键。电池管理的核心问题就是 SOC 的预估问题，电动汽车动力蓄电池 SOC 的合理范围是 30% ~ 70%，这对保证电池寿命和整体的能量效率至关重要。电动汽车在运行时，电池的放电和充电均为脉冲工作模式，大的电流脉冲很可能会造成电池过充电（超过 80%SOC）、深放电（小于 20%SOC）甚至过放电，因此，电动汽车的控制系统一定要对电池的荷电状态敏感，并能够及时做出准确的调整，这样，电池管理系统才能根据电池容量决定电池的充、放电电流，从而实施控制。同时，BMS 还应根据各个电池容量的不同识别电池组中各单体电池间的性能差异，并以此做出均衡充电控制和电池是否损坏的判断，确保电池组的整体性能良好，延长电池组的寿命。

准确、可靠地获得电池 SOC 是电池管理系统中最基本和最首要的任务，在此基础上才能对电动汽车的用电进行管理，特别是防止电池的过充电及过放电。蓄电池的荷电状态是不能直接得到的，只能通过电池特性——电压、电流、电池内阻、温度等参数来推断。而这些参数与 SOC 的关系并不是简单的一一对应关系。

5.3.1　基本组成和功能

对电池管理系统功能和用途的理解是随着电动车辆技术的发展逐步丰富起来的。最早的电池管理系统仅进行电池一次测量参数（电压、电流、温度等）的采集，之后发展到二次参数（SOC、内阻）的测量和预测，并根据极端参数进行电池状态预警。现阶段的电池管理系统除完成数据测量和预警功能外，还通过数据总线直接参与车辆状态的控制。

电池管理系统的主要工作原理可简单归纳如下：数据采集电路采集电池状态信息数据后，由电子控制单元（ECU）进行数据处理和分析，然后电池管理系统根据分析结果对系统内的相关功能模块发出控制指令，并向外界传递参数信息。

在功能上，电池能量管理系统主要包括数据采集、电池状态计算、能量管理、安全管理、热管理、均衡控制、通信功能和人机接口。图 5-3 所示为电池管理系统功能示意图。

1. 数据采集

电池管理系统的所有算法都是以采集的动力蓄电池数据作为输入信息，采样速率、精度和前置滤波特性是影响电池管理系统性能的重要指标。电动汽车电池管理系统的采样频率一般要求大于 200Hz。

2. 电池状态计算

电池状态计算包括电池组荷电状态（SOC）和电池组健康状态（SOH）两方面。SOC 用来提示动力蓄电池组剩余电量，是计算和估计电动汽车续驶里程的基础。SOH 用来提示电池技术状态、预计可用寿命等健康状态参数。

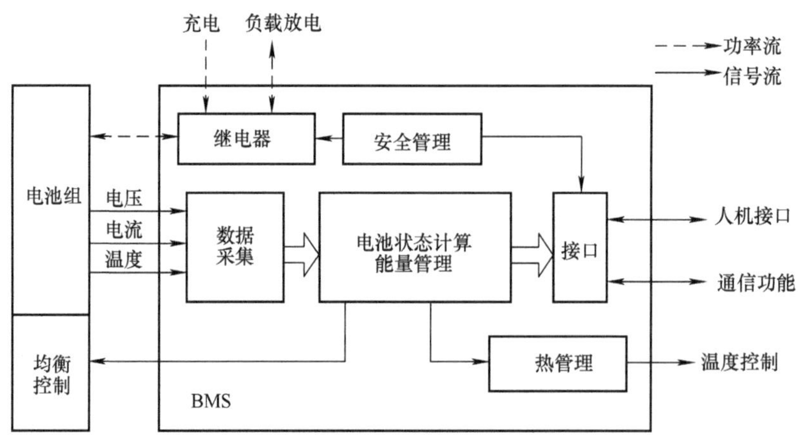

图 5-3　电池管理系统功能示意图

3. 能量管理

能量管理主要包括以电流、电压、温度、SOC 和 SOH 为输入所进行的放电过程控制，以及以 SOC、SOH 和温度等参数为条件所进行的放电功率控制。

4. 安全管理

安全管理主要监视电池电压、电流、温度是否超过正常范围，防止电池组过充电和过放电。在对电池组进行整组监控的同时，多数电池管理系统已经发展到可对极端单体电池进行过充、过放、过温等安全状态管理。

5. 热管理

热管理负责在电池工作温度超高时进行冷却，低于适宜工作温度下限时进行加热，使电池处于适宜的工作温度范围内，并在电池工作过程中总保持单体电池间温度均衡。对于大功率放电和高温条件下使用的电池，电池的热管理尤为重要。

6. 均衡控制

电池的一致性差异导致电池组的工作状态是由最差单体电池决定的。在电池组各个单体电池之间设置均衡电路，实施均衡控制，目的是使各单体电池充放电的工作情况尽量一致，提高整体电池组的工作性能。

7. 通信功能

通过电池管理系统实现电池参数和信息与车载设备或非车载设备之间的通信，为充放电控制、整车控制提供数据依据是电池管理系统的重要功能之一。根据应用需要，数据交换可采用不同的通信方式，如模拟信号、脉宽调制（PWM）信号、控制器局域网络（CAN）总线或集成电路总线（IIC）串行接口。

8. 人机接口

根据设计的需要，电池管理系统设置显示信息以及控制按键、旋钮等。

5.3.2　电量管理系统

电池电量管理是电池管理的核心内容之一，对于整个电池状态的控制、电动车辆续驶里程的预测和估计具有重要的意义。同时，由于动力蓄电池荷电状态是非线性的，并且受到多种因

素的影响，导致电池电量估计和预测的方法复杂，准确估计比较困难。SOC 估算精度的影响因素定性规律如下。

1. 充放电电流

相对于额定充放电工况，动力蓄电池一般表现为大电流可充放电容量低于额定容量，小电流可充放电容量大于额定容量。

2. 温度

不同温度下电池组的容量存在一定的变化，温度段的选择及校正因素直接影响电池性能和可用电量。

3. 电池容量衰减

电池的容量在循环过程中会逐渐减少，因此，对电量的校正条件就需要不断地改变，这也是影响模型精度的一个重要因素。

4. 自放电

由于电池内部存在化学反应，电池会产生自放电现象，使其在放置不用时电量发生损失。自放电大小主要与环境温度成正比，需要按实验数据进行修正。

5. 一致性

电池组的建模和容量估算与单体电池有一定的区别，电池组的一致性差别对电量的估算有重要影响。电池组的电量是按照电池总体的电压来估算和校正的，如果电池差异较大，将导致估算的误差很大。

5.3.3　热管理系统

因为过高或过低的温度都将直接影响动力蓄电池的使用寿命和性能，并有可能导致电池系统的安全问题，而电池箱内温度场的长久不均匀分布也会造成各电池模块、单体电池间性能的不均衡，所以电池热管理系统对于电动车辆的动力蓄电池系统而言是必需的。可靠、高效的热管理系统对于电动汽车的可靠安全应用意义重大。某纯电动汽车电池箱和电池控制箱内部温度传感器的布置如图 5-4 所示。

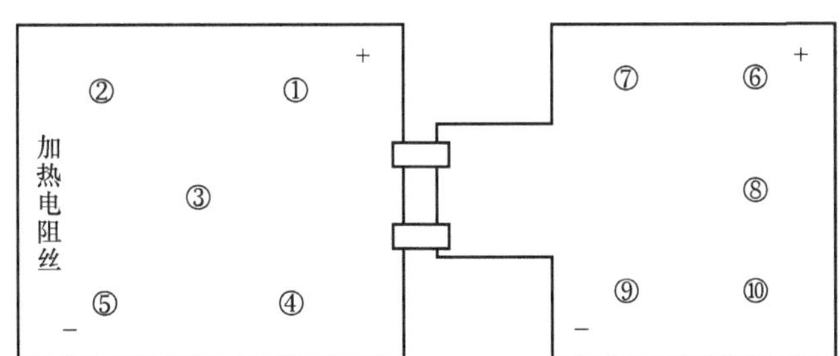

图 5-4　电池箱和电池控制箱内部温度传感器的布置

注：①～⑩为传感器的位置。

电池组热管理系统有以下 5 项主要功能：

1）准确测量和监控电池温度。

2）电池组温度过高时进行有效散热和通风。

3）低温条件下进行快速加热。

4）有害气体产生时进行有效通风。

5）保证电池组温度场的均匀分布。

下面重点讨论电池组高温放电冷却控制策略和电池组低温充电加热控制策略。

1. 电池组高温放电冷却控制策略

当电池管理系统检测到单体电池的最高温度大于35℃或温差大于6℃时，热管理系统风扇开启；当电池箱体最低温度大于10℃时，加热电阻丝断电。如果两箱体温差不低于3℃，热管理系统风扇保持开启，否则热管理系统风扇停止工作。

2. 电池组低温充电加热控制策略

电池管理系统检测到充电唤醒信号后进入充电模式，若单体电池最低温度大于0℃，则进入正常充电模式，否则进入充电预加热模式。

（1）充电预加热模式

电池管理系统进入充电预加热模式后，控制充电器输出功率用于一定功率的加热器，预加热时间为1h。同时，电阻丝开始加热，后座椅电池前端进风口风扇和行李舱电池出风口大功率风机同时工作，使加热电阻丝发出的热量在两电池箱体内部流通进行热交换，完成对低温电池组的加热过程。

1）当加热1h后，单体电池最低温度高于5℃，电池管理系统进入正常充电模式。

2）当加热1h后，单体电池最低温度未高于5℃，电池管理系统进入充电加热模式。

（2）充电加热模式

电池管理系统进入充电加热模式后，控制充电器正常输出功率，边加热（加热器电流为3A左右）边涓流充电（电池充电电流为3A左右），以保证电池安全，然后通过CAN总线开启车载充电器。

（3）正常充电模式

电池管理系统进入正常充电模式后，控制充电器正常输出功率，然后通过CAN总线开启车载充电器。

1）当在充电过程中检测到单体电池最低温度未超过0℃时，先通过CAN总线关闭车载充电器，再进入充电加热模式。

2）当检测到电池充满电时，电池管理系统通过CAN总线关闭车载充电器，停止加热和充电。

5.3.4 均衡管理系统

为了平衡电池组中单体电池的容量和能量差异，提高电池组的能量利用率，在电池组的充放电过程中需要使用均衡电路。根据均衡过程中电路对能量的消耗情况，均衡电路可以分为能量耗散型和能量非耗散型两大类。能量耗散型是将多余的能量全部以热量的方式消耗，能量非耗散型是将多余的能量转移或者转换到其他电池中。

1. 能量耗散型

能量耗散型通过单体电池的并联电阻进行放电分流从而实现均衡，如图5-5所示。这种电路结构简单，均衡过程一般在放电过程中完成，对容量低的单体电池不能补充电量，存在能量浪费和增加热管理系统负荷的问题。能量耗散型均衡电路一般有两类：一类是恒定分流电阻均衡放电电路，每个单体电池上都始终并联一个分流电阻。这种方式的优点是可靠性高，分流电阻的阻值大，通过固定分流来减小由自放电导致的单体电池差异。其缺点在于无论电池充电还是放电，分流电阻始终消耗功率，能量损失大，一般在能够及时补充能量的场合使用。另一类是开关控制分流电阻均衡放电电路，分流电阻通过开关控制，在放电过程中，当单体电池电压达到截止电压时，均衡装置能阻止其过放电并将多余的能量转化成热能。这种均衡电路工作在放电期间，优点是可以对放电时单体电池电压偏高者进行分流。其缺点是均衡时间有限制，导致分流时产生的大量热量需要及时通过热管理系统耗散，尤其在容量比较大的电池组中更明显。例如 10A · h 的电池组，100mV 的电压差异，最大可达 500mA · h 以上的容量差异，如果以 2h 为均衡时间，则分流电流为 250mA，分流电阻值约 14Ω，产生的热量为 2W · h 左右。

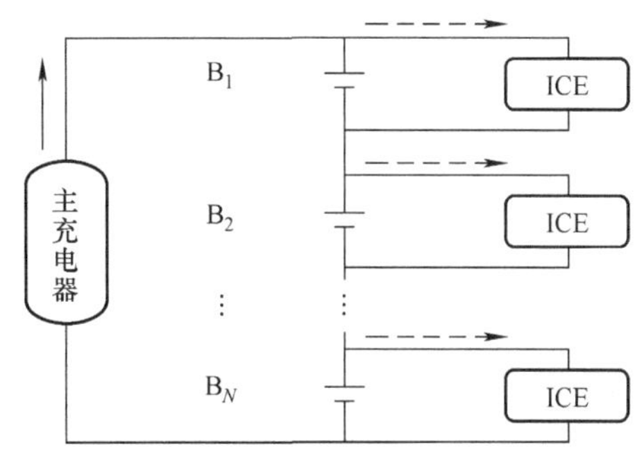

图 5-5　电阻分流式均衡原理图

ICE—单体电池均衡器

2. 非能量耗散型

非能量耗散型均衡电路的耗能相对于能量耗散型电路小得多，但电路结构相对复杂，可分为能量转换式均衡和能量转移式均衡两种方式。

（1）能量转换式均衡

能量转换式均衡是通过开关信号，用电池组整体能量对单体电池进行能量补充，或者将单体电池能量向整体电池组进行能量转换。其中，单体电池能量向整体能量的转换一般都是在电池组放电过程中进行的，其电路如图 5-6 所示。该电路检测各个单体电池的电压值，当单体电池电压达到一定值时，均衡模块开始工作，将单体电池中的放电电流进行分流，从而降低放电电压，分出的电流经模块转换把能量反馈给放电总线，达到均衡的目的。还有的能量转换式均衡电路可以通过续航电感，完成单体电池到电池组的能量转换。

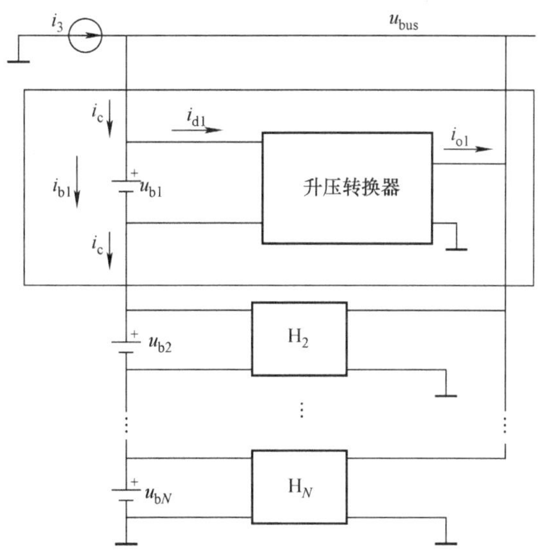

图 5-6　单体电压向整体电压转换电路

电池组整体能量向单体电池转换的电路如图 5-7 所示。这种方式也称为补充式均衡，即在放电过程中首先通过主放电模块对电池组进行放电，电压检测电路对每个单体电池进行监控。当任一单体电池的电压过高时，主放电电路就会关闭，然后补充式均衡放电模块开始对电池组放电。通过优化设计，均衡模块中的放电电压经过一个独立的 DC/DC 变换器和一个同轴绕组变压器，给每个单体电池增加相同的二次绕组。这样，单体电压高的电池从辅助放电电路上得到的能量少，而单体电压低的电池从辅助放电电路上得到的能量多，从而达到均衡的目的。此方式的问题在于二次绕组的一致性难以控制，即使二次绕组匝数完全相同，考虑到变压器漏感以及二次绕组之间的互感，单体电池也不一定获得相同的放电电压。同时，同轴绕组也存在一定的能量耗散，并且这种方式的均衡只能用于放电均衡，对于充电状态的不均衡无法起作用。

（2）能量转移式均衡

能量转移式均衡是利用电感或电容等储能元件，把电池组中的能量转移到容量比较低的单体电池上，如图 5-8 所示。该电路通过切换电容开关传递相邻电池间的能量，将电荷从电压高的单体电池传送到电压低的单体电池，从而达到均衡的目的。另外，也可以通过电感储能的方式，在相邻单体电池间进行双向传递。此电路的能量损耗很小，但均衡过程中有多次传输，均衡时间长，故不适用于多个串联的电池组。改进的电容开关均衡方式，可通过选择最高电压单体电池与最低电压单体电池进行能量转移，从而使均衡速度提升。能量转移式均衡中对能量的判断以及开关电路的实现较困难。

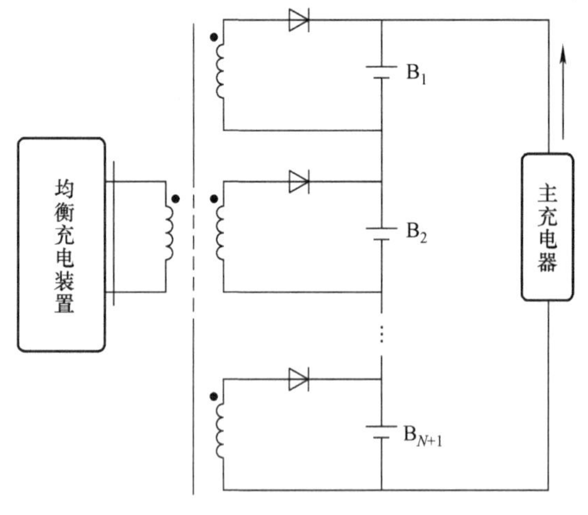

图 5-7　补充式均衡示意图

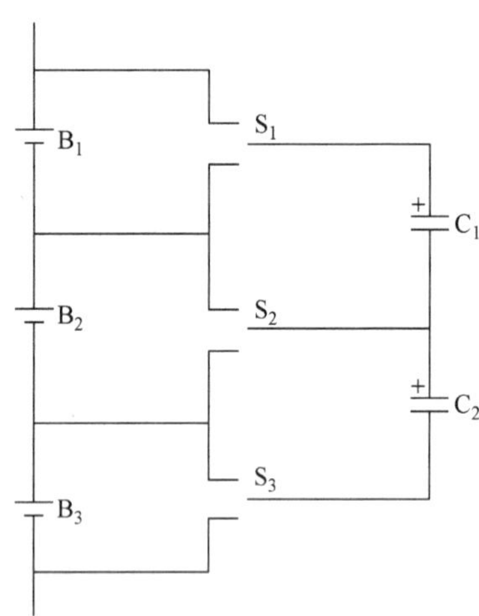

图 5-8　能量转移式均衡示意图

5.3.5　数据通信系统

数据通信是电池管理系统的重要组成部分之一，主要涉及电池管理系统内部主控板与检测板之间的通信和电池管理系统与车载主控制器、非车载充电机等设备之间的通信等；在有参数设定功能的电池管理系统中，还涉及电池管理系统主控板与上位机之间的通信。CAN 通信方式是现阶段电池管理系统通信应用的主流方式，在国内外大量产业化的电动汽车电池管理系统以及相关电池管理系统数据通信标准中均提倡采用该通信方式。RS-232、RS-485 总线等方式在电池管理系统内部通信中也有应用。图 5-9 所示为某纯电动客车电池管理系统的通信方式，该系统的应用已经实现商业化。

车辆运行模式下的电池管理系统结构如图 5-10 所示。电池管理系统中央控制模块通过 CAN 总线将实时的、必要的电池状态传给整车控制器以及电机控制器等设备，以便采用更加合理的控制策略，既能有效地完成运营任务，又能延长电池使用寿命。

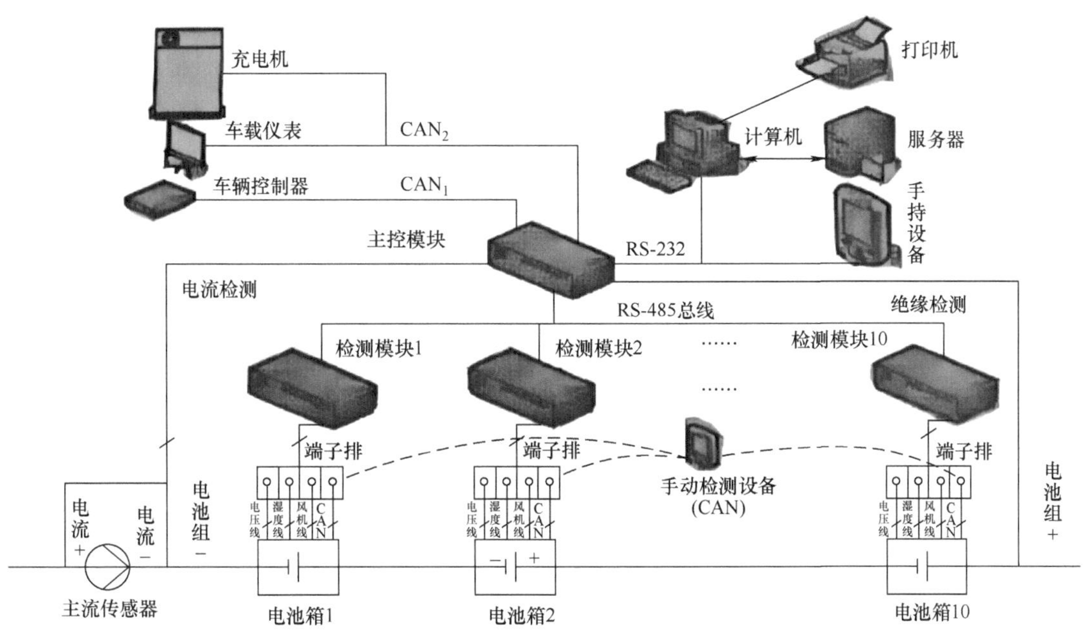

图 5-9　某纯电动客车电池管理系统的通信方式示意图

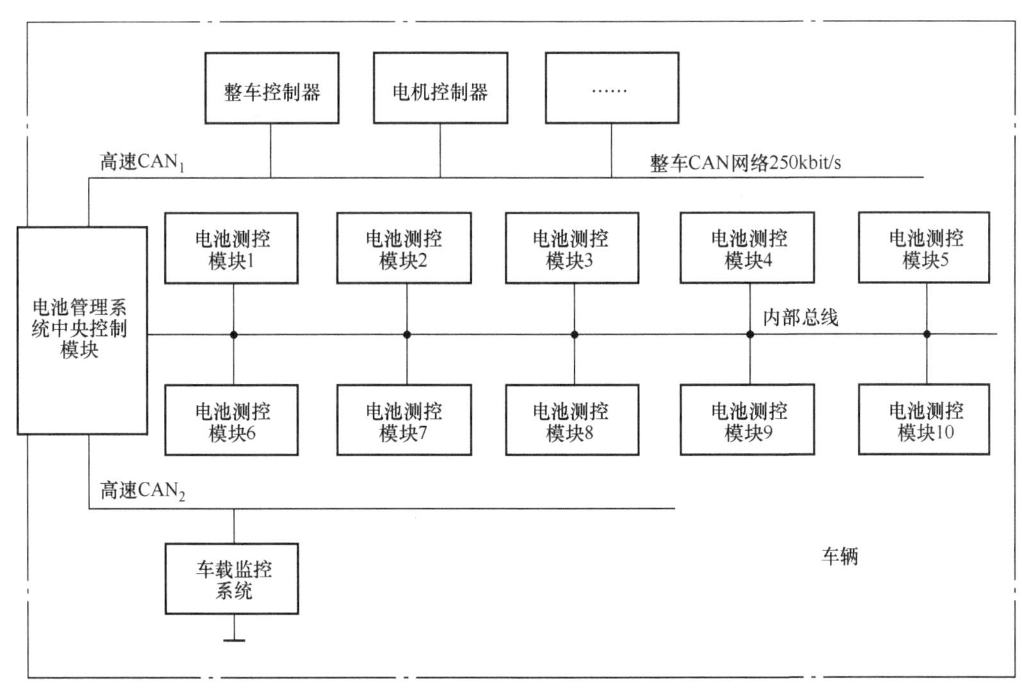

图 5-10　车辆运行模式下的电池管理系统结构

应急充电模式下的电池管理系统结构如图 5-11 所示。充电机实现与电动汽车的物理连接，在车载高速 CAN_2 中加入充电机节点，其余不变。充电机通过高速 CAN_2 了解电池的实时状态，调整充电策略，实现安全充电。

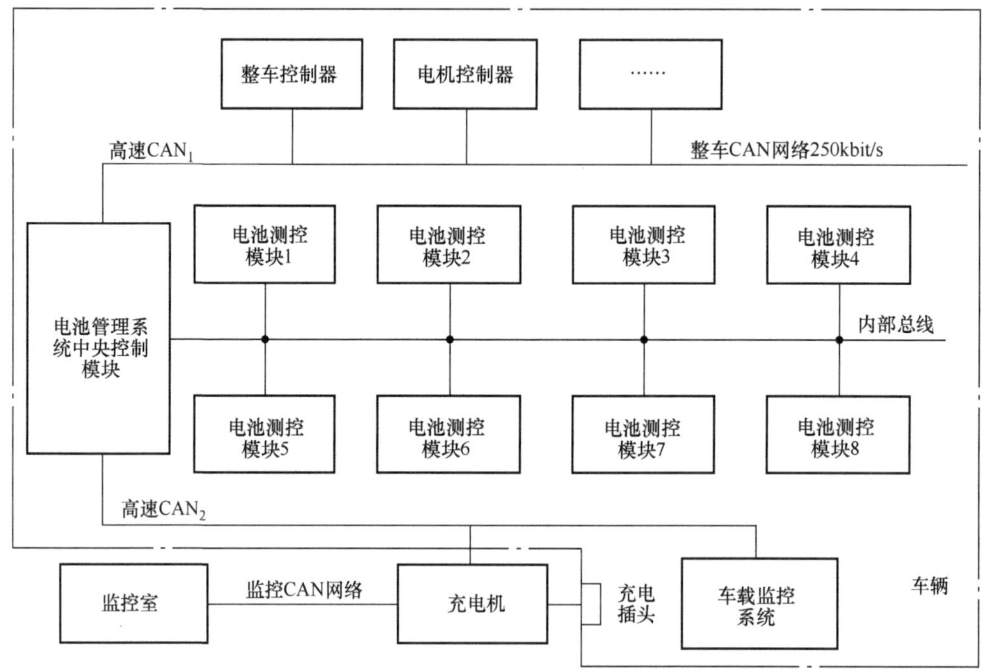

图 5-11　应急充电模式下的电池管理系统结构

5.3.6　安全管理系统

电池安全管理系统主要具有烟雾报警、绝缘检测、自动灭火、过电压和过电流控制、过放电控制、防止温度过高以及在发生碰撞的情况下关闭电池等功能。本节重点介绍电池系统的绝缘监测技术。

电动汽车动力蓄电池系统常用电压有 288V、336V、384V 和 544V 等，已经大大超过了人体可以承受的安全电压，因此，电气绝缘性能是电池安全管理的一个重要内容。绝缘性能的好坏不仅关系到电气设备和系统能否正常工作，更关乎人员的生命财产安全。现在常用的绝缘检测方法包括以下 3 种。

1. 漏电直测法

在直流系统中，这是最简单也是最实用的一种检测漏电的方法。可以将万用表转到电流档，串联在直流正极与设备壳（或者地）之间，这样就可以检测到直流负极对壳体之间的漏电流，同样也可以串联在负极与壳体之间检测直流正极对壳体之间的漏电流。

2. 电流传感法

采用霍尔式电流传感器检测是对高压直流系统检测的一种常见方法，将电源系统中待测的正极和负极一起同方向穿过电流传感器，当没有漏电流时，从电源正极流出的电流等于返回到电源负极的电流，因此穿过电流传感器的电流为零，电流传感器输出电压为零。当发生漏电现象时，电流传感器的输出电压不为零。根据该电压的正负可以进一步判断该漏电流来自电源正极还是负极。但是应用这种检测方法的前提是待测电源必须处于工作状态，要有工作电流的流入和流出，它无法在电源系统空载的情况下评价电源对地的绝缘性能。

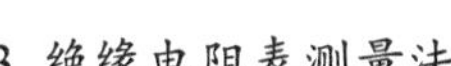
3. 绝缘电阻表测量法

用绝缘电阻表测量绝缘电阻的阻值。绝缘电阻表俗称兆欧表，它大多采用手摇发电机供电。它的刻度是以绝缘电阻为单位的，是电工常用的一种测量仪表。其工作原理如图 5-12 所示。该仪表的工作原理是通过一个电压激励被测装置或网络，然后测量激励所产生的电流，利用欧姆定律测量出电阻。绝缘电阻表主要由两大部分构成：一部分是手摇发电机，另一部分是磁电式比率表。通过摇动手柄，由手摇发电机产生交流高压，经二极管整流，提供测量用的直流高压，再用磁电式比率表测量电压线圈和电流线圈中的电流比值，用指针指示器指明电阻刻度。

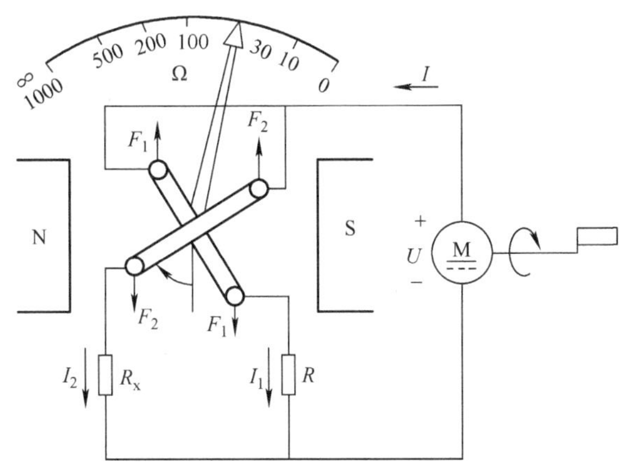

图 5-12　绝缘电阻表工作原理

5.4　纯电动汽车经济性评价指标及行驶能耗

5.4.1　纯电动汽车能耗经济性评价指标

车辆能耗经济性评价常用的指标都是以一定的车速或循环行驶工况为基础，以车辆行驶一定里程消耗的能量或一定能量可反映出的车辆行驶里程来衡量的。为了使电动汽车能耗经济性评价指标具有普遍性，其应满足以下 3 个条件。

1）可以对不同类型电动汽车的经济性进行比较。

2）指标参数数值与整车储存的能量总量无关。

3）可以直接通过指标参数进行能耗经济性判断。

纯电动汽车常用经济性评价指标有续驶里程、单位里程容量消耗、单位里程能量消耗、单位容量和单位能量消耗行驶里程、等速能耗经济特性曲线以及直流比能耗和比容耗等。

1. 续驶里程

续驶里程是纯电动汽车动力蓄电池组充满电后可连续行驶的最大里程，可以分为等速续驶里程和循环工况续驶里程。此项指标对于综合评价电动汽车动力蓄电池组、电机及传动效率、电动汽车实用性具有积极意义。但此指标与电动汽车动力蓄电池组装车容量及电压水平有关，在不同车型和装配不同容量电池组的同种车型间不具有可比性。即使是装配相同容量同种电池的同一车型，续驶里程也受到动力蓄电池组状态、天气、环境因素等使用条件影响而有一定的波动。

2. 单位里程容量消耗

单位里程容量消耗是指电动汽车等速或按工况行驶单位里程消耗的动力蓄电池组容量，单位为 A · h/km。它作为经济性的评价指标在不同的动力蓄电池组使用条件下存在一定的误差，在不同车型之间不具有可比性，仅适用于电压等级相同、车型相似情况下能耗经济性能的比较或同一车型能耗水平随动力蓄电池组寿命变化历程的分析。

3. 单位里程能量消耗

单位里程能量消耗可分为单位里程电网交流电消耗和动力蓄电池组直流电量消耗，单位为 kW · h/km。其中，交流电消耗受到不同类型充电设备效率的影响。直流电量消耗仅以车载动力蓄电池组的能量状态作为标准，脱离了充电机的影响，可以比较直接地反映电动汽车的实际性能。

4. 单位容量和单位能量消耗行驶里程

这两种电动汽车能耗经济性评价指标分别是单位里程容量消耗和单位里程能量消耗的倒单位，分别为 km/（A · h）和 km/（kW · h）。

5. 等速能耗经济特性曲线

通常以测出速度间隔为 5km/h 或 10km/h 的等速行驶能耗为标准，在速度 – 能耗曲线图上连成曲线，称为等速能耗经济特性曲线。但这种评价方法不能反映汽车实际行驶中受工况变化的影响，特别是在市区行驶中频繁出现的加速、减速、怠速及停车等行驶工况。

6. 直流比能耗和比容耗

不同车型的纯电动汽车总质量相差很大，因此，单位里程能量消耗也有很大差别。为了进行不同车型之间的能耗水平分析和比较，引入直流比能耗的概念，即单位质量在单位里程的能耗，单位为 kW · h/（km · t）。此参数可以体现不同车型间传动系统的匹配优化程度和能量利用效果。

在电压等级相同的情况下，引入比容耗的概念，即单位质量在单位里程的容量消耗，单位为 A · h/（km · t）。

5.4.2 纯电动汽车的能量利用率

车辆的动力性和能耗指标是相互矛盾的，为了增加动力性，要求车辆具有更大的后备功率，但后备功率大，必然降低动力系统的负荷率，从而使能耗经济性变差，因而不能片面追求动力性或能耗经济性，必须在车辆动力性和能耗经济性之间取得比较好的平衡。上述经济性参数都是单纯考虑能耗所得到的评价指标，综合考虑车辆的动力性，采用能量利用率作为纯电动汽车能耗经济性和动力性综合评价指标。纯电动汽车的能量利用率 η_E 可表示为

$$\eta_E = \eta_b \eta_m \eta_t \eta_g \eta_e \eta_d \tag{5-5}$$

式中，η_b 为动力蓄电池组放电效率；η_m 为电机效率；η_t 为传动系统效率；η_g 为道路阻力利用系数；η_e 为电动汽车的重力利用效率；η_d 为电动汽车驱动力利用效率。

下面重点讨论后三个参数。

1. 道路阻力利用系数 η_g

道路阻力利用系数是汽车在一个行驶循环中所需的驱动功与克服实际道路阻力所做的功之比，其表达式为

$$\eta_g = \frac{f_s}{\varphi} = \frac{f_s}{f+i} \tag{5-6}$$

式中，f_s 为车轮滚动阻力系数；φ 为道路阻力系数；f 为道路滚动阻力系数；i 为汽车行驶的道路坡度。

2. 重力利用效率 η_e

电动汽车的重力利用效率是汽车克服承载质量所受重力产生的道路阻力所做的功与克服汽车所受总重力产生的道路阻力所做的功之比，其表达式为

$$\eta_e = \frac{G_e}{G_t} \tag{5-7}$$

式中，G_e 为电动汽车的有效承载质量所受重力；G_t 为电动汽车所受总重力。

3. 驱动力利用效率 η_d

电动汽车驱动力利用效率是汽车克服汽车所受总重力产生的道路阻力所做的有用功与汽车驱动轮产生的驱动力所做的功之比。在汽车等速行驶时，其表达式可近似表示为

$$\eta_d = \frac{1}{1+\dfrac{C_D A v^2}{21.15\varphi G_t}} \tag{5-8}$$

能量利用率已经把动力蓄电池组、电机、传动系统的固有特性与电动汽车实际使用条件相结合，既反映了电动汽车具有的能力，又反映了电动汽车的实际使用效果。因此，将它作为电动汽车动力传动系统匹配和经济性的综合评价指标，既反映了电动汽车动力传动系统与使用工况的匹配程度，又能表现传动系统改善的潜力和途径。

5.4.3　纯电动汽车的能耗

1. 单位里程动力蓄电池组直流电量消耗的计算

电动汽车采用单位里程电能消耗来评价能耗，即

$$e = \frac{E}{S} = \frac{\xi_E E_n}{S} \tag{5-9}$$

式中，e 为电动汽车单位里程能耗（kW · h/km）；E 为动力蓄电池组充满电时的总能量（kW · h）；S 为电动汽车的续驶里程（km）；E_n 为动力蓄电池组标称总能量（kW · h）；ξ_E 为受行驶工况和使用环境差异影响的动力蓄电池组实际可利用总能量占标称总能量的百分比。

2. 直流比能耗的计算

去除整车质量的影响，电动汽车比能耗的计算表达式为

$$e_0 = e/m \tag{5-10}$$

式中，e_0 为比能耗 [W · h/(km · t)]；m 为整车质量（kg）。

则续驶里程为

$$S=\frac{E}{e}=\frac{E}{me_0} \tag{5-11}$$

对于电动公交车，整车质量由整备质量和载荷质量两部分组成，即

$$m=m_0+m_1=m_0+n_pm_p \tag{5-12}$$

式中，m_0 为整备质量（kg）；m_1 为载荷质量（kg）；n_p 为乘客数目；m_p 为乘客的人均统计质量（kg）。

3. 市区行驶等效载荷和等效乘客数的计算

公交车在市区行驶时，载荷质量和乘客数受上下班高峰期、节假日，以及沿途的商业布局、停靠站点、路况等因素的影响，是随机性很强的量，载荷质量的合理确定关系到电动公交车比能耗计算结果的准确性。

电动汽车的续驶里程又可写成：

$$S=\frac{\xi_E E_n}{(m_0+n_pm_p)e_0} \tag{5-13}$$

对于从停靠站点 i（$i=1,2,3$）到停靠站点 $i+1$ 间的站间行驶，能量消耗量为

$$E_i=S_i[m_0+(n_p)_im_p]e_0 \tag{5-14}$$

式中，S_i 为站间行驶里程（km）；E_i 为站间行驶消耗能量（kW・h）。

对于公交车行驶一个单程，有

$$\sum_{i=1}^{N}E_i=\sum_{i=1}^{N}S_im_0e_0+\sum_{i=1}^{N}S_i(n_p)_im_pe_0 \tag{5-15}$$

式中，N 为公交车单程停靠站点数目。

$$\sum_{i=1}^{N}E_i=S_0m_0\bar{e}_0+\bar{e}_0\sum_{i=1}^{N}S_i(n_p)_im_p \tag{5-16}$$

式中，S_0 为单程行驶总里程（km）；$\bar{e}_0$ 为单程行驶平均比能耗 [W・h/(km・t)]。

公交车行驶一个单程消耗的能量除以总里程就等于 $\bar{e}_0m$，即

$$\frac{\sum_{i=1}^{N}E_i}{S_0}=\bar{e}_0\left|m_0+\frac{\sum_{i=1}^{N}S_i(n_p)_im_p}{S_0}\right| \tag{5-17}$$

得

$$m=m_0+\sum_{i=1}^{N}S_i(n_p)_im_p/S_0=m_0+\bar{m}_1 \tag{5-18}$$

令

$$\bar{m}_1=\sum_{i=1}^{N}S_i(n_p)_im_p/S_0 \tag{5-19}$$

$$\bar{n}_{\mathrm{p}}=\sum_{i=1}^{N} S_i (n_{\mathrm{p}})_i / S_0 \tag{5-20}$$

式中，$\bar{m}_1$ 为市区行驶等效载荷（kg）；$\bar{n}_{\mathrm{p}}$ 为市区行驶等效乘客数。

公交车在市区行驶的等效乘客数和等效载荷从能量平衡的角度反映了公交车的平均运载量和平均有效载荷，具有重要的现实意义。若以全天或全年的行驶里程作为评价基准，则可完全反映出运营线路的平均载荷能力，有利于公交运营的经济性核算、电动公交车的比能耗计算和使用成本核算。

5.5　纯电动汽车动力性

5.5.1　驱动电机的转速 – 转矩特性

如果将驱动电机的功率 P_{m}、转矩 T_{m} 与转速 n_{m} 之间的函数关系以曲线表示，则此曲线称为驱动电机外特性曲线。

图 5-13 中给出了一台峰值功率 $P_{\max}$ = 45kW 的驱动电机的外特性曲线。其中，电机最高转速 $n_{\max}$ = 6000r/min，电机的额定转速，也称基速 n_0 = 1500r/min，峰值转矩 $T_{\max}$ = 287N · m。从图 5-13 中还可知，电机的工作特性可分为两个区域：恒转矩区和恒功率区。

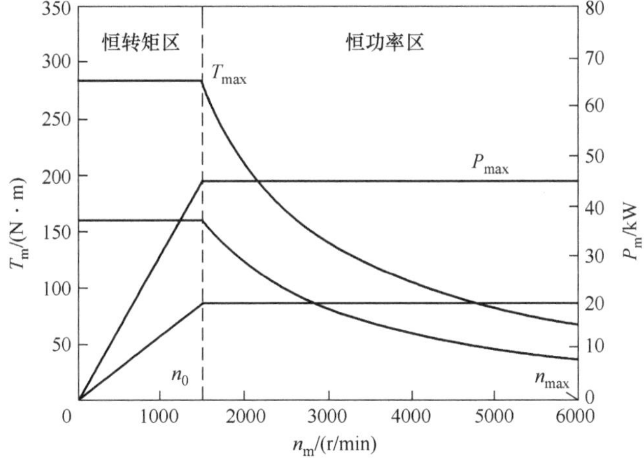

图 5-13　驱动电机外特性曲线

1. 恒转矩区

在基速以下的区域称为恒转矩区，随着转速的增加，驱动电机功率上升，但输出转矩恒定，在基速时电机功率达到最大值 $P_{\max}$。

2. 恒功率区

基速以上的区域称为恒功率区，随着电机转速增加，电机输出功率恒定，转矩随转速呈双曲线形下降。

电机最高工作转速与额定转速之比称为电机转速比，一般用 X 表示。图 5-14 所示为三台具有不同转速比（X = 2、4 和 6）的 45kW 电机的转速 – 转矩特性曲线。在电机功率均为 45kW

的条件下，电机转速比越大，电机最大转矩会显著增加，恒功率区范围扩大。因此，车辆的加速性能和爬坡性能可得到改善，而传动装置也可以简化。但是，每种形式的电机都有其固有的最高转速比限值，例如，永磁同步电机转速比 $X<2$，开关磁阻电机转速比 $X>6$，异步电机转速比 $X\approx 4$。

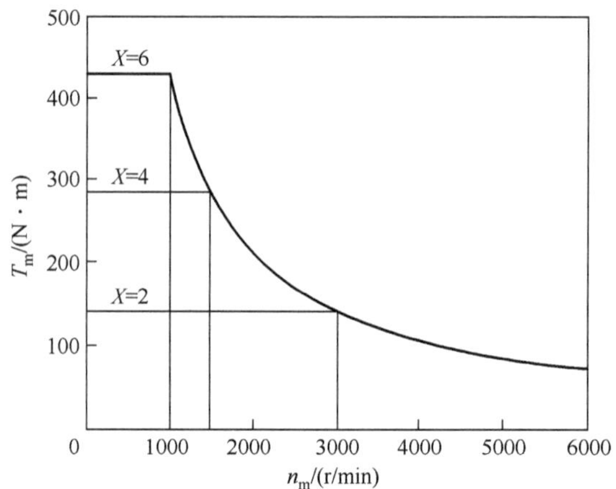

图 5-14　三台具有不同转速比（$X=2$、4、6）的 45kW 电机的转速 - 转矩特性曲线

电机的功率 P_m(kW) 与转矩 T_m(N · m)、转速 n_m(r/min) 之间的关系可表示为

$$P_m=\frac{T_m n_m}{9550} \tag{5-21}$$

5.5.2　电动汽车的驱动力

纯电动汽车中驱动电机在驱动轮上产生的驱动力采用式（2-1）进行计算。将由电机外特性确定的驱动力与车速之间的函数关系以图形表示，就可得到纯电动汽车的驱动力图，图 5-15 所示为采用减速器的纯电动汽车驱动力图。

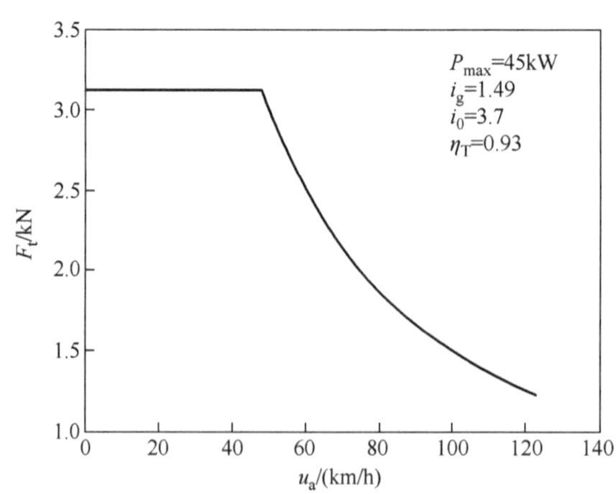

图 5-15　采用减速器的纯电动汽车驱动力图

5.5.3　传动系

由于纯电动汽车中驱动电机的转速 - 转矩特性逼近理想的运行特性，对于最高车速要求不高的纯电动汽车，采用单档传动装置（固定速比减速器）就可满足整车动力性能要求。当纯电动汽车最高行驶车速要求较高或需要满足一定的爬坡度要求时，需要采用 2 档甚至 3 档传动装置。以最小传动比档位实现最高车速，以最大传动比档位实现最大爬坡度。

在车辆行驶性能要求相同的情况下，单档或多档传动装置的应用主要取决于电机的转速 - 转矩特性。在相同的电机额定功率下，大转速比的驱动电机，其恒功率区范围大，采用单档传动装置足以在低速情况下提供大的驱动力。否则，必须采用多档传动装置。图 5-16a 中给出了配置有转速比 $X = 6$ 的驱动电机和固定速比减速器的纯电动汽车的驱动力图。图 5-16b 中给出了配置有转速比 $X = 4$ 的驱动电机和 2 档变速器的纯电动汽车驱动力图，第一档覆盖 *abf* 的车速区间，第二档覆盖 *dec* 的车速区间。这两种设计具有相同的驱动力随车速变化的特性，因而对应的车辆具有相同的加速和爬坡性能。

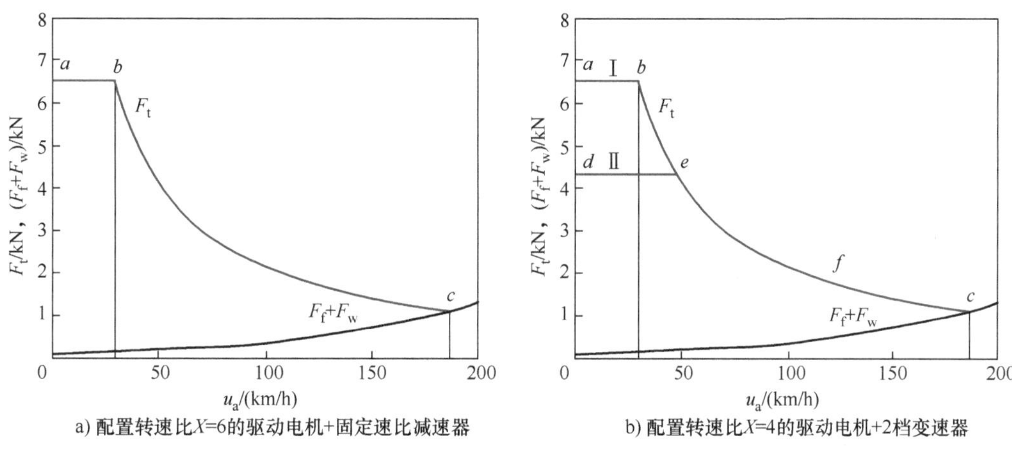

a) 配置转速比X=6的驱动电机+固定速比减速器　　b) 配置转速比X=4的驱动电机+2档变速器

图 5-16　纯电动汽车的驱动力和行驶阻力平衡图

5.6　纯电动汽车动力系统设计

纯电动汽车动力传动系统的设计应该满足车辆对动力性能和续驶里程的要求。车辆行驶的动力性能可以用 4 个指标来评价：起步加速性能、最高车速稳定行驶的能力、额定车速稳定行驶的能力，最大爬坡能力。此外，纯电动汽车用动力蓄电池组的能量应该能够维持车辆行驶一定的里程。

5.6.1　驱动电机参数设计

电机参数设计主要包括电动机的额定功率和峰值功率、额定转速和最高转速、最大转矩及额定电压等参数的设计。

1. 电机的额定功率和峰值功率

电机是驱动电动汽车行驶的关键部件之一，对整车的动力性有直接影响。所选的电机功率越大，整车的动力性就越好，但是如果功率过大，电机的质量和体积也会增大，且电机的工作效率不高，这样就不能充分利用有限的车载能源，从而使续驶里程降低。因此，在设计电机的功率参数时，通常需要参考汽车的最高车速、最大爬坡度和加速性能。

（1）根据电动汽车最高车速确定电动机功率

设计中初步选择的电机额定功率应不小于汽车以最高车速行驶时行驶阻力消耗的功率之和，电动汽车以最高车速行驶消耗的功率为

$$P_{m1}=\frac{v_{max}}{3600\eta_t}\left(mgf+\frac{C_D A v_{max}^2}{21.15}\right) \tag{5-22}$$

式中，m 为整车质量（kg）；f 为滚动阻力系数；C_D 为迎风阻力系数；A 为迎风面积（m）；v_{max} 为最高行驶车速（km/h）；η_t 为机械传动系统效率。

（2）根据电动汽车最大爬坡度确定电机功率

电动汽车以某一车速可爬上的最大坡度消耗的功率为

$$P_{m2}=\frac{v_p}{3600\eta_t}\left(mgf\cos\alpha_{max}+mg\sin\alpha_{max}+\frac{C_D A v_p^2}{21.15}\right) \tag{5-23}$$

式中，v_p 为电动汽车爬坡时的行驶速度（km/h）；α_{max} 为最大坡度。

（3）根据电动汽车加速性能确定电动机功率

电动汽车在水平路面上加速行驶消耗的功率为

$$P_{m3}=\frac{v_f}{3600\eta_t}\left(mgf+\frac{C_D A v_f^2}{21.15}+\delta m\frac{dv}{dt}\right) \tag{5-24}$$

式中，δ 为汽车旋转质量换算系数；v_f 为电动汽车加速后达到的速度（km/h）；$\frac{dv}{dt}$ 为加速度。

电机额定功率应满足电动汽车对最高车速的要求，峰值功率应能同时满足电动汽车对最高车速、最大爬坡度和加速度的要求。因此，电动汽车电机的峰值功率 P_e 和额定功率 P_{emax} 分别满足式（5-25）、式（5-26）。

$$P_e \geqslant P_{m1} \tag{5-25}$$

$$P_{emax} \geqslant \max(P_{m1}, P_{m2}, P_{m3}) \tag{5-26}$$

电动汽车电机的峰值功率与额定功率的关系为

$$P_{emax}=\lambda P_e \tag{5-27}$$

式中，λ 为电机的过载系数。

2. 电机的最高转速和额定转速

电动汽车最高行驶速度与电机最高转速之间的关系为

$$n_{max} = \frac{v_{max} \sum i}{0.337r} \tag{5-28}$$

式中，n_{max} 为电机的最高转速（r/min）；v_{max} 为电动汽车的最高行驶车速（km/h）；$\sum i$ 为传动系统传动比，一般包括变速器传动比和主减速器传动比；r 为车轮半径（m）。

电机额定转速为

$$n_e = \frac{n_{max}}{\beta} \tag{5-29}$$

式中，β 为电机扩大恒功率区系数。

β 值越大，转速越低，转矩越高，有利于提高车辆的加速和爬坡性能，稳定运行性能越好，但同时功率变换器尺寸也会增大，因此，β 值不宜过高。β 通常取 2 ~ 4。

3. 电机最大转矩

电机最大转矩的选择需要满足汽车起动转矩和最大爬坡度的要求，同时结合传动系统最大传动比来确定，即

$$T_{max} \geqslant \frac{mg(f\cos\alpha_{max} + \sin\alpha_{max})f}{\eta_t i_{max}} \tag{5-30}$$

式中，i_{max} 为传动系统最大传动比；r 为驱动轮的动力半径。

4. 电机额定电压

电机的额定电压与电机的额定功率成正比，额定功率越大，额定电压也就越大。电机额定电压的选择与电动汽车动力蓄电池组的电压有密切关系。因此，要选择合适的动力蓄电池组的电压和电流以满足整车能源的需要。不过最终都是由所选取的电机的参数来决定额定电压。

5.6.2　传动系统传动比设计

在电机输出特性一定时，传动系统的传动比如何选择，主要依赖于整车的动力性指标要求和道路情况，即在一定路面上，电动汽车传动比的选择应满足对汽车最高期望车速、最大爬坡度以及加速时间的要求。

1. 传动系统传动比下限

传动系统传动比的下限由下述通过两种方法算出的传动比的最小值确定。

1）由电机的最高转速和电动汽车最高行驶车速确定

$$\sum\nolimits_{min} i \leqslant \frac{0.377 n_{max} r}{v_{max}} \tag{5-31}$$

2）由电机最高转速对应的输出转矩 T_{vmax} 和最高行驶车速对应的行驶阻力矩确定。

$$\sum\nolimits_{min} i \leqslant \frac{r}{\eta_t T_{v\,max}} \left(mgf + \frac{C_D A v_{max}^2}{21.15} \right) \tag{5-32}$$

2. 传动系统传动比上限

传动系统传动比上限由通过下述两种方法算出的传动比的最大值确定。

1）由电机最高转速和电动汽车最大爬坡度对应的车速 v_{pmax} 确定

$$\sum_{max} i \geqslant \frac{0.377 n_{max} r}{v_{pmax}} \tag{5-33}$$

2）由电机的最大输出转矩 F_{max} 和电动汽车以最大爬坡度爬坡时的行驶阻力矩确定

$$\sum_{max} i \geqslant \frac{r}{\eta_t T_{max}} \left(mgf\cos\alpha_{max} + \frac{C_D A v_{pmax}^2}{21.15} \right) \tag{5-34}$$

5.6.3 动力蓄电池组参数设计

动力蓄电池主要提供汽车的驱动能量，而整车所有的能量消耗则来自蓄电池组。因此所选择的蓄电池组的类型、质量和各种技术参数都会影响电动汽车的整车性能，是电动汽车的关键部件之一。电动汽车动力蓄电池系统的参数匹配主要包括蓄电池的类型、蓄电池组的数目、蓄电池组容量、蓄电池组电压等参数的选择。

1. 动力蓄电池匹配原则

动力蓄电池类型的选择要符合电动汽车的运行要求。电动汽车要求动力蓄电池具有较高的比能量和比功率，以满足汽车的续驶里程和动力性的要求，同时也希望动力蓄电池具有与汽车使用寿命相当的充放电循环寿命，拥有高效率、良好的性价比以及免维护特性。

动力蓄电池的电压等级应与电机电压等级一致且满足电机电压变化的要求。同时，由于电动空调、电动真空泵和电动转向助力泵等附件也消耗一定的电能，要求蓄电池组的总电压大于电机的额定电压。

动力蓄电池一般有能量型与功率型两种，为满足电动汽车的续驶里程的要求，一般采用能量型蓄电池。匹配时主要考查蓄电池的能量，即蓄电池应具有较大的容量，以增加车辆的续驶里程。另一方面，蓄电池容量与其功率成正比，容量越大，其输出的功率越大，因此要求其输出功率均能满足整车电力系统的要求，所以主要是根据车辆续驶里程来确定蓄电池容量的，并且确定的蓄电池容量还必须符合市场现有产品的标准，并通过对现有产品反复验证的方式进行设计。

2. 动力蓄电池组参数匹配

（1）动力蓄电池组类型选择

目前可用于电动汽车的动力蓄电池主要有铅酸蓄电池、镍氢蓄电池、锂离子蓄电池和燃料电池。其中，锂离子蓄电池具有能量密度高和充放电速度快等优越性能，得到越来越多的关注，是目前市场前景较好的一种产品。

（2）动力蓄电池组数目的确定

动力蓄电池组数目必须满足电动汽车行驶时所需的最大功率和续驶里程的要求。

满足电动汽车行驶时所需的最大功率需要的动力蓄电池组数目为

$$n_p \geqslant \frac{P_{emax}}{P_{bmax} \eta_e \eta_{ec} N} \tag{5-35}$$

式中，P_{emax} 为电机的峰值功率（kW）；η_e 为电机的工作效率；η_{ec} 为电机控制器的工作效率；P_{bmax} 为电池最大输出功率（kW）；N 为单蓄电池组所包含的电池的数目。

满足汽车续驶里程要求的蓄电池组数目为

$$n_{\mathrm{x}} \geqslant \frac{1000SW}{C_{\mathrm{s}}U_{\mathrm{s}}N} \tag{5-36}$$

式中，S 为续驶里程；W 为电动汽车行驶 1km 所消耗的能量（kW · h）；C_{s} 为单节蓄电池的容量（A · h）；U_{s} 为单节蓄电池的电压（V）。

动力蓄电池组数目为

$$n = \max\{n_{\mathrm{p}}, n_{\mathrm{x}}\} \tag{5-37}$$

（3）蓄电池组容量

蓄电池组能量为

$$E_{\mathrm{B}} = \frac{U_{\mathrm{m}}C_{\mathrm{E}}}{1000} \tag{5-38}$$

式中，E_{B} 为蓄电池组能量（kW · h）；U_{m} 为蓄电池组电压（V）；C_{E} 为蓄电池组容量（A · h）。

蓄电池能量应满足以下条件：

$$E_{\mathrm{B}} \geqslant \frac{mgf + C_{\mathrm{D}}Av_{\mathrm{a}}^{2}/21.15}{3.6\mathrm{DOD}\,\eta_{\mathrm{t}}\eta_{\mathrm{mc}}\eta_{\mathrm{dis}}(1-\eta_{\mathrm{a}})}s \tag{5-39}$$

式中，η_{mc} 为电机效率；η_{dis} 为蓄电池放电效率；η_{a} 为汽车附件能量消耗比例系数；v_{a} 为最大续驶里程所对应的平均车速；DOD 为蓄电池放电深度。

或者蓄电池容量应满足以下条件：

$$C_{\mathrm{E}} \geqslant \frac{mgf + C_{\mathrm{D}}Av_{\mathrm{a}}^{2}/21.15}{3.6\mathrm{DOD}\,\eta_{\mathrm{t}}\eta_{\mathrm{mc}}\eta_{\mathrm{dis}}(1-\eta_{\mathrm{a}})}s \tag{5-40}$$

第 6 章　混合动力电动汽车动力系统

广义上说，混合动力电动汽车是指车辆驱动系统由两个或多个能同时运转的单个驱动系统联合组成的车辆，车辆的行驶功率依据实际的车辆行驶状态由单个驱动系统单独或共同提供。通常所说的混合动力电动汽车（Hybrid Electric Vehicle，HEV），一般是指油电混合动力汽车，即采用传统的内燃机（柴油机或汽油机）和电机作为动力源，也有的发动机经过改造使用其他替代燃料，例如压缩天然气、丙烷和乙醇燃料等。

车辆动力系统由两个或多个能同时运转的单个驱动系统联合组成，车辆的行驶功率依据实际的车辆行驶状态由单个驱动系统单独或共同提供。因各个组成部件、布置方式和控制策略的不同，形成了多种分类形式。混合动力车辆的节能、低排放等特点引起了汽车界的极大关注，并成为汽车研究与开发的一个重点。混合动力装置既发挥了发动机持续工作时间长、动力性好的优点，又可以发挥电机无污染、低噪声的好处，二者“并肩战斗”，取长补短，汽车的热效率可提高 10% 以上，废气排放可改善 30% 以上。2010 年，全球进入汽车混合动力时代。

本章介绍了混合动力电动汽车定义、分类及优点，以及混合动力电动汽车的关键技术；剖析了串联式、并联式和混联式混合动力的电驱动系统；分析了串联式、并联式和混联式的能量管理策略；探讨了混合动力电动汽车动力系统设计中的发动机设计、驱动电机设计、储能装置设计、动力分配装置设计和控制策略设计等。

6.1　混合动力电动汽车

6.1.1　混合动力电动汽车定义

混合动力电动汽车指能够从可消耗的燃料、可再充电能 / 能量储存装置等至少两类车辆储存的能量中获得动力的汽车。大多数混合动力电动汽车包含一个传统发动机和一个或多个电机，燃油箱或储气瓶为传统发动机提供燃料，动力蓄电池作为电机的储能模块提供电能。混合动力电动汽车充分利用了发动机和电机两种动力源的优点，通过自动控制形成最佳匹配。在部分工况下，动力蓄电池可以储存发动机多余的能量，并回收车辆制动过程中产生的制动能量，同时还能输出给电机用于动力输出。混合动力电动汽车的结构如图 6-1 所示。

图 6-1　混合动力电动汽车的结构（见彩插页）

6.1.2　混合动力电动汽车的分类

1. 按照动力系统结构形式分类

混合动力电动汽车常见的分类方式是按照动力系统的结构形式分类，可以将目前现有的混合动力电动汽车分为串联式、并联式和混联式 3 种。此外，根据动力蓄电池是否需要外接充电设施充电，又分出了插电式混合动力电动汽车（Plug-in Hybrid Electric Vehicle，PHEV）。

（1）串联式混合动力电动汽车

在串联形式中，发动机并不直接提供动力，也不能单独带动车轮，而仅用于带动发电机为动力蓄电池充电，提供电机运行的电能。图 6-2 所示为串联式混合动力电动汽车的结构示意图。动力蓄电池对发电机产生的能量和电机需要的能量进行调节，从而保证车辆正常工作。

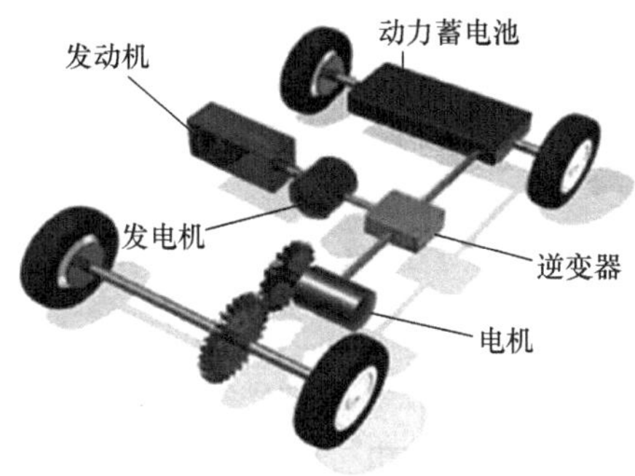

图 6-2　串联式混合动力电动汽车的结构示意图（见彩插页）

串联式混合动力电动汽车的优点是发动机、电机与动力蓄电池的布置位置灵活，传动系统简单，适用于频繁起停的短途行驶。其缺点是需要发动机、电机、发电机 3 个驱动组件；为满足功率需求，电机的外形尺寸较大、质量较大；在发动机、发电机、电机系统机械能 – 电能 – 机械能的能量转换过程中，能量损失较多。

（2）并联式混合动力电动汽车

在并联式混合动力系统中，发动机和电动机与车轮均有机械连接，都可以单独驱动车轮，也可以协同工作共同驱动车轮。这种系统适用于多种不同的行驶工况，尤其适用于复杂的路况。目前，并联式混合动力系统多用于微度混合动力与轻度混合动力车型，电动机更多地用于车辆起步和加速时的动力辅助。并联式混合动力电动汽车的结构示意图如图 6-3 所示。

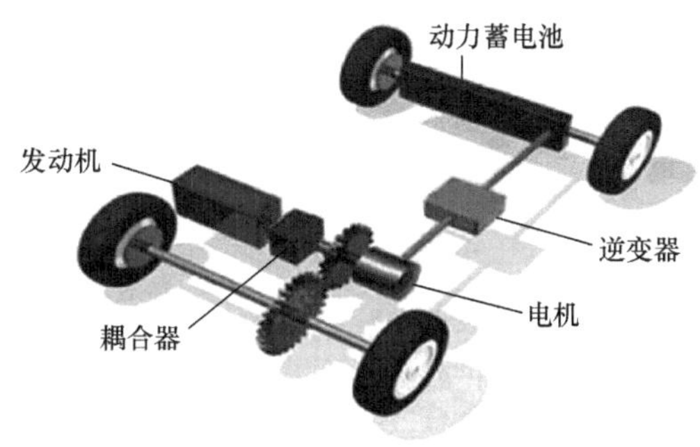

图 6-3　并联式混合动力电动汽车的结构示意图（见彩插页）

还有一种并联结构是由发动机和电动机分别负责驱动前轮或后轮，两者互为动力补充，如图 6-4 所示。其中，绿色部分是由燃油箱、发动机及传动系统组成的传统燃油动力驱动系统，主要驱动前轮；蓝色部分是由动力蓄电池、驱动电机及传动机构组成的电力驱动系统，主要驱动后轮。

图 6-4　并联结构混合动力电动汽车动力总成（见彩插页）

并联式混合动力电动汽车与串联式混合动力电动汽车相比，需要两个驱动装置，即发动机和驱动电机；发动机可直接驱动车辆，当车辆需要最大输出功率时，电机可以提供额外的辅助动力，因此可选择搭载小功率发动机，燃油经济性得到改善。其缺点是来自发动机和电机的两个平行能量源的能量管理和混合比较复杂；发动机和电机的功率混合需要复杂的机械装置。

（3）混联式混合动力电动汽车

除了串联和并联的形式，目前混合动力电动汽车上应用最多的是混联式结构。混联式混合动力电动汽车综合了串联式和并联式的特点，两种动力单元既可以单独驱动车辆，也可以共同协作；同时，由于具有单独的发电机，发动机可以在与电机共同工作时对动力蓄电池进行充电，从理论上讲，也可以实现串联（即增程式）的工作方式。混联式混合动力电动汽车的结构示意图如图 6-5 所示。

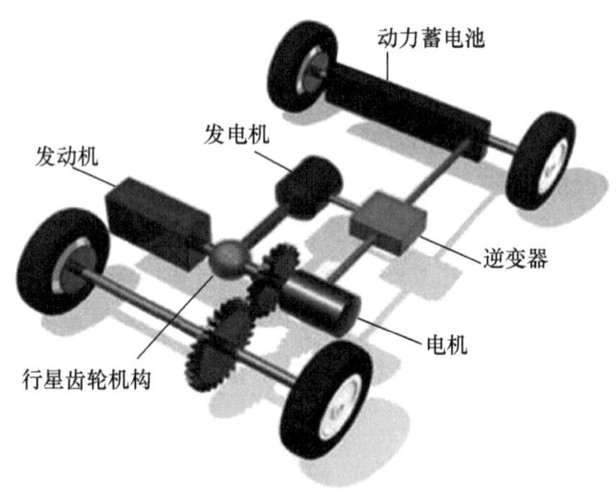

图 6-5　混联式混合动力电动汽车的结构示意图（见彩插页）

采用混联式混合动力系统的车型在市场上有很多，例如第三代普锐斯、雷克萨斯 CT200h 等。此外，雅阁 PHEV 车型由于搭载了混联式混合动力系统及采用插电模式，在日本 JC08 测试规定模式下实现了 3.3L/100km 的超低油耗。

混联式动力系统的优点是有多个动力总成，比串联形式的动力总成的功率、质量和体积都小；系统有多种工作模式，节能效果佳，有害气体排放量少；利用电动机低速转矩大的特点，在城市道路上以纯电动模式行驶不仅起步灵敏，还能实现零排放、零污染。混联式动力系统也

有一定的缺点：发动机工况受车辆行驶工况的影响较大，以及需要两套驱动系统，机械传动及耦合装置结构复杂，总体布置及连接较困难。

2. 按照动力混合程度分类

混合动力电动汽车按照传统内燃机和电机动力的混合程度不同，可分为微度混合型（电机峰值功率和发动机的额定功率比不大于 5%）、轻度混合型（电机峰值功率和发动机的额定功率比为 5% ~ 15%）、中度混合型（电机峰值功率和发动机的额定功率比为 15% ~ 40%）和深度混合型（电机峰值功率和发动机的额定功率比大于 40%）。

（1）微度混合动力电动汽车

微度混合动力电动汽车也称为起 – 停混合动力电动汽车。在微度混合动力电动汽车中，电动机仅作为内燃机的起动机或发电机使用，不为汽车行驶提供持续动力，通常是在传统内燃机的起动机上加装传动带驱动起动机。如图 6-6 所示，该电机为发电 / 起动一体化电机，用来控制发动机的起动和停止，从而取消发动机的怠速，降低油耗和排放。一般微度混合技术可以节省油耗 4.5%。

图 6-6　微度混合动力电动汽车发电机（见彩插页）

配备该技术的车辆在行驶中只要直接踩制动踏板，车辆完全停止约 2s 后发动机就会自动熄火；一直踩着制动踏板，则发动机就会保持停转。只要松开制动踏板或者转动转向盘，发动机会立刻自动点火，驾驶员可以踩加速踏板使车辆起步。

（2）轻度混合动力电动汽车

轻度混合动力电动汽车也称为辅助驱动混合动力电动汽车。与微度混合动力系统相比，轻度混合动力系统除了能够实现用发电机控制发动机的起动和停止，还能够实现在减速和制动工况下，对部分能量进行吸收；在行驶过程中，发动机等速运转，发动机产生的能量可以在车轮的驱动需求和发电机的充电需求之间进行调节。通常此种混合动力系统采用集成起动电机，车辆以发动机为主要动力来源。

（3）中度混合动力电动汽车

与轻度混合动力系统不同，中度混合动力系统采用的是高压电机。另外，中度混合动力系统还增加了一个功能：在汽车处于加速或者大负荷工况时，电机能够辅助驱动车轮，补充发动机本身动力输出的不足，从而更好地提高整车的性能。一般中度混合动力技术能节约油耗 10% ~ 20%。

（4）深度混合动力电动汽车

深度混合动力电动汽车也称为完全混合或强度混合动力电动汽车。深度混合动力电动汽车通常采用大容量动力蓄电池，供给电动机以纯电动模式运行，同时还具有动力切换装置，用于发动机、电机各自动力的耦合和分离，如图 6-7 所示。在起步、倒车、起步－停车、低速行驶等情况下，车辆可以以纯电动模式行驶；在急加速时，电机和内燃机一起驱动车辆，并具有制动能量回收的能力。与轻度混合动力电动汽车相比，在驱动车辆的两种动力源中，电机的功率更大。混合程度越深，内燃机系统越可以更长时间地工作在最佳工况下，将汽车行驶时发动机的后备功率进行充分利用。深度混合使发动机和电机互相补充了各自在不同工况时动力性上的不足，因而节能减排效果更为明显，一般油耗可降低 20%～40%。

图 6-7　深度混合动力电动汽车（见彩插页）

3. 按照动力蓄电池能量补充方式分类

混合动力电动汽车按照动力蓄电池能量补充的方式分为插电式混合动力电动汽车和自充电式混合动力电动汽车。前面提到的串联式和并联式混合动力电动汽车既可以是插电式的，也可以是自充电式的。

插电式混合动力电动汽车可以通过外界电源来对动力蓄电池进行充电。插电式混合动力电动汽车由于有着较长的纯电动续驶里程，同时可以通过插电为动力蓄电池充电，因此在燃油经济性方面的表现较为突出，并且可以兼顾甚至增强车辆的动力表现。图 6-8 所示为混联模式下的插电式混合动力电动汽车的结构示意图。从图中可以看到，区别于普通混联式混合动力电动汽车，在插电式混合动力电动汽车的动力蓄电池侧可以连接外接电源，一方面车辆在停止时可以通过外接充电设备进行充电，另一方面车辆在行驶过程中可以通过发动机驱动发电机给动力蓄电池充电。当车辆短途使用时，仅需要使用动力蓄电池中的能量即可满足要求；当车辆需要长距离行驶时，发动机介入，这样既保证了车辆的续驶里程，也降低了整车的燃油消耗。

与普通混合动力电动汽车相比，插电式混合动力电动汽车的动力蓄电池相对比较大，可以外部充电，并具备以纯电动模式行驶的能力，可以在动力蓄电池电量耗尽时以混合动力模式（串联或并联）行驶，然后适时给动力蓄电池充电。例如丰田普锐斯插电式混合动力电动汽车（图 6-9）在纯电动模式可以行驶 30km，百公里综合油耗低至 2L。

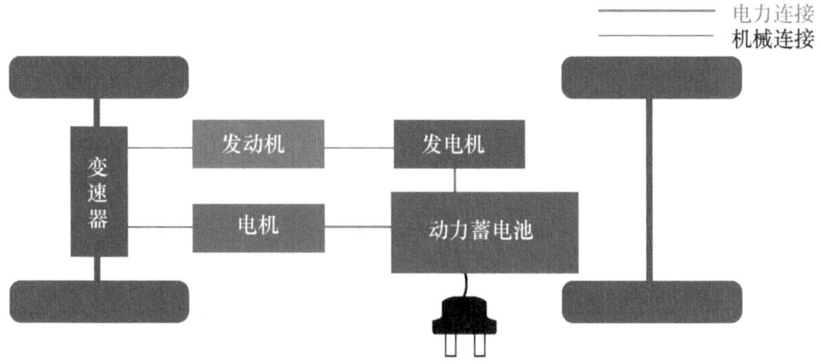

图 6-8　插电式混合动力电动汽车的结构示意图（见彩插页）

图 6-9　丰田普锐斯插电式混合动力电动汽车（见彩插页）

插电增程式混合动力电动汽车属于插电式混合动力电动汽车中的串联式混合动力车型。如图 6-10 所示，当动力蓄电池电量充足时可采用纯电动模式行驶，而当电量达到一定限值时，增程器起动，由增程式发动机带动发电机为动力蓄电池充电，提供驱动电机运行的电能。增程式发动机根据工况需求可以长期运转在较为经济且高效的工况下，因此相比于传统燃油车型，增程式混合动力电动汽车在增程状态下依然具有燃油消耗优势，同时具有电动汽车运行平顺的优点。

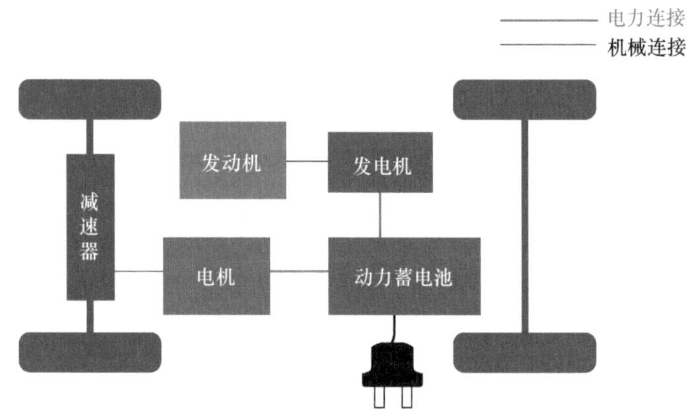

图 6-10　插电增程式混合动力电动汽车动力系统示意图（见彩插页）

由于动力蓄电池容量较大且具有外接充电的优势，插电增程式混合动力电动汽车的纯电续驶里程较长；在增程模式下，发动机工作在高效转速区间，比普通汽车更安静，电动机的低转高矩特性也使车辆的起步和加速性能较好。插电增程式混合动力电动汽车是在纯电动汽车的基础上开发的混合动力电动汽车，车辆增加了用于提供电力的增程器，以进一步提升纯电动汽车的续驶里程，使其能够尽量避免频繁地停车充电。

一般认为插电增程式混合动力电动汽车属于纯电动汽车的范畴，是纯电动汽车为了得到更大的续驶里程，通过增加增程器而进行的一种改进。

6.1.3 混合动力电动汽车的优点

与纯电动汽车相比，HEV 具有以下优点。

1）比纯电动汽车多了内燃机提供动力，因此电池较小，降低了整车质量，有利于提高动力性。

2）由于采用了辅助动力驱动，打破了纯电动汽车续驶里程的限制，其长途行驶能力可与传统汽车相媲美。

3）在 HEV 上采用了高度实时和动态的优化控制策略，优化控制的结果尽量使动力系统各部件工作在最佳状态和最高效率区域，大大限制了内燃机在恶劣工况下的高燃油消耗率和大量的尾气排放，大大提高了 HEV 的燃油经济性。在排放限制严格的地区，HEV 能以纯电动方式工作，成为零排放汽车。

4）空调系统等附件由内燃机直接驱动，有充分的能源供应，保证了汽车的乘坐舒适性。

5）在控制策略的作用下，辅助动力可以向储能装置（一般为电池组）提供能量，从而保证 HEV 不需要停车充电，因此可利用现有加油站，不需要进行专用充电设施的建设。

6）由于 HEV 的动力蓄电池组在使用过程中是浅充浅放，可以延长电池的使用寿命。

HEV 未来可能具有的优点：当电池技术进一步发展时，不需要起动内燃机就可以提供上下班距离所需的所有能量，届时可以让车辆在上下班时处于纯电动模式（夜间回车库充电），假日游玩等长途使用时才启用内燃机，车辆甚至可以在电力高峰时提供电力给办公室（或住家）；若能普及，深夜充电需求会让电力系统负荷更平均，从而增加电厂效率并降低污染，而电力也可以使用再生能源提供。

6.1.4 混合动力电动汽车的关键技术

HEV 是集汽车、电力驱动、自动控制、新能源及新材料等高新技术于一体的集成产物，它的研究涉及多个领域，其关键技术主要有电池及电池管理、驱动电机、发动机和整车能量管理等。

1. 电池及电池管理系统

HEV 的动力蓄电池与纯电动汽车的动力蓄电池工作状况不同，常处于非周期性的充放电循环，这要求动力蓄电池必须具有快速充放电和高效充放电的能力，即 HEV 所用动力蓄电池在具有高能量密度的同时，更重要的是要具有更高的功率密度，以便在加速和爬坡时提供较大的峰值功率。

电池的性能和寿命与电池的充放电历史、电池工作温度等因素密切相关，过充电和过放电会严重影响电池性能甚至造成电池损坏。因此，通过电池管理系统对电池工作过程和工作环境

进行监控，提供准确的电池剩余电量预测，对充分利用电池能效、延长电池使用寿命具有非常重要的意义。

2. 驱动电机

驱动电机是 HEV 的驱动单元之一，其选用原则为性能稳定、重量轻、尺寸小、转速范围宽、效率高、电磁辐射量小及成本低等。另外，驱动电机的峰值功率要满足起动发动机能力、电驱动能力、整车加速能力和最大再生制动能力等。目前 HEV 使用的驱动电机主要有直流电机、永磁同步电机、交流异步电机和开关磁阻电机等。在交流电机中，最具代表性的是交流异步电机，而这种电机的结构决定其功率和效率之间的矛盾很难解决，故应尽量采用具有高效率、高功率密度、结构紧凑的永磁同步电机、开关磁阻电机等先进电机。

3. 发动机

由于 HEV 用发动机在工作时会频繁起停，为满足严格的排放标准，热力发动机的设计目标从传统发动机的高功率变为追求高效率，并将功率的调峰任务交由电机承担。要实现该目标，可将当前内燃机中普遍采用的奥托循环，用大膨胀比的高效率阿特金森循环取代，或采用其他高效热机，如燃气轮机、斯特林发动机等，再利用它们各自的优势来设计混合动力系统。如丰田普锐斯的 1.5L 汽油机采用具有高效率、高膨胀比的阿特金森工作循环，紧凑型倾斜式挤气燃烧室及铝合金缸体，其主要目的是追求高效率而不是高功率。

4. 动力耦合装置

在并联和混联系统中，机械的动力耦合装置是耦合发动机和电机功率的关键部件，它不仅具有很大的机械复杂性，而且直接影响整车控制策略，因而成为混合动力系统开发的重点和难点。目前采用的动力耦合方式有转矩结合式（单轴式和双轴式）、转速结合式和驱动力结合式。

5. 驱动系统控制

对于串联式 HEV，电力驱动是唯一的驱动模式，因而控制系统比较简单，并联及混联式的驱动系统有发动机和电机两个动力源，两个动力源存在多种配合工作模式，如纯电动、发动机驱动、发动机驱动 + 电机辅助、发动机驱动 + 发电机充电等。根据汽车行驶的需要，动力系统在这些工作模式间相互切换。

驱动系统的控制策略应能通过实时分析汽车的行驶状况、发动机和电机的转矩特性及电池 SOC 大小等信息，决定 HEV 的工作模式，确定发动机与电机的合理工况点。即需要对 HEV 的驱动系统的起步、模式切换、换档等动态过程进行控制。

研制与开发 HEV 的关键技术大致可分为整车系统集成和关键零部件技术。

整车系统集成关键技术包括动力系统参数匹配、整车能量控制系统、再生制动系统、车用数据总线以及先进车辆控制技术。

关键零部件技术主要包括 HEV 用发动机、驱动电机及其控制技术，动力蓄电池及其管理系统技术以及 HEV 用自动变速器技术。

当前 HEV 所面临的主要技术问题如下。

1）要提高能量存储装置（电池）的比功率和寿命。

2）建立更先进、更有效的电子控制和检测系统。

3）电力电子器件必须减小尺寸和质量。

6.2　混合动力电动汽车电驱动系统

由于混合动力电动汽车的组成部件、布置方式以及控制策略不同且有多种分类，下面分别介绍串联、并联以及混联三种混合动力电动汽车的电驱动系统。

6.2.1　串联式混合动力电驱动系统

串联式混合动力电驱动系统是一个由两个能源向单个动力机械（电机）供电，以推进车辆的驱动系统。最一般的串联式混合动力电驱动系统的组成如图 6-11 所示。

其中，单向能源为燃油箱，而单向的能量变换器为发动机和发电机的组合。发动机的输出通过电子变流器（整流器）连接电力总线。电力总线同时也连接牵引电机的控制器，从而控制牵引电机或为电动机状态，或为发电机状态，并以正向或反向运转。该电驱动系统需要一个蓄电池充电器，以通过插座由电网向动力蓄电池充电。

1. 串联式混合动力电驱动系统的运行模式

（1）纯粹的电力驱动模式

发动机关闭，车辆仅由动力蓄电池组供电、驱动。

（2）纯粹的发动机驱动模式

车辆牵引功率仅源于发动机 – 发电机组，而动力蓄电池组既不供电，也不从驱动系统中吸收任何功率。电设备组用作从发动机到驱动轮的电传动系统。

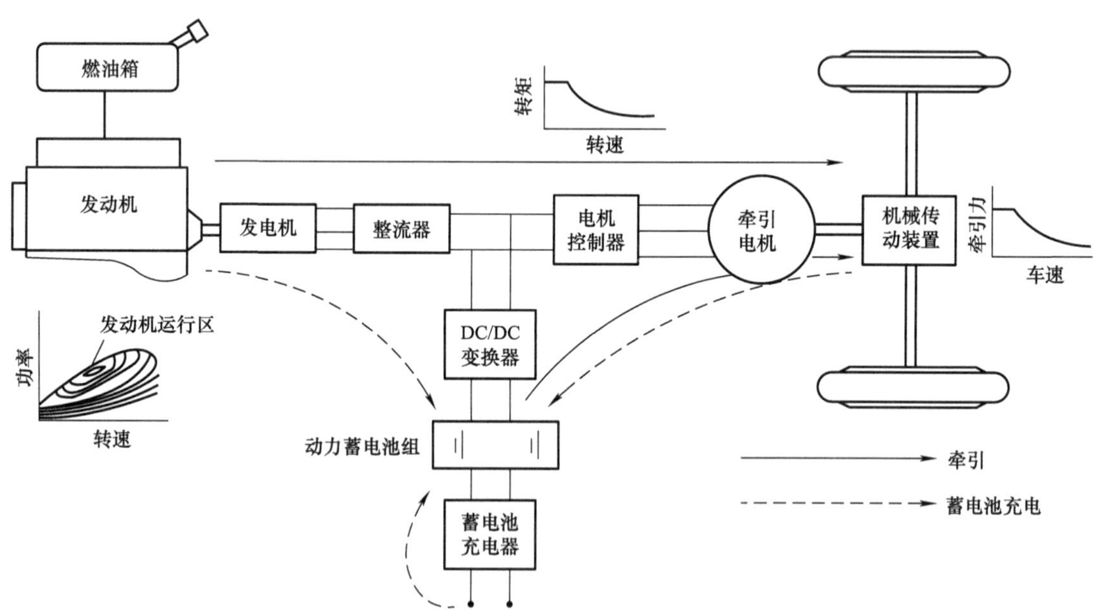

图 6-11　普通串联式混合动力电驱动系统的组成

（3）混合模式

牵引功率由发动机 – 发电机组和动力蓄电池组共同提供。

（4）发动机牵引和动力蓄电池组充电模式

发动机－发电机组为动力蓄电池组充电和驱动车辆提供所需的功率。

（5）再生制动模式

发动机－发电机组关闭，而牵引电机切换到发电机状态运行，所产生的电功率用于给动力蓄电池组充电。

（6）动力蓄电池组充电模式

牵引电机不接受功率，发动机－发电机组给动力蓄电池组充电。

（7）混合式动力蓄电池充电模式

发动机－发电机组以及运行在发电机状态下的牵引电机，两者同时给动力蓄电池组充电。

2. 串联式混合动力电驱动系统的优点

1）当发动机与驱动轮脱开联系时，发动机是全机械构件，因此它能运行在其转速－转矩特性图上的任何运行工作点，且可能完全运行在其最大效率区。在该狭小区域内的优化可使发动机性能获得显著改进。此外，发动机从驱动轮上的机械解耦，使高转速发动机能够得到应用，但这将使其难以直接通过机械连接去带动车轮，如燃气轮机发动机或具有缓动态特性的动力机械（如斯特林发动机）。

2）由于电机具有近乎理想的转矩－转速特性，它不需要多档的传动设置，已在第 3 章中有过讨论。因此，其结构大为简化且成本下降。此外，取代一个电机和一个差速器的应用，可采用两个电机分别带动一个车轮的结构。这就如同差速器，既形成两个车轮之间的转速解耦，也起到用于牵引控制和限制滑移的差速器作用。最终的改进将是采用 4 个电机，从而可制成便宜、简单的差速器组，实现车辆的全轮式驱动。

3）由于有电传动系统提供的机械上的解耦，可应用简单的控制策略。

3. 串联式混合动力电驱动系统的缺点

1）由于发动机的能量被两次转换（在发电机中，由机械能转变为电能；在牵引电机中，由电能转变为机械能），发动机和牵引电机两者的低效率相乘，损耗是显著的。

2）发动机附加了额外的重量和成本。

3）由于牵引电机是唯一的驱动车辆的动力机械，其必须按满足最大的运行性能的需求定制。

6.2.2 并联式混合动力电驱动系统

如同传统内燃机车辆一样，并联式混合动力电驱动系统是一个由发动机向车轮供给机械动力的驱动系统，它由机械上与传动装置相配合的电机予以辅助，并通过机械联轴器共同配合提供动力。

下面重点讨论在各种不同结构下，发动机和电机功率的机械组合的不同应用，包括转矩耦合、转速耦合以及转矩转速耦合三种并联式混合动力电驱动系统。

1. 转矩耦合的并联式混合动力电驱动系统

转矩耦合是将发动机和电机的转矩相加，或将发动机转矩分解为两部分，分别用于驱动和为动力蓄电池组充电。图 6-12 概念性地表明了具有两个输入转矩的机械组件耦合方案，输入之一来自发动机，另一输入来自电机。

$$T_{out} = k_1 T_{in1} + k_2 T_{in2} \tag{6-1}$$

$$\omega_{out} = \frac{\omega_{in1}}{k_1} = \frac{\omega_{in2}}{k_2} \tag{6-2}$$

式中，k_1、k_2 为耦合器的结构常数。

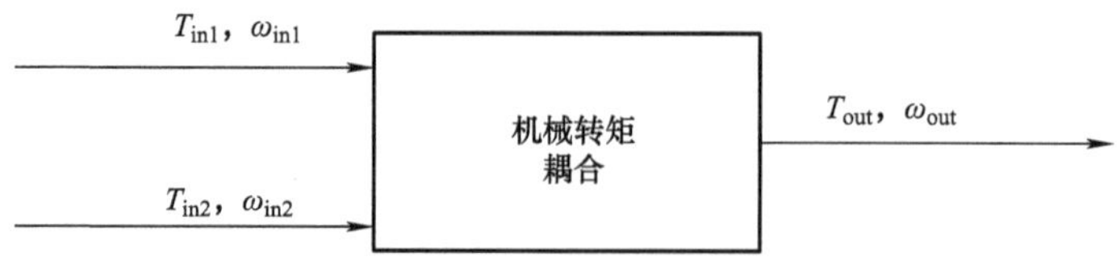

图 6-12　转矩耦合原理

T_{in1}，T_{in2}—输入转矩　ω_{in1}，ω_{in2}—输入转速　T_{out}—输出转矩　ω_{out}—输出转速

转矩耦合的并联式混合动力电驱动系统又可分为两轴式、单轴式和分离轴式三种，下面分别加以讨论。

（1）转矩耦合并联两轴式

转矩耦合并联两轴式混合动力电驱动系统的典型结构有两种，一种如图 6-13 所示，两个传动装置前置，一个位于发动机和转矩耦合装置之间，另一个则位于电机和转矩耦合装置之间。显然，两个多档传动装置形成了众多的牵引力－转速特性曲线。因为两个多档传动装置为发动机和电牵引系统（电设备和动力蓄电池组）运行于最佳区域提供了更多的可能性，故此电驱动系统的性能和整体效率可超过其他类型的设计。这一设计也为发电机和电动机特性的设计提供了很大的灵活性。但是，两个多档传动装置将使电驱动系统明显复杂化，因此可以采用一个传动装置为单档，另一个传动装置为多档的结构。

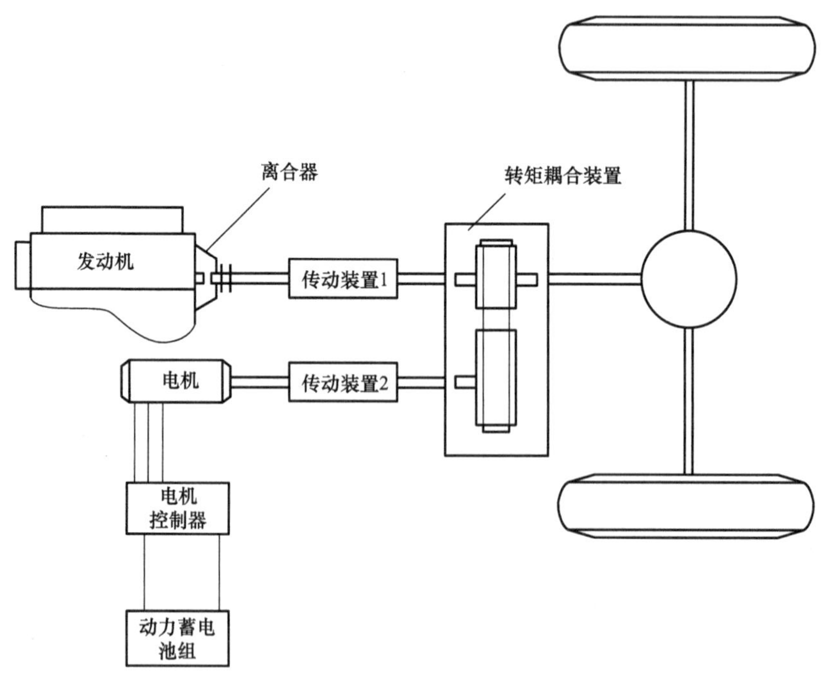

图 6-13　转矩耦合并联两轴式双传动装置前置结构

另一种转矩耦合并联两轴式混合动力电驱动系统的典型结构为单传动装置后置，如图 6-14 所示，传动装置位于转矩耦合装置和驱动轴之间。单传动装置的功能是以相同比例提高发动机和电机两者的转矩。在转矩耦合装置中，两常数 k_1 和 k_2 的设计将使电机能有一个不同于发动机的转速范围，因而可采用高转速电机。这一设计只用于采用相对小型的发动机和电机的情况，同时，需应用一个多档传动装置以增大低速时的牵引力。

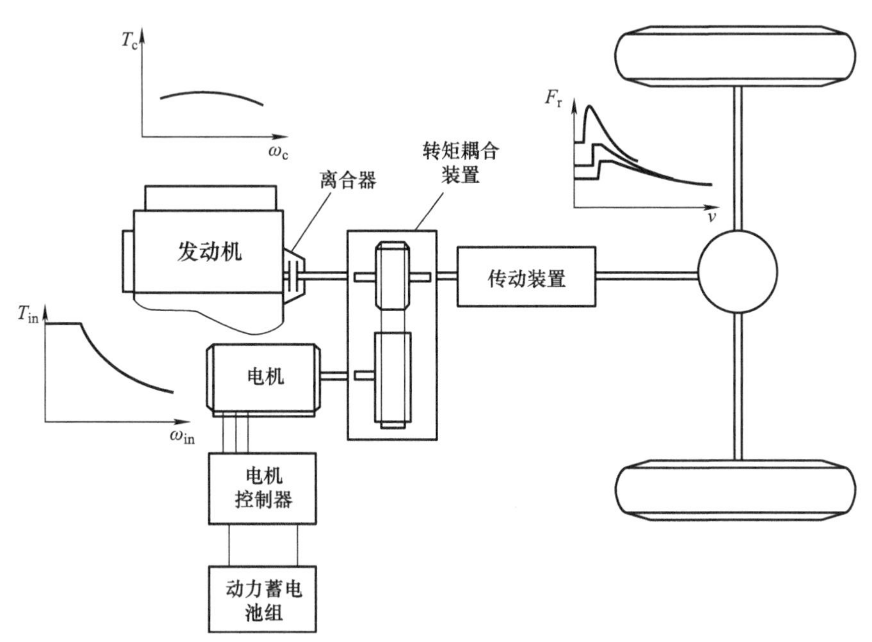

图 6-14　转矩耦合并联两轴式单传动装置后置结构

（2）转矩耦合并联单轴式

转矩耦合并联单轴式混合动力电驱动系统的结构简单且紧凑，其中，电机的转子起到转矩耦合装置的作用。其典型的结构有两种，一种是传动装置安置在电机的后端，该电机通过离合器与发动机相连，这种结构称为“电机前置”（电机在传动装置之前，如图 6-15 所示），这种结构的发动机转矩和电机转矩均由传动装置调节，此时，发动机和电机必须有相同的转速范围。这一结构常用于采用小型电机的情况，为轻度混合动力电驱动系统所使用，其中，电机兼具发动机的起动机、发电机、发动机的动力辅助机和再生制动的作用。

另外一种转矩耦合并联单轴式混合动力电驱动系统的结构为电机后置（电机在传动装置之后，如图 6-16 所示）。在这种结构中，当电机转矩直接传递给驱动轮时，传动装置仅能调节发动机转矩。这一结构可用于有大范围恒功率区的大型电机的电驱动系统。传动装置仅用于改变发动机的运行工作点，以改进车辆性能和发电机的运行效率。应该注意当车辆停止，并且电机固定连接到驱动轮时，动力蓄电池组不可能由发动机通过带动电机作为发电机而充电。

（3）转矩耦合并联分离轴式

转矩耦合并联分离轴式混合动力电驱动系统典型结构如图 6-17 所示。其中，一个轴由发动机提供动力，而另一轴则由电机提供动力。在这种结构中，发动机和电机的两个传动装置可采用单档传动装置，也可采用多档传动装置。这一结构具有与图 6-18 所示转速耦合原理相似的牵引力特性。分离轴的构造提供了某些传统车辆所具有的优点，它保持了原始的发动机和传动装置不变，并在另一轴上附加一个电牵引系统。它也有四轮驱动形式，由此可优化在光滑路面上的牵引力，并减小作用于单个轮胎上的牵引力。然而，电设备和末端差速齿轮系占有可观的空间，致使有效的乘员和行李装载空间减小。但若电机传动装置是单档的，并以在两驱动轮内的两个小尺寸的电机代替常规形式的电机，则可以解决这一问题。应注意的是，当车辆处于停止状态时，动力蓄电池组不可能由发动机进行充电。

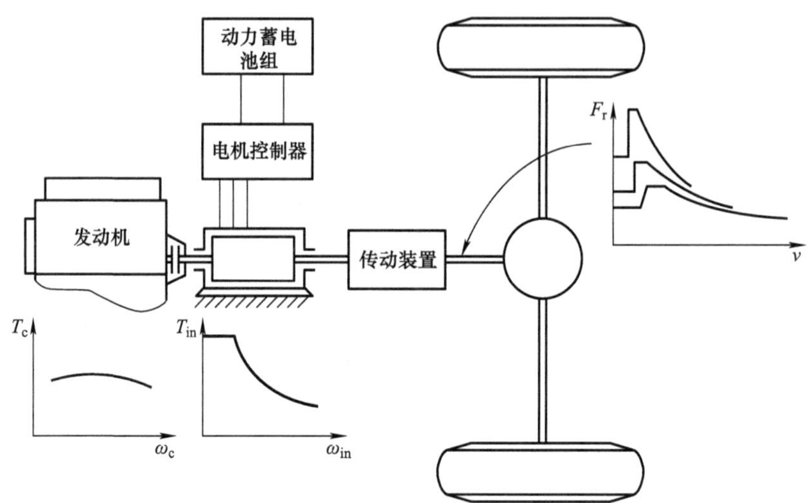

图 6-15 转矩耦合并联单轴式电机前置结构

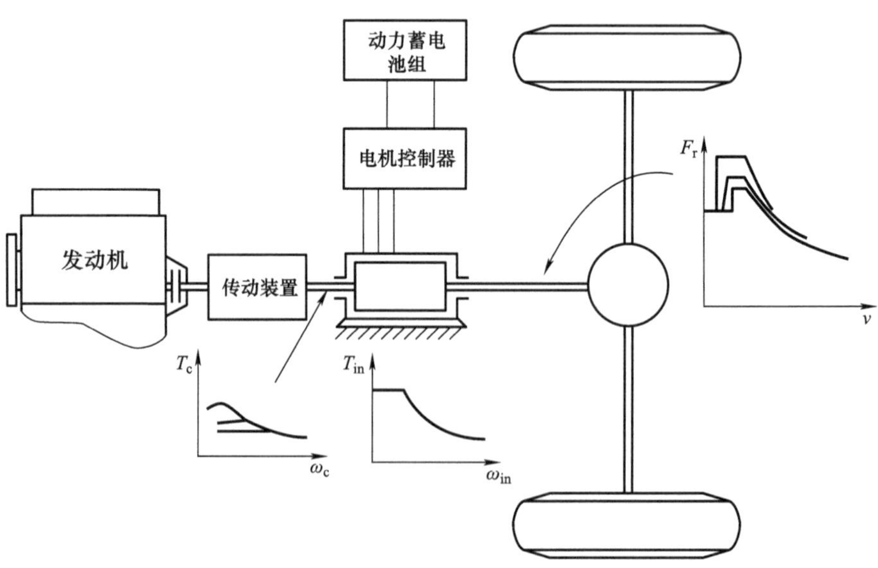

图 6-16 转矩耦合并联单轴式电机后置结构

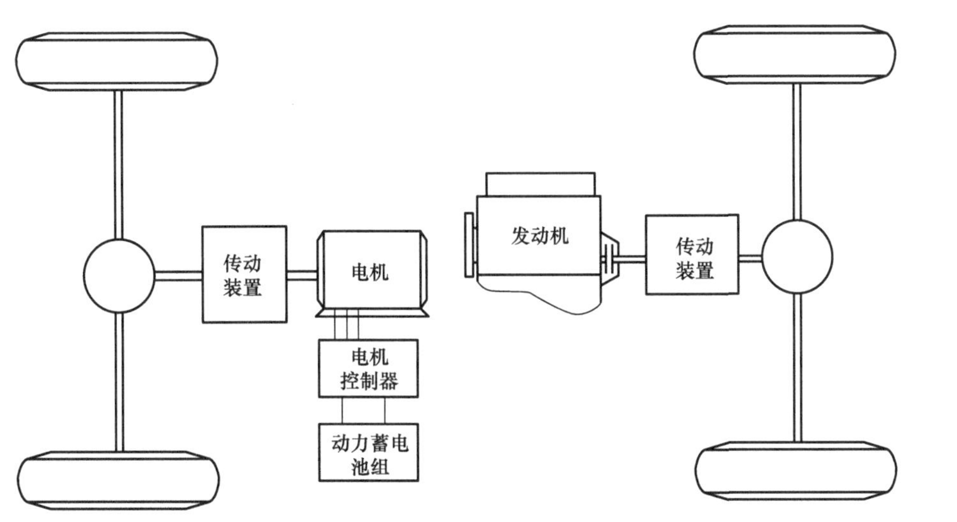

图 6-17　转矩耦合并联分离轴式典型结构

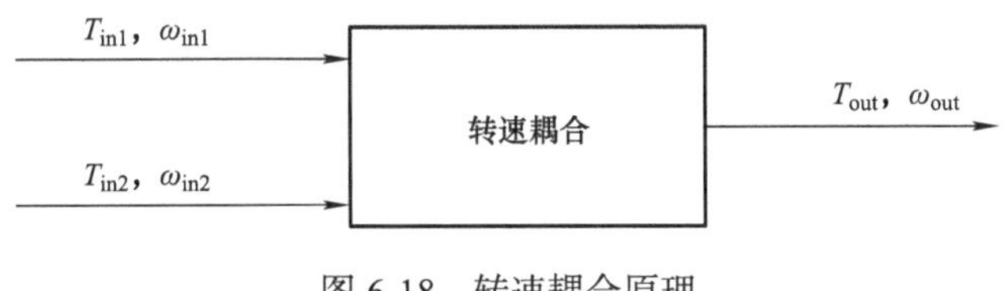

图 6-18　转速耦合原理

2. 转速耦合的并联式混合动力电驱动系统

转速耦合的并联式混合动力电驱动系统的原理是两个动力装置的动力可通过它们的转速耦合相互关联，如图 6-18 所示。转速耦合的特性可描述为

$$\omega_{out} = k_1\omega_{in1} + k_2\omega_{in2} \tag{6-3}$$

$$T_{out} = \frac{T_{in1}}{k_1} = \frac{T_{in2}}{k_2} \tag{6-4}$$

式中，k_1、k_2 为耦合器的结构常数。

（1）典型的转速耦合器件

一般有两种典型的转速耦合器件：一种是行星齿轮机构；另一种是具有浮动定子的电机，即所谓的传动电机，下面分别叙述。

如图 6-19 所示，行星齿轮机构具有三个端口，分别是标记为 1、2 和 3 的太阳轮、齿圈和行星架，其三端口之间的转速和转矩关系表明该组件是一个转速耦合的器件。其中，行星齿轮、太阳轮和齿圈相关联并通过行星架输出。常数 k_1 和 k_2 仅取决于太阳轮、齿圈和行星架的齿数或半径。

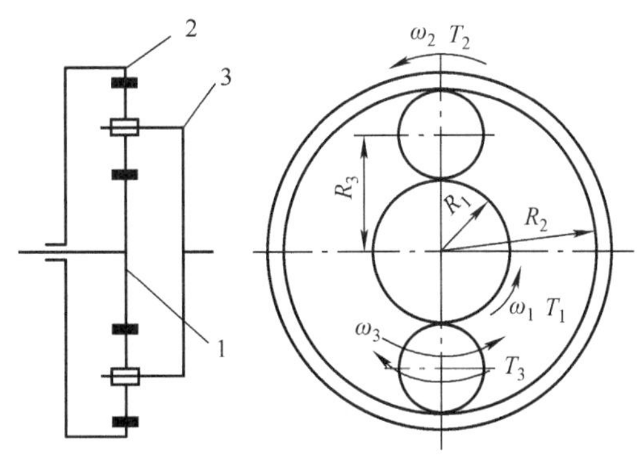

图 6-19　行星齿轮机构转速耦合件

$$\omega_3 = \frac{R_1}{2R_3}\omega_1 + \frac{R_2}{2R_3}\omega_2 \qquad k_1 = \frac{R_1}{2R_3}$$

$$T_3 = \frac{2R_3}{2R_1} \quad T_1 = \frac{2R_3}{R_2}T_2 \qquad k_2 = \frac{R_2}{2R_3}$$

图 6-19 中，R_1、ω_1 和 T_1 分别为太阳轮的半径、旋转角速度和转矩；R_2、ω_2 和 T_2 分别为齿圈的半径、旋转角速度和转矩；R_3、ω_3 和 T_3 分别为行星架的长度、旋转角速度和转矩。

传动电机如图 6-20 所示，其定子通常固定在不动的车梁上，被当作一个大的输入端口，其余两个端口为转子和气隙，电能通过气隙转变为机械能。电机转速是其转子对于定子的相对转速。由于作用与反作用的效应，在定子和转子上的转矩作用是相同的，导致常数 $k_1 = 1$ 和 $k_2 = 1$。

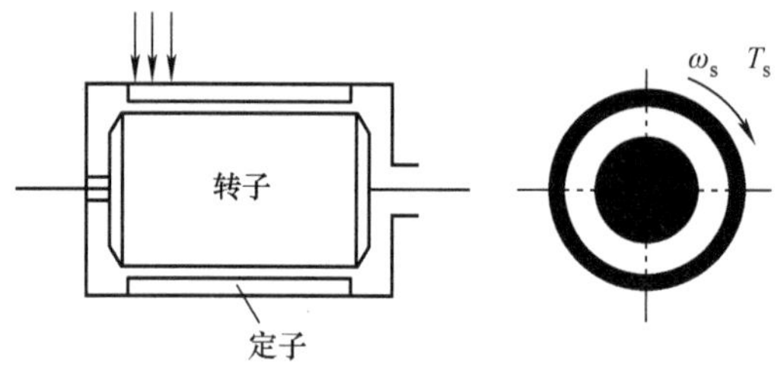

图 6-20　传动电机转速耦合条件

$$\omega_r = \omega_s + \omega_n$$
$$T_r = T_s$$

式中，ω_r 和 ω_s 分别为转子和定子的转速；T_r 和 T_s 分别为转子和定子的转矩；ω_n 为转子相对定子的旋转角速度。

（2）行星齿轮机构转速耦合器件构成的混合动力电驱动系统

由行星齿轮机构转速耦合器件构成的混合动力电驱动系统如图 6-21 所示，发动机通过离合器和传动装置向太阳轮供给动力，传动装置用以调整发动机的转速 – 转矩特性以便匹配牵引的要求，电机通过一对齿轮向齿圈供给动力，行星架输出动力到后桥。锁定器 1、2 用来将太阳轮和齿圈锁定在静止的车梁上，以便满足不同运行模式的需求。

1）混合牵引模式：当锁定器 1、2 被释放时，太阳轮和齿圈可以旋转，发动机和电机两者都向驱动轮供给正向转速和转矩（正向动力）。

2）发动机单独牵引模式：当锁定器 2 将齿圈锁定在车梁上，而锁定器 1 被释放时，仅由发动机向驱动轮供给动力。

3）再生制动模式：锁定器 1 处于锁定状态，发动机关闭或离合器脱开，且操纵电机处于再生运行状态（负转矩），车辆的动能或位能可由电系统吸收。

4）发动机给动力蓄电池充电模式：当控制器对电机设定负向转速时，电机从发动机吸收能量。

（3）传动电机转速耦合器件构成的混合动力电驱动系统

由传动电机转速耦合器件构成的混合动力电驱动系统如图 6-22 所示，该系统具有类似图 6-21 的结构。锁定器 1 和 2 分别用于将定子锁定在车梁和转子上。该系统也可以完成上述所有的运行模式。

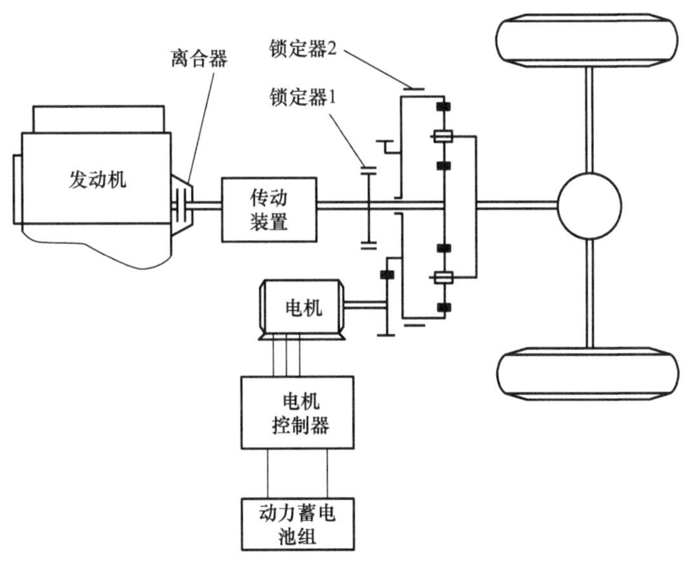

图 6-21　由行星齿轮机构转速耦合器件构成的混合动力电驱动系统

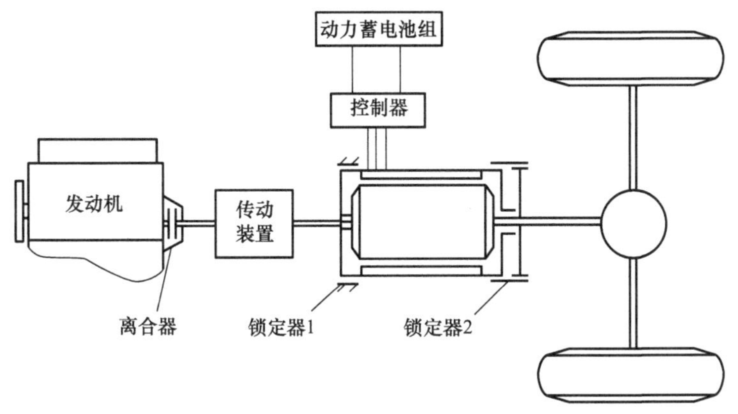

图 6-22　由传动电机转速耦合器件构成的混合动力电驱动系统

转速耦合的混合动力电驱动系统的主要优点在于两个动力装置的转速是解耦的，因而两个动力装置的转速均能自由地进行选择。对于动力装置而言，这是显著的优点，如斯特林发动机和燃气轮机的效率对转速敏感，但对转矩却不太敏感。

3. 转矩耦合与转速耦合的并联式混合动力电驱动系统

将转矩耦合与转速耦合相结合，可构成一种新的混合动力电驱动系统，其中，转矩耦合和转速耦合能交替地予以选择。

1）图 6-23 所示为一个配置行星齿轮机构的混合动力电驱动系统的示例。当转矩耦合运行模式选为当前模式时，锁定器 2 将行星齿轮机构的齿圈锁定在车梁上，同时离合器 1 和 3 接合，而离合器 2 脱开。于是，通过转矩相加 [式（6-1）]，发动机和电机的动力相加，并传递到驱动轮。在这样的情况下，发动机转矩和电机是解耦的，但它们的转速之间存在一个固定不变的关系，见式（6-2）。

当转速耦合运行模式选为当前模式时，离合器 1 和离合器 2 接合，而离合器 3 脱开，同时，锁定器 1 和 2 释放太阳轮和齿圈。此时，连接到驱动轮的行星架的转速是发动机转速和电机转速的组合。但是，发动机转矩、电机转矩，以及作用于驱动轮上的转矩保持固定不变的关系，见式（6-4）。

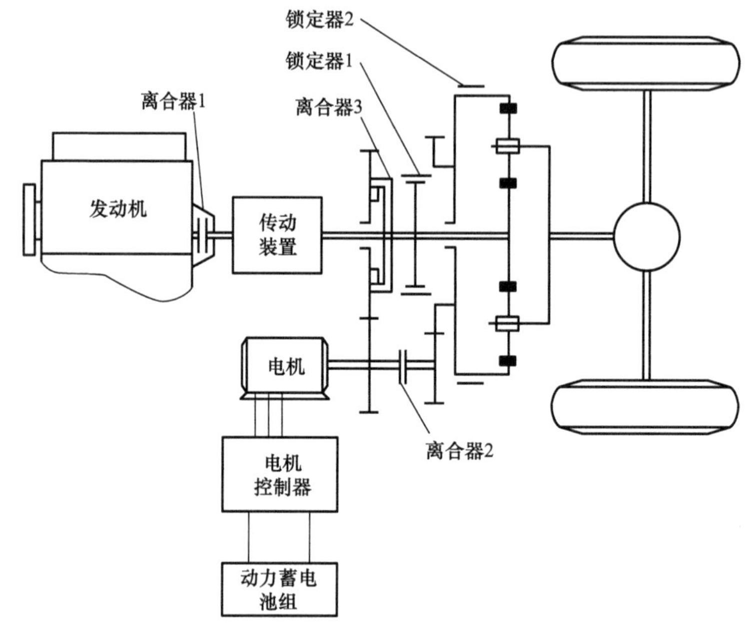

图 6-23　配置行星齿轮机构的交替转矩与转速耦合的混合动力电驱动系统

通过对转矩耦合与转速耦合模式的选择，动力装置将有更多的确定其运行方式和运行区域的方式，以便优化其性能。例如，在低车速时，转矩耦合运行模式将适合高加速性能和爬坡能力的需求；而在高车速时，则应采用转速耦合运行模式，以保持发动机转速处于其最佳运行区域。

2）如果用传动电机替代行星齿轮机构，也可以构成类似的电驱动系统，如图 6-24 所示。一方面，当离合器 1 接合，将发动机轴与传动电机的转子轴相连接时，离合器 2 脱开，并且锁定器将传动电机的定子固定于车梁上，于是，该电驱动系统工作在转矩耦合模式下。另一方面，当离合器 1 脱开，而离合器 2 接合时，同时开启锁定器，则该电驱动系统工作在转速耦合模式下。

在电驱动系统的应用中，丰田汽车公司的普锐斯混合动力电动汽车实现了既应用转矩耦合又应用转速耦合，其结构如图 6-25 所示。

在图 6-25 中，一个小型电动机或发电机（功率为几千瓦）通过行星齿轮机构与发动机连接（转速耦合）。行星齿轮机构将发动机转速分解为两个转速 [式（6-3）]，其中一个转速通过太阳轮传递输出到小型电机；同时，另一转速由齿圈引出，经两对齿轮啮合传递给驱动轮（转矩耦合）。一个大型的牵引电机（功率为几千瓦到几十千瓦）也连接到该齿轮组件上，构成了一个与转矩耦合平行的驱动线。在低车速时，小型电机以发电模式（正向旋转）运行，并吸收部分发

动机的功率向动力蓄电池充电。当车速增加而发动机转速固定在一个给定值时，该电机转速下降为零，此时称为同步转速状态。在这一转速下，锁定器将开启，同时锁定转子和定子，呈现两个平行驱动系统共同驱动的模式。当车辆行驶在高车速时，为了避免发动机转速过高，导致油耗高，小型电机将以电动机模式运行（负向旋转），以便向驱动系统传递功率。为了使发动机能运行在其最佳转速范围，当采用行星齿轮机构和小型电机调节发动机转速时，即可获得较高的燃油经济性。

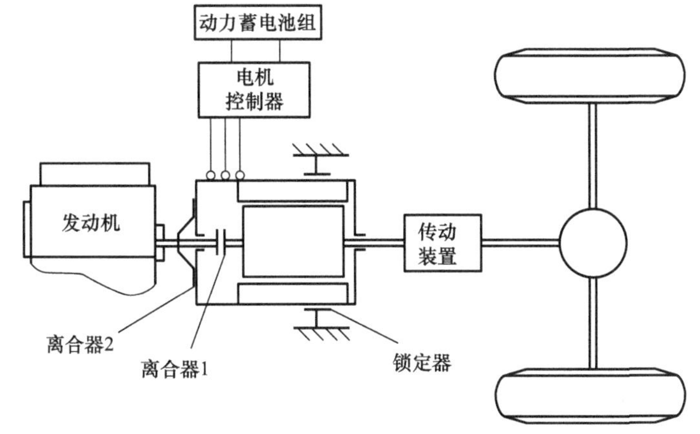

图 6-24　配置传动电机的交替转矩与转速耦合的混合动力电驱动系统

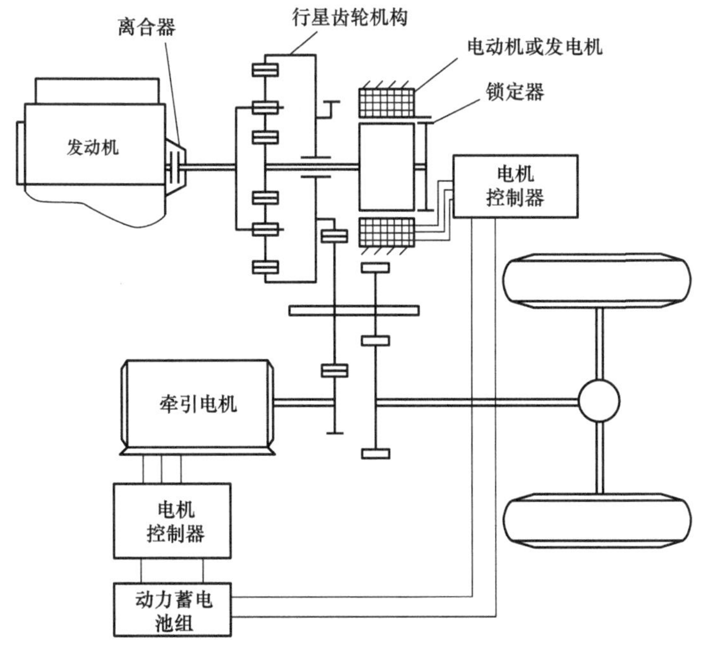

图 6-25　丰田普锐斯混合动力电动汽车的电驱动系统

图 6-25 中的小型电机和行星齿轮机构可由单一的传动电机予以替代，如图 6-26 所示。这一驱动系统具有类似于图 6-25 中驱动系统的特性。

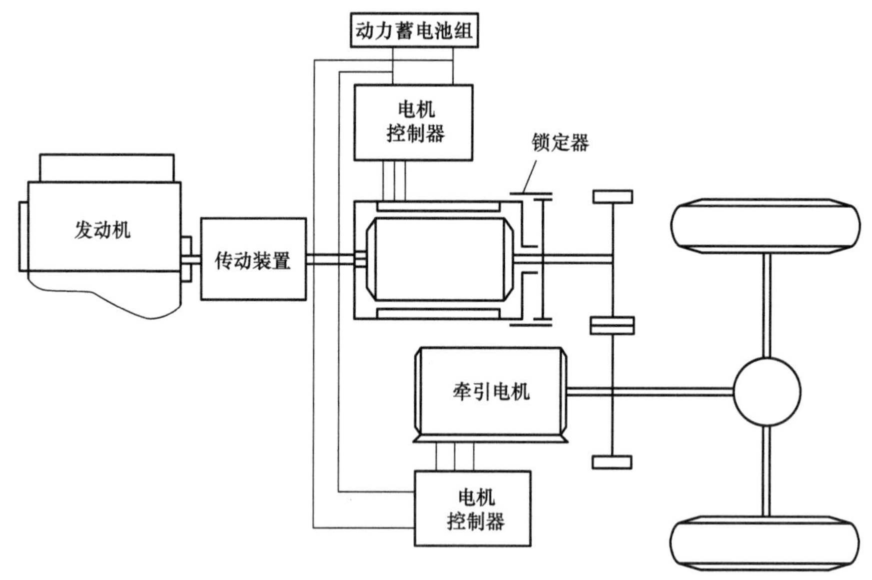

图 6-26　使用传动电机的转矩耦合与转速耦合的并联式混合动力电驱动系统

6.2.3　混联式混合动力电驱动系统

混联式混合动力电驱动系统兼具串联式和并联式混合动力电驱动系统的一些特点。一方面，在这种电驱动系统中，就转矩和转速的约束条件而论，转矩和转速的耦合使发动机和机械驱动系统不再是刚性连接的，从而瞬时的发动机转矩和转速就不受车辆的负载转矩和车速制约。因此，发动机能以类似于串联式混合动力电驱动系统的方式运行在高效率区域。另一方面，由于部分发动机功率直接传递到驱动轮，而没有经历多形式的转换，此特点又像并联式混合动力电驱动系统。

为了实现混联式以及复合式的混合驾驶模式，发动机与发电机 / 电动机之间以及电机与变速器之间必须进行机械连接，可以选择行星齿轮机构作为机械连接装置。图 6-27 所示为混联混合型动力所采用的一套行星齿轮机构，其中太阳轮与发电机相连，齿圈与传动装置相连，行星架与发动机相连，发动机的动力一部分通过行星齿轮传给齿圈，然后通过传动轴传给驱动轮，另外一部分动力传给太阳轮，经发电机转换为电能。

以行星齿轮机构为转速耦合装置的混联式混合动力电驱动系统的组成，可有图 6-28 所示的多种选择方案。由于对电动机 / 发电机的容量要求较小，其实体尺寸和质量也可以减小，从而可以将电动机 / 发电机与行星齿轮机构的中心齿轮相连接，使机构更为紧凑，如图 6-28a、图 6-28b 所示。

如图 6-28a 所示，电动机 / 发电机连接太阳轮，驱动轮连接齿圈，发动机连接行星架；如图 6-28b 所示，电动机 / 发电机连接太阳轮，发动机连接齿圈，驱动轮连接行星架；如图 6-28c 所示，发动机连接太阳轮，驱动轮连接齿圈，电动机 / 发电机连接行星架：如图 6-28d 所示，驱动轮连接太阳轮，电动机 / 发电机连接齿圈，发动机连接行星架：如图 6-28e 所示，驱动轮连接太阳轮，发动机连接齿圈，电动机 / 发电机连接行星架：如图 6-28f 所示，发动机连接太阳轮，电动机 / 发电机连接齿圈，驱动轮连接行星架。

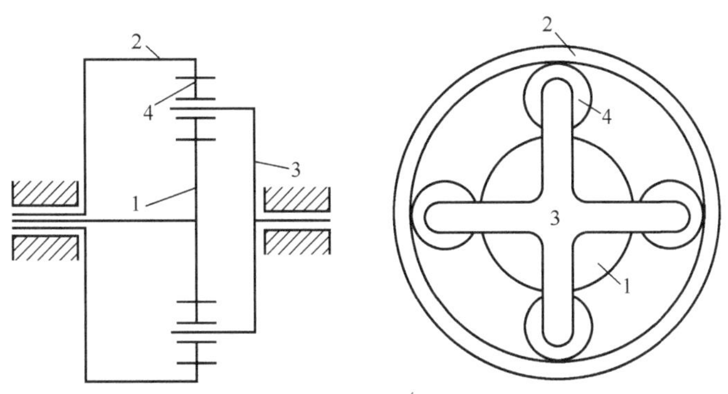

图 6-27　行星齿轮机构

1—太阳轮　2—齿圈　3—行星架　4—行星齿轮

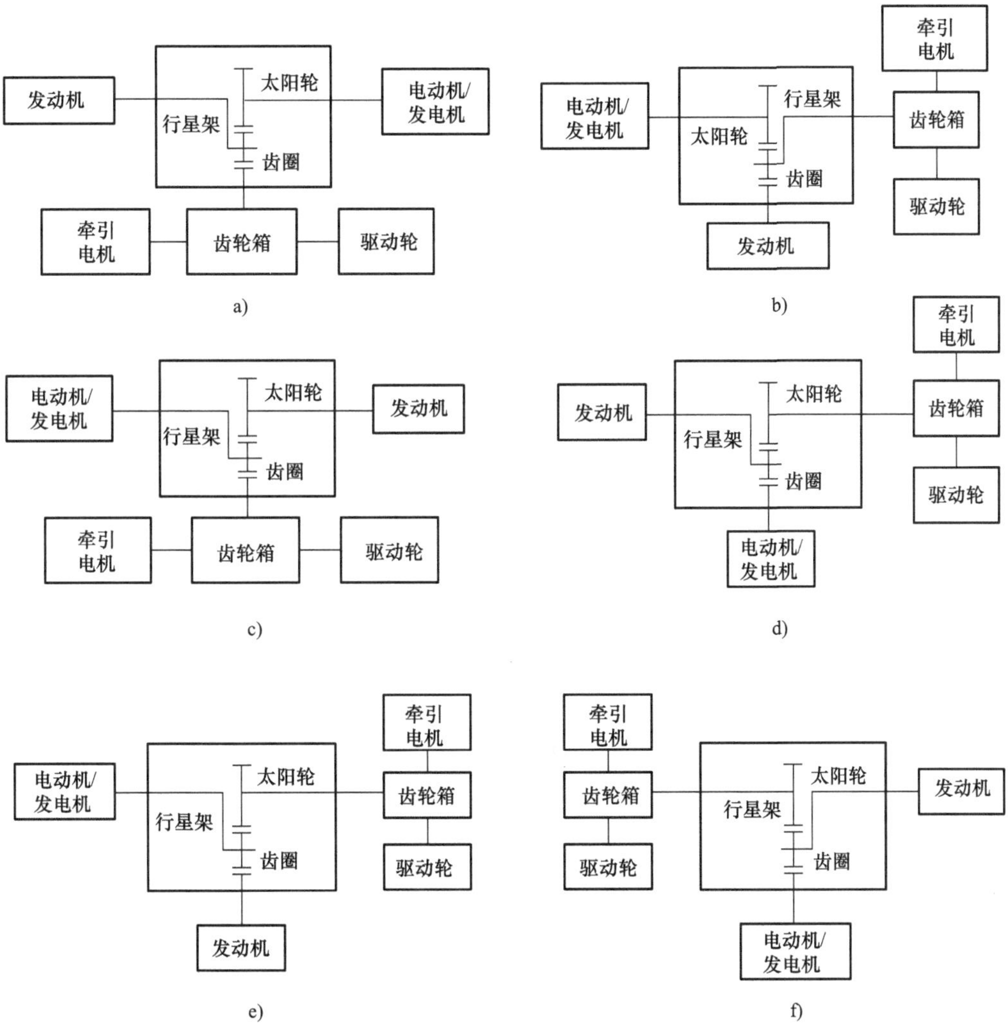

发动机
行星架
太阳轮
齿圈
电动机/发电机
牵引电机
齿轮箱
驱动轮

a)

电动机/发电机
太阳轮
行星架
齿圈
发动机
牵引电机
齿轮箱
驱动轮

b)

电动机/发电机
行星架
太阳轮
齿圈
发动机
牵引电机
齿轮箱
驱动轮

c)

发动机
行星架
太阳轮
齿圈
电动机/发电机
牵引电机
齿轮箱
驱动轮

d)

电动机/发电机
行星架
太阳轮
齿圈
发动机
牵引电机
齿轮箱
驱动轮

e)

牵引电机
齿轮箱
驱动轮
行星架
太阳轮
齿圈
发动机
电动机/发电机

f)

图 6-28　对应于各种连接方式的混联式混合动力电驱动系统的组成

图 6-29 展示了混联式混合动力电驱动系统的具体构造。行星齿轮机构构成转速耦合装置，它将发动机和电动机 / 发电机连接在一起。发动机和电动机 / 发电机分别与行星架和太阳轮相连接，齿圈则通过齿轮 z_1、z_2、z_4、z_5 和差速器与驱动轮相连接。牵引电机通过齿轮 z_3、z_2、z_4、z_5 和差速器与驱动轮相连接，于是差速器把齿圈的输出转矩和牵引电机耦合在一起。在这一构造中，应用了一个离合器和两个锁定器。离合器用以将发动机和行星齿轮机构的行星架相连接或分离，锁定器 1 用于锁定或释放太阳轮和电动机 / 发电机轴与静态车梁之间的联系，锁定器 2 用以锁定或释放行星架与静态车梁之间的联系。

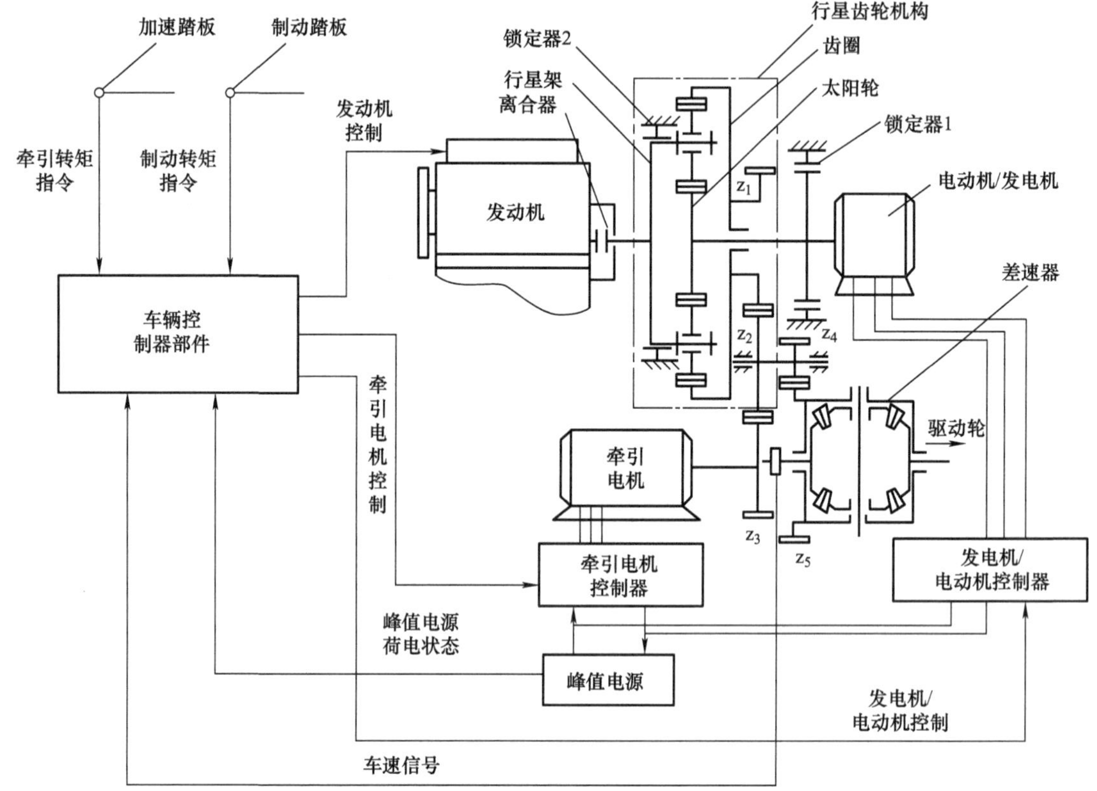

图 6-29　混联式混合动力电驱动系统的具体构造

通过控制离合器、锁定器、发动机、电动机 / 发电机和牵引电机，该转矩耦合和转速耦合的混联式混合动力电驱动系统可满足不同的运行模式。

1. 转速耦合模式

在这一模式中，牵引电机是断开的，可有以下 3 种子模式。

（1）单发动机牵引

离合器接合，发动机连接到行星架。锁定器 1 将太阳轮锁定在静态车梁上，而电动机 / 发电机则被释放。锁定器 2 释放行星架与静态车梁的固定连接。此时发动机单独向驱动轮传递其转矩。

（2）单电动机 / 发电机牵引

在这一模式中，发动机关闭，离合器接合或分离。锁定器 1 释放太阳轮和电动机 / 发电机轴与静态车梁之间的固定连接，锁定器 2 将行星架锁定在静态车梁上。此时，车辆由电动机 / 发电机单一牵引。

（3）配置转速耦合的发动机和电动机 / 发电机牵引

在这一模式中，离合器接合，锁定器 1 和 2 在静态车梁上释放。

在给定的车速下，发动机转速可由电动机 / 发电机转速予以调节。发动机转矩、电动机 / 发电机转矩和作用于驱动轮的负载转矩，三者始终保持一个固定的关系。其中一个转矩的变化将引起其他两个转矩的变化，致使发动机和电动机 / 发电机的运行点变动。

2. 转矩耦合模式

当牵引电机受到通电激励时，其转矩即增加到齿圈的输出转矩上，组成转矩耦合模式。

相对应于转速耦合模式中的 3 种子模式，当控制牵引电机运行在电动机驱动或发电机发电 2 种不同的状态下时，可组成以下 6 种基本的运行模式。

（1）单发动机牵引模式外加牵引电机的驱动

这一模式与一般的并联式混合牵引模式相同。

（2）单发动机牵引模式外加牵引电机的发电

这一模式与一般的混合动力电驱动系统中峰值电源由发动机充电的模式相同。

（3）单电动机 / 发电机牵引模式外加牵引电机的驱动

这一模式类似于模式（1），但发动机由电动机 / 发电机予以替代。

（4）单电动机 / 发电机牵引模式外加牵引电机的发电

这一模式类似于模式（2），但发动机由电动机 / 发电机予以替代。由于电动机 / 发电机的部分能量经由电动机 / 发电机和牵引电机循环于从峰值电源起始并最终返回峰值电源的流程之中，故此模式可能是不会被采用的。

（5）转速耦合牵引模式外加牵引电机的驱动

这一模式利用了转速和转矩耦合的全功能，电动机 / 发电机有两种运行状态：驱动和发电。电动机 / 发电机的驱动运行状态可用于高车速的情况，此时，发动机转速可限定在高效率转速的范围，以免过高的发动机转速使运行效率降低；而电动机 / 发电机则向驱动系统提供其转速，以承载高车速需求。类似地，发电运行状态可应用于低车速情况，此时发动机可运行在稍高于其中转速的范围，以免过低的发动机转速使运行效率降低，而电动机 / 发电机则吸收部分发动机转速。

（6）转速耦合牵引模式外加牵引电机的发电

类似于模式（5），发动机和电动机 / 发电机运行于转速耦合模式，但牵引电机运行在发电模式。

3. 再生制动

当车辆经历制动时，牵引电机、电动机 / 发电机或两者都能产生制动力矩，并回收部分制动能量向峰值电源充电。此时，随着离合器的分离，发动机关闭。

综上所述，有一些运行模式是可以有效应用的。在控制方案设计中，选取哪些运行模式主要取决于电驱动系统的设计、车辆行驶情况和主要组件的运行特性等，并非所有的运行模式都是真正可行的。

6.3 混合动力电动汽车的能量管理

作为一种新型的多能量源交通工具，混合动力电动汽车的性能与其采用的能量管理策略密切相关，能量管理策略是传统燃油汽车与纯电动汽车完美结合的纽带，是混合动力电动汽车最终应用效果的决定性因素之一。能量管理策略的控制目标是根据驾驶人的操作，如踩踏加速踏板或制动踏板等情况，判断驾驶人的意图，在满足车辆动力性能的前提下，最优地分配电动机、发动机、动力蓄电池等部件的输出功率，实现能量的最优分配，提高车辆的燃油经济性和排放性能。对于非插电式混合动力电动汽车，由于电池不需要外部充电，能量管理策略还应考虑动力蓄电池的荷电状态平衡，以延长电池寿命，降低车辆维护成本。

混合动力电动汽车的结构不同，能量管理策略也不同。当前已提出的能量管理策略各有不同，下面给予简单介绍。

6.3.1 串联式混合动力电动汽车的能量管理策略

由于串联式混合动力电动汽车的发动机与汽车行驶工况没有直接联系，其能量管理策略的主要目标是使发动机在最佳效率区和排放区工作。为了优化能量、分配整体效率，还应考虑动力蓄电池、电动机和发电机等部件。以下介绍串联式混合动力电动汽车所采用的 3 种基本能量管理策略。

1. 恒温器策略

当动力蓄电池组的 SOC 低于设定的低门限值时，发动机起动，在最低油耗或排放点按恒功率模式输出，其中一部分功率用于满足车轮驱动功率要求，另一部分功率给动力蓄电池充电。而当动力蓄电池组的 SOC 上升到所设定的高门限值时，发动机关闭，由电动机驱动车辆。其优点是发动机效率高、排放低；缺点是动力蓄电池充放电频繁，加上发动机起停时的动态损耗，使得系统总体的损失功率变大，能量转换效率较低。

2. 功率跟踪式策略

由发动机全程跟踪车辆功率的需求，只有当动力蓄电池的 SOC 大于设定上限，并且仅由动力蓄电池提供的功率能满足车辆需求时，发动机才停机或怠速运转。由于动力蓄电池容量小且充放电次数减少，系统内部损失减少。但是发动机必须在从低到高的较大负荷区内运行，使得发动机效率不如恒温器策略下发动机的效率高。

3. 基本规则型策略

该策略综合了恒温器策略与功率跟踪式策略两者的优点，根据发动机负荷特性图设定高效率工作区，根据动力蓄电池的充放电特性设定动力蓄电池高效率的荷电状态范围。设定一组控制规则，根据需求功率和 SOC 进行控制，以充分利用发动机和动力蓄电池的高效率区，使车辆达到整体效率最高。

6.3.2 并联式混合动力电动汽车的能量管理策略

并联式混合动力电动汽车的能量管理系统普遍采用分级分布式结构。最上层为能量管理系统的决策单元，统一协调和控制各个低端控制器；中间一层包括多个低端控制器；最下层为各个执行器。能量管理系统的决策单元接收驾驶员输入的指令、各个执行器的信息和环境信息，协调各子系统的工作。

1. 并联式混合动力电动汽车在各运行模式下的能量管理策略

对同一种并联式混合动力电动汽车来说，采用不同的能量管理策略可以得到不同的燃油消耗、排放和电池的 SOC 状态值。在设计混合动力电动汽车时，主要目的是在保证汽车性能的条件下，降低汽车的燃油消耗和排放，同时，还要兼顾电池的寿命问题，基于这些目标，根据侧重点的不同，可以制定出不同的能量管理策略。

并联式混合动力系统的整车能量管理策略主要解决系统运行模式切换和混合模式下功率的分配。

并联式混合动力系统有多种运行（能量流动）模式。根据工况要求的不同，以优化各部件工作点为目的，可以在这些运行模式中进行切换，主要有巡航模式、加速模式、减速模式、起步模式和驻车模式等，以适应不同的工况。

功率分配是系统能量管理策略研究的关键，通常被看成一个以减少油耗和改善排放为目标的优化问题。功率分配决定了混合动力系统中发动机的工作区域。根据优化程度（或者说发动机工作点选择方式）的不同，采用的功率分配策略也不同，大体上可以分为恒定工作点策略、优化工作区策略、内燃机（ICE）优化曲线策略、瞬时优化策略、全局优化策略及智能优化策略等。

结合模式切换和功率分配，可以得到并联式混合动力电动汽车在各运行模式下的能量管理策略。

（1）起步

由于电机具有低速大转矩的特性，混合动力电动汽车的起步由电机单独完成。当动力蓄电池 SOC 比较低时，由发动机提供起步时的动力；如果蓄电池的剩余电量适中，即 SOC 值适中，则电机驱动，发动机关闭：如果动力蓄电池的剩余电量多，即 SOC 值大，则电机驱动，发动机关闭。

（2）低速或城市工况

当混合动力电动汽车在城市道路行驶或低速行驶时，若 SOC 值较高或适中，汽车所需动力由电机单独提供，电机所需能量由动力蓄电池供给：若 SOC 值较低，则汽车所需动力改由发动机提供，电机转换为发电机为动力蓄电池充电。

（3）加速

在加速模式下，控制策略主要是基于 SOC 状态来制定的，它主要是由电能源提供给汽车附加的驱动力的状态来决定的，主要考虑以下 3 种方式。

1）当 SOC 值较高时，若汽车此时是弱加速状态，电机只提供部分功率来辅助发动机驱动汽车；若此时汽车是急加速状态，电机则提供最大功率来辅助发动机。

2）当 SOC 值适中时，无论汽车是弱加速状态还是急加速状态，发动机工作，而电机提供部分功率辅助汽车的加速。

3）当 SOC 值较低时，电动机空转，发动机的节气门全开。

（4）巡航

当电动汽车以恒定的速度行驶时，由于汽车克服路面阻力保持恒定速度行驶时的转矩是很小的，发动机主要提供平均功率而不是峰值功率。此时，若发动机的功率大于路面行驶所需要的功率，且 SOC 值较低，则电机转换成发电机提供电能给动力蓄电池充电以满足下一步的使用要求。

（5）减速

在这种模式下，会有部分制动能量被回收，通常有松开加速踏板和踩下制动踏板两种模式。在第一种模式下，电机的反拖作用使车速缓慢下降，若 SOC 值较低或适中，部分制动能量被回收，此时发动机关闭，电动机提供部分负转矩来给动力蓄电池充电；在第二种模式下，车速迅速下降，若 SOC 值较低或适中，大量的制动能量被回收，电机提供最大的负转矩来给动力蓄电池充电，发动机关闭。如果动力蓄电池的剩余电量较多，即 SOC 值较高，则电机空转，发动机关闭。

（6）驻车

当系统处于驻车模式时，汽车是不需要能量的，因此电机空转，发动机关闭。若此时动力蓄电池 SOC 值较低，则发动机起动，驱动发电机给动力蓄电池充电。

2. 并联式混合动力电动汽车模糊逻辑能量管理策略

汽车在各种不同工况下的能量需求不同，动力蓄电池的 SOC 状态也不同，因此，混合动力电动汽车的能量管理系统是个复杂的非线性系统。而模糊控制是基于模糊推理，模仿人的思维方式，对难以建立精确数学模型的对象实施的一种控制方式，是模糊数学同控制理论相结合的产物。它不要求知道被控对象的精确数学模型，只需要提供现场操作人员的经验知识及操作数据即可，控制系统的鲁棒性使其适合解决常规控制难以解决的非线性、时变及滞后系统。它以语言变量代替常规的数学变量，具有易于构造形成专家的“知识”、控制推理采用“不精确推理”等优点。

为了改善控制性能，提高混合动力电动汽车对各种工况的适应能力，通过对混合动力系统能量管理策略的研究，将模糊控制这种智能控制技术引入整车能量管理控制系统。

模糊逻辑能量管理策略的实现基于这样一个事实，即动力蓄电池与电机工作所需的电能源于发动机的热能，在利用电驱动时，由于能量经过转换，会出现能量损失一般大于发动机直接驱动的情况。但是，在某些工况下，电驱动的能量损失也可能小于发动机直接驱动的损失。例如，当汽车以低负荷行驶时，若由发动机直接驱动，其运行效率较低，总的能量利用效率即为运行效率；若为电驱动，总的能量利用效率要考虑电机的机械效率、动力蓄电池的库仑效率以及动力蓄电池充电时发动机的运行效率等。显然，若把动力蓄电池充电控制在发动机运行效率较高时进行，则动力蓄电池充电时发动机的运行效率大于发动机直接驱动时的运行效率，从而使电驱动时总的能量利用效率有可能大于发动机直接驱动时总的能量利用效率，即在某些工况下，利用电驱动是有利的。模糊逻辑能量管理策略通过综合考虑发动机、动力蓄电池和电机的工作效率，可以实现混合驱动系统的整体效率最高。

6.3.3 混联式混合动力电动汽车的能量管理策略

混联式混合动力电动汽车由于其特有的传动系统结构，如采用行星齿轮传动，除了可采用传统的静态逻辑门限策略、瞬时优化能量管理策略、全局最优能量管理策略和模糊能量管理策略（与并联式混合动力电动汽车的能量管理策略原理类似）以外，还有一些特有的能量管理策略，即发动机恒定工作点策略和发动机最优工作曲线策略，下面分别进行介绍。

1. 静态逻辑门限策略

该策略通过设置车速、动力蓄电池 SOC 上下限、发动机工作转矩等一组门限参数，限定动力系统各部件的工作区域，并根据车辆实时参数及预先设定的规则调整动力系统各部件的工作

状态，以提高车辆整体性能。其实现简单，应用较为广泛。但由于主要依靠工程经验设置门限参数，静态逻辑门限策略无法保证车辆燃油经济性最优，而且这些静态参数不能适应工况的动态变化，无法使整车系统达到最大效率。

2. 瞬时优化能量管理策略

针对静态逻辑门限策略的上述缺点，又提出了瞬时优化能量管理策略。该策略一般采用等效燃油消耗最少法或功率损失最小法，二者原理类似。其中，等效燃油消耗最少法是将电机的等效油耗与发动机的实际油耗之和定义为名义油耗，将电机的能量消耗转换为等效的发动机油耗，得到一张类似于发动机万有特性图的电机等效油耗图。在某一瞬时工况，从保证系统在每个工作时刻的名义油耗最小出发，确定电机的工作范围（用电机转矩表示），同时，确定发动机的工作点，对每一对工作点计算发动机的实际燃油消耗以及电机的等效燃油消耗，最后选名义油耗最小的点作为当前的工作点，实现对发动机、电机输出转矩的合理控制。为了兼顾排放问题，该策略还可采用多目标优化技术，采用一组权值来协调排放和燃油同时优化存在的矛盾。等效燃油消耗最少法虽然在每一步长内是最优的，但无法保证在整个运行区间内最优，而且需要大量的浮点运算和比较精确的车辆模型，计算量大，实现困难。

3. 全局最优能量管理策略

全局最优能量管理策略是应用最优方法和最优化控制理论开发出来的混合动力系统能量分配策略，目前主要有基于多目标数学规划方法的能量管理策略、基于古典变分法的能量管理策略和基于 Bellman 动态规划理论的能量管理策略 3 种。

研究最为成熟的是基于 Bellman 动态规划理论的能量管理策略。该方法首先建立空间状态方程，然后计算在约束条件下满足性能指标的最优解。为了满足电池荷电状态平衡下的约束条件，采用拉格朗日乘数法推导出的性能指标，除了包含燃油消耗，还包括荷电状态变化量。采用迭代方法计算其拉格朗日系数，可以得到满足荷电状态平衡约束条件的最优解。该方法只适用于特定的驾驶循环，即必须预先精确知道车辆的需求功率，因而不能用于在线控制。

全局优化模式实现了真正意义上的最优化，但实现这种策略的算法往往比较复杂，计算量也大，在实际车辆的实时控制中很难得到应用。通常的做法是把应用全局优化算法得到的能量管理策略作为参考，以帮助总结和提炼出能用于在线控制的能量管理策略，例如与逻辑门限策略等相结合，在保证可靠性和实际可行性的前提下进行优化控制。

4. 模糊能量管理策略

该策略基于模糊控制方法来决策混合动力系统的工作模式和功率分配，其将“专家”的知识以规则的形式输入模糊控制器中，模糊控制器将车速、动力蓄电池 SOC、需求功率 / 转矩等输入量模糊化，基于设定的控制规则来完成决策，以实现对混合动力系统的合理控制，从而提高车辆整体性能。基于模糊逻辑的策略可以表达难以精确定量表达的规则，方便实现不同影响因素（功率需求、SOC、电机效率等）的平衡，鲁棒性好。但是模糊控制器的建立主要依靠经验，无法获得全局最优。

5. 发动机恒定工作点策略

由于采用行星齿轮机构，发动机转速可以独立于车速变化，这样可使发动机工作在最优工作点，提供恒定的转矩输出，而剩余的转矩则由电机提供。电机负责动态部分，避免了发动机动态调节带来的损失，而且与发动机相比，电机的控制也更为灵敏，易于实现。

6. 发动机最优工作曲线策略

发动机工作在万有特性图中的最佳油耗线上，只有当发电机电流输出超出电池的接受能力，或者当电机驱动电流需求超出发电机或电池的允许限制时，才调整发动机的工作点。

6.4 混合动力电动汽车动力系统设计

在混合动力电动汽车中，动力源部件工作的协调性对整车的性能影响很大，尤其是混联式混合动力电动汽车。由于动力分配装置的存在，其对动力源部件的匹配及合理控制要求更高。

混合动力电动汽车获得更高的燃油经济性主要通过以下方式来实现。

1）将较小型发动机安装在汽车上并使发动机在较高负荷下工作（获取较高的效率）。

2）将制动时产生的能量转换为电能用于汽车加速或为其提供动力。

3）采用高效率的电机使汽车从静止状态起动。

下面在介绍基本原理的基础上，以某款汽车为例，保持原车的外形参数不变，只对其动力系统进行重新设计，动力系统采用混联式结构。

6.4.1 发动机设计

发动机功率的选择对混联式混合动力传动系统的设计至关重要。发动机功率偏大，车辆燃油经济性和排放性能变差；发动机功率偏小，后备功率就小，电机只有提供更多的驱动功率，才能满足车辆一定的行驶性能要求，这势必引起电机功率和动力蓄电池组容量取值的增大和车辆成本的增加。另外，动力蓄电池组数目增多，导致其在车辆上布置困难，整车质量增加，仅依靠发动机的富余功率难以维持动力蓄电池组的额定电量，限制了车辆的续驶里程。

因此，设计出一个能满足原车动力性能要求的小功率发动机是降低油耗和尾气排放的关键。同普通动力传动系统相比，混合动力电动汽车的发动机可限制在某一特定区域内工作，特定区域的选择可考虑使发动机的燃油消耗和污染物排放最少，即考虑发动机燃油消耗率较小的高负荷率区。

在发动机单独驱动的情况下，汽车行驶时的功率平衡方程式为

$$P_e=\frac{1}{\eta_T}\left(\frac{Gfv_a}{3600}+\frac{Giv_a}{3600}+\frac{C_DAv_a^3}{3600}+\frac{\delta mv_a}{3600}\frac{dv}{dt}\right) \tag{6-5}$$

式中，P_e 为发动机输出功率；η_T 为传动系统效率；G 为汽车所受重力；f 为轮胎与地面的滚动阻力系数；i 为汽车行驶路面的坡度；v_a 为汽车行驶速度；C_D 为空气阻力系数；A 为迎风面积；δ 为旋转质量换算系数；m 为汽车质量。

6.4.2 驱动电机设计

电机在混联式混合动力电动汽车上具有很重要的作用，它既可以作为起动电动机，使用又可以起到串联和并联结构中电动机的作用，还可以在制动时作为发电机回收制动能量。因此，混联式混合动力电动汽车对于能以电动和发电模式工作的电机有更高的要求：能以恒转矩恒功率（弱磁控制）工作，具备高效率的大功率输出，具有接近双倍功率的过载量（出现于车辆再生制动时的发电模式下，此时电机转速变化范围在每秒几转到上万转之间）。混合动力电动汽车

使用的电机有直流电机、永磁同步电机、感应电机和开关磁阻电机等。研究开发体积小、重量轻、工作可靠以及动态响应好的电机，对进一步提高混合动力电动汽车的动力性和燃油经济性极为重要。

1. 逆变器 / 电机控制策略

在提出电机工作特性和设计参数之间的关系之前，首先要说明逆变器 / 电机的控制策略，它是牵引驱动系统中涉及电机选型和设计的大多数因素的基本依据。电机在最大输出时的逆变器 / 电机控制策略如图 6-30 所示。

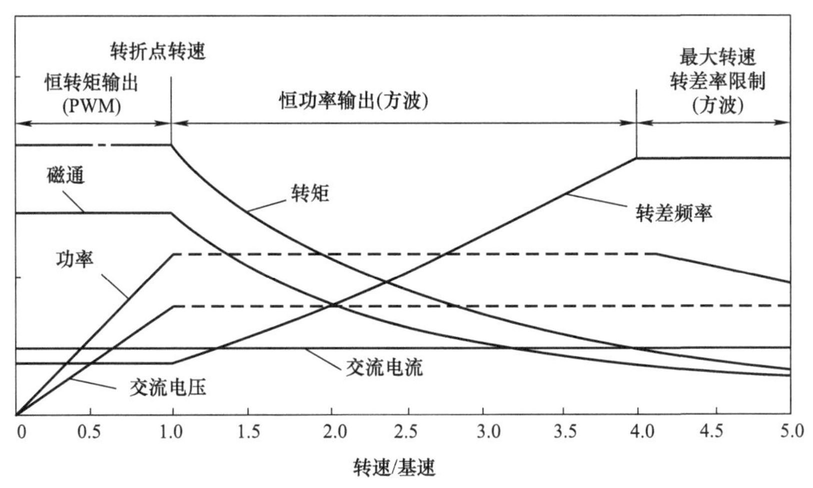

图 6-30　逆变器 / 电机控制策略

电机的转矩 – 速度曲线给出了牵引驱动期望的宽调速范围轮廓，它具有 3 个特征工作区：恒转矩区、恒功率区和转差率限制区。

恒转矩区的范围是从零转速到基速。在这个区域里，逆变器在脉宽调制模式下工作，为电机提供变化的频率和变化的电压。为了保持恒磁通，交流电压要随速度（频率）的变化而调整，因此，交流电压基本上与速度（频率）成正比增长。转子中感应电压频率（睡眠频率）保持恒定，且交流电流几乎不变，这就产生了几乎保持恒定的转矩。当然，由图 6-30 可知，由于电机的输出功率与速度成正比，功率随速度上升到基速。这种控制方法在交流电压达到逆变器可提供的最大值之前是可行的。在恒转矩区，电机的工作特性与单独励磁的直流电机相同。此后，电机从恒转矩区进入恒功率区。

恒功率区的范围是从基速到最大速度（恒功率区结束时的速度）。在这个区域里，逆变器给电机提供可变频率，而交流电压保持不变。因此，电磁转矩与速度成反比减小，电机输出功率几乎恒定。这种控制方法一直到电机转差率限制以前都是可行的，这个转差率限制点是最大速度点，即恒功率区切换到转差率限制区的时刻。任何进一步提高速度的控制都必须保证转差频率的恒定，而且交流电流减小。在转差率限制区，交流电压和磁通密度的变化与恒功率区一致，导致电磁转矩与速度平方成反比减小，同时，电机功率也减小。

转矩可以通过带有两档或多档变速器的齿轮箱传递到车轮上。在低速档时，电机工作在恒转矩区；当齿轮脱离低速齿轮（大传动比）而与高速齿轮（小传动比）啮合时，电机在恒功率区易于操纵。达到车辆在市区行驶时的最大速度，如 80km/h，仅需通过踏板调节的基本档就可以实现。当然，最好的解决办法是采用无级变速器，这样能使电机铜损减小，也能使调整电机参数以便更好地满足车辆驱动要求成为可能，但这种方法成本较高。

2. 电动机功率设计计算

通常，适用于电动车辆的电机外特性如下：在额定转速以下，电机以恒转矩模式工作；在额定转速以上，电机以恒功率模式工作。相应参数选取包括电机额定功率、电机额定转速与电机最高转速。

依据控制策略，电机起动功率应满足汽车的最大爬坡度和加速时间要求。由于在确定发动机功率时已考虑了因发动机按照最小油耗线工作而需增加的功率余量，为简单起见，可设汽车在混合驱动工况时，以最大传动比原地起步加速或爬坡，节气门全开。当发动机转速达到最高功率对应的转速时，控制发动机保持在该点工作，并控制电机保持在该转速下工作，调整变速器的传动比来提高车速。

由最大爬坡度要求，得

$$F_{t\max} - mgf\cos\alpha_{\max} - mg\sin\alpha_{\max} - \frac{C_D A v_f^2}{21.15} = 0 \qquad (6\text{-}6)$$

由原地起步加速时间要求，得

$$t - \frac{1}{3.6}\int_0^v \frac{\delta m}{(F_t - F_f - F_w)} dv \qquad (6\text{-}7)$$

式中，$F_{t\max}$ 为最大驱动力；$\alpha_{\max}$ 为最大爬坡度；v_f 为最大驱动力所对应的车速；t 为 0—v 的加速时间；v 为车速；δ 为旋转质量换算系数；F_t、F_f、F_w 分别为驱动力、滚动阻力和空气阻力。

6.4.3 储能装置设计

目前，电化学蓄电池仍是多源混合驱动的一个基本组成元素，无论是在串联、并联还是混联的混合传动结构中，电化学蓄电池都被用作辅助能源。大多数混合动力电动车辆在再生制动时就像通常的电动车辆一样，牵引电机工作于发电模式，汽车的动能通过牵引电机传递给动力蓄电池。

混合动力电动汽车上的动力蓄电池，其使用状况不同于纯电动汽车，在工作中动力蓄电池处于非周期性的充放电循环，这要求动力蓄电池的充放电速率和效率高，因此，混合动力电动汽车中使用的动力蓄电池不仅需要高能量密度，还需要高功率密度。研发高性能、低成本、寿命长的动力蓄电池，仍然是发展混合动力电动汽车的关键问题之一。

1. 蓄电池通用模型

蓄电池能量模型建立的基础是蓄电池的等效电路图，其等效电路图如图 6-31 所示。图中，R_{el} 为电解液电阻，R_e 为电极电阻，U_a 为蓄电池电压，i_a 为蓄电池负载电流，E 为电动势，$R_w = R_{el} + R_e$。

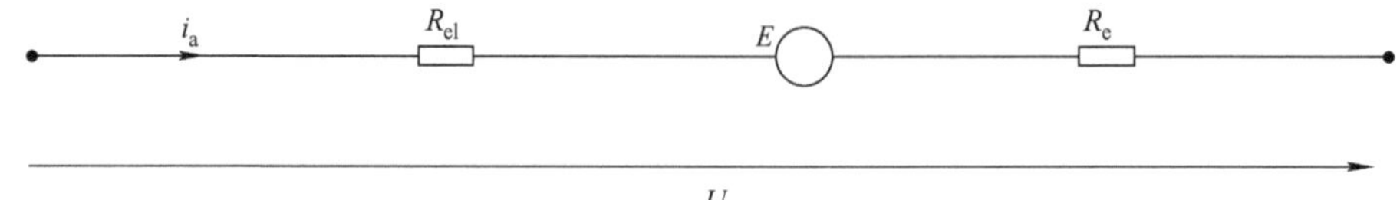

图 6-31　蓄电池的等效电路图

由蓄电池等效电路图，可计算出蓄电池两端的电压 U_a 与蓄电池的工作状态有关，即

放电时：
$$U_a = E - i_a R'_w \tag{6-8}$$

充电时：
$$U_a = E - i_a R''_w \tag{6-9}$$

式中，R'_w 为蓄电池放电内阻；R''_w 为蓄电池充电内阻。

根据蓄电池的等效电路图和式（6-8）、式（6-9），就可以得出蓄电池相关通用模型。

2. 蓄电池功率设计

混合动力电动汽车行驶功率的变化与蓄电池的瞬时负载电流、电压和内阻的变化，特别是与蓄电池中能量的变化密切相关。

对于给定类型的蓄电池，使用其通用模型就可计算出各种蓄电池荷电状态下的指标值。

内阻为

$$R_w(t,k) = b(k)\frac{E(k)}{i_a(t)} + \frac{l(k)}{k(t)} \tag{6-10}$$

电动势为

$$E(t) = E(k) \tag{6-11}$$

式中，i_a 为蓄电池负载电流；t 为时间；k 为蓄电池荷电状态值；E（k）为蓄电池电动势；l 为内阻计算系数；b 为电池以电流 i_a 充、放电时，电池端电压相对于在额定容量条件下的电池端电压 E 的变化系数。

在求解式（6-8）和式（6-9）所组成的方程组之前，要先确定下列函数，即

$$b(t) = b(k) \tag{6-12}$$

$$l(t) = l(k) \tag{6-13}$$

不可能采用试验的方法直接测量上面提到的各个量，也不可能在实车上实时记录各个量的值（通过测量监控），只能通过蓄电池的通用模型来估算。确定蓄电池动态的荷电状态值（k 值），对于混合动力电动车辆的设计和保养来说是必要的。

用迭代近似法进行计算，可以得到蓄电池电动势 E、系数 b 和 l 的特性曲线。在满足一定精度的情况下，可以用多项式来拟合蓄电池的特性。

为了保证蓄电池的寿命，通常要求蓄电池放电时的放电深度不大于 0.75。在蓄电池的放电过程中，希望蓄电池的放电电压保持恒定，为电机提供一个稳定的工作条件。而蓄电池的电压是荷电状态的函数，混合动力电动汽车上蓄电池理想的工作区间是 SOC 为 0.4 ~ 0.8。

动力蓄电池的容量及功率的大小会影响整车的燃油经济性，增大动力蓄电池的功率会使发动机的负担降低，改善经济性和排放性能，但是增大动力蓄电池功率的同时也会使整车的质量大大增加，又会降低动力性、经济性和排放性能。在混联式驱动系统中，动力蓄电池和发电机可以同时供给电机能量，暂时忽略能量流动中的损失，理论上应使动力蓄电池组功率与发电机功率之和等于电机功率。因此，设计某车型的动力蓄电池组功率为 25kW（可参考前文电机设计的相关内容）。

6.4.4 动力分配装置设计

在混联式混合动力传动结构中，用于实现能量分流和综合的动力分配装置是一个行星齿轮机构，其中，行星架与发动机的输出轴相连，齿圈与电机的转轴相连，同时也与输出齿轮相连，而太阳轮轴输出的动力驱动发电机发电，中间与一离合器相连，必要时锁死太阳轮，使行星齿轮机构以一定的传动比工作。发电机的转子刚性连接在发动机的输出轴上。动力分配装置如图 6-32 所示。

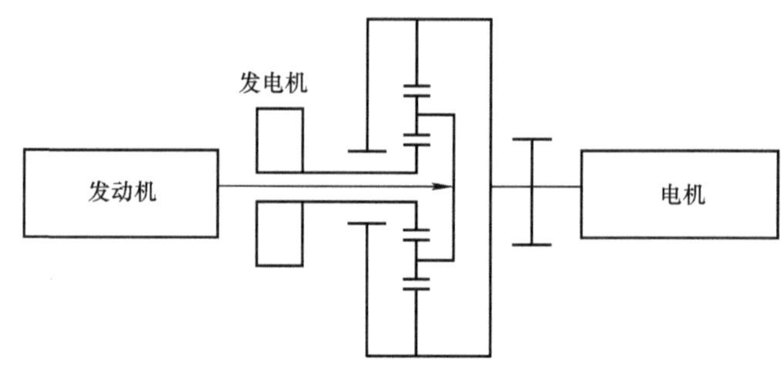

图 6-32 动力分配装置

通过对行星齿轮机构的传动比和受力进行分析可以得到以下方程组：

$$\omega_1 + k_p\omega_2 - (1+k_p)\omega_3 \tag{6-14}$$

$$T_3 = \frac{(1+k_p)}{\eta_s}T_1 = \frac{(1+k_p)}{\eta_R k_p}T_2 \tag{6-15}$$

式中，k_p 为齿数比，$k_p = z_2/z_1$，z_1 为太阳轮齿数，z_2 为齿圈齿数；η_s 为由太阳轮到行星架的效率；η_R 为由齿圈到行星架的效率；T_1、T_2、T_3 分别为太阳轮、齿圈和行星架的转矩；ω_1、ω_2、ω_3 分别为太阳轮、齿圈和行星架的角速度。

作用在驱动轮上的转矩 T_t 是由发动机产生的转矩经过动力分配装置后传至车轮上的，因此，驱动力为

$$F_t = \frac{T_{tq} i_0 \eta_T}{r} \tag{6-16}$$

式中，T_{tq} 为作用在齿圈上的总转矩；i_0 为主减速器传动比；η_T 为传动系统效率；r 为车轮半径。

由式（6-14）~ 式（6-16）可知，k_p 和 i_0 的取值对整车的动力性有很大影响，与原车的动力性进行比较，改型后的汽车最高车速不小于 165km/h，0—100km/h 的加速时间不大于 13.5s，此处的动力分配机构作为变速器使用，与原车的变速器传动比进行比较，根据前文对动力源的设计与此处对动力性的约束设计，可设计 $k_p = 108:30$，$i_0 = 5.94$。

混联式混合动力系统的行星齿轮机构可以充分满足车辆采用任何一种独立驱动模式或任何一种混合驱动模式的要求，使动力系统平稳有序地运转来带动车辆行驶，不会发生任何运动干扰。可用多能源动力总成控制模块随时转换车辆的驱动模式，使发动机和驱动电机始终保持最佳的效率状态。

6.4.5　控制策略设计

混联式混合动力电动汽车有以下 3 种控制方法。

1）恒工作点控制方法。由于发动机的转速可以通过调节发电机的转速来调整，发动机的转矩和转速都可以不受制于汽车复杂的工况，驱动系统的控制策略与串联式混合动力电动汽车相似。

2）总功率损失最小化原则。功率的分配可以根据总功率损失最小来定义，包括所有零部件的总效率损失。

3）维持电池的 SOC 值。在这种方法中，当车辆需要较大的加速度时，发动机和电机同时驱动车轮；当需要比较小的驱动功率时，发动机被关闭，电机输出驱动功率；当所需功率适中时，发动机驱动车轮并通过发电机来给动力蓄电池充电，充电功率根据 SOC 值的大小而不同。

混联式混合动力系统通过行星齿轮机构实现控制方法的可操作性。此处采用以设定车速 v_{model} 和电池荷电状态 SOC 为控制信号的控制方法，通过动力分配装置灵活地选用最优的能量流动途径，其工作模式及能量流动如图 6-33 所示。

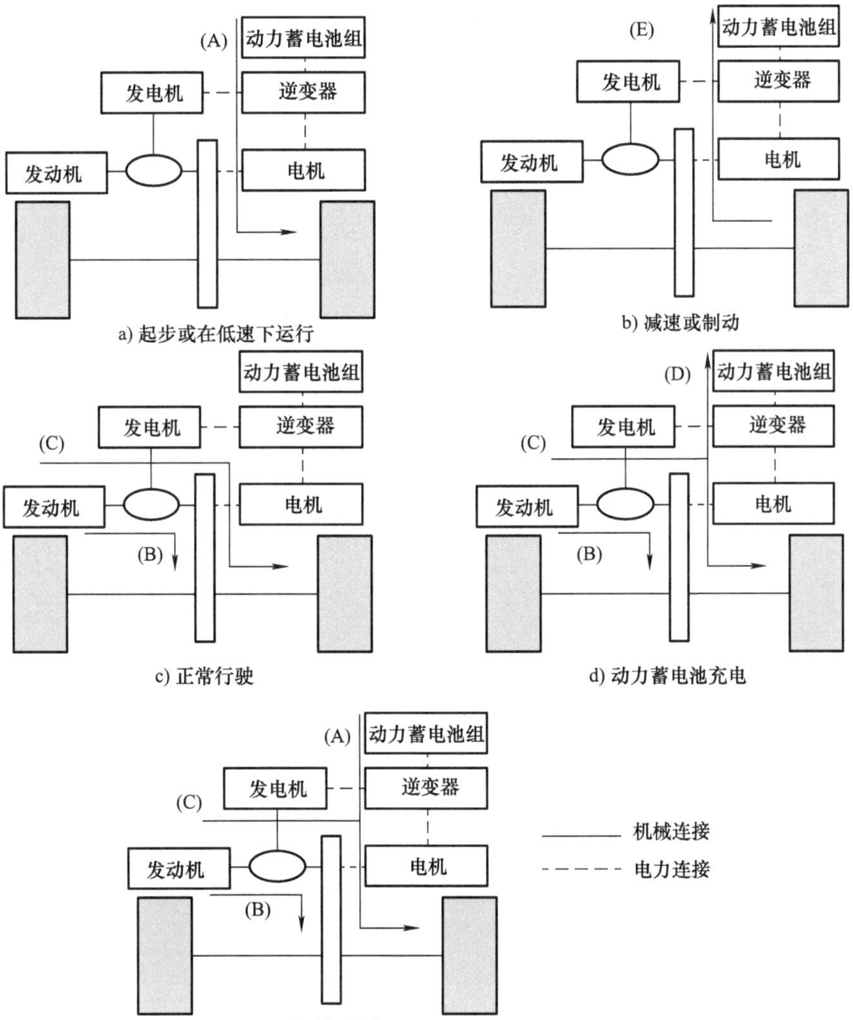

a) 起步或在低速下运行

b) 减速或制动

c) 正常行驶

d) 动力蓄电池充电

e) 全油门加速

———— 机械连接

－－－－ 电力连接

图 6-33　混联式混合动力电动汽车的工作模式

图中字母所代表的能量流动方向如下。

A：动力蓄电池组—电机—车轮。

B：发动机—车轮。

C：发动机—发电机—电机—车轮。

D：发动机—发电机—动力蓄电池组。

E：车轮—电机—动力蓄电池组。

车辆起动或轻载工况：此时，由于发动机不能有效地工作，所以关闭发动机，而由电机单独驱动车辆。

第 7 章　燃料电池电动汽车动力系统

燃料电池电动汽车（Fuel Cell Electric Vehicle，FCEV）利用氢气等燃料和空气中的氧在催化剂的作用下在燃料电池中经电化学反应产生电能，然后用电能通过电机驱动车辆。燃料电池电动汽车的核心部件是燃料电池，它通过氢气和氧气的化学作用产生能量，而不是经过燃烧，产生的能量直接为电能动力，因此被称为绿色新型环保动力。

燃料电池电动汽车的动力系统主要由燃料电池发动机、辅助动力源、DC/DC 变换器、DC/AC 逆变器以及电机等部分组成。

本章介绍了燃料电池电动汽车的定义、主要类型、结构、动力系统及特点，全面分析了燃料电池电动汽车的电池特性、结构形式与能量管理；探讨了燃料电池电动汽车动力系统设计中的驱动电机设计、传动系统传动比设计、燃料电池设计和辅助动力源设计等。

7.1　燃料电池电动汽车

7.1.1　燃料电池电动汽车定义

采用燃料电池作为电源的电动汽车称为燃料电池电动汽车。FCEV 一般以质子交换膜燃料电池（PEMFC）作为车载能量源。燃料电池是燃料电池电动汽车的核心部件，燃料电池的电能是通过氢气和氧气的化学作用（而不是经过燃烧）直接获得的。燃料电池原理十分复杂，涉及化学、热力学、电化学、电催化、材料学、电力系统及自动控制等学科的有关理论。燃料电池电动汽车的工作原理：作为燃料的氢气在汽车搭载的燃料电池中与空气中的氧气发生氧化还原化学反应，产生电能来带动电机工作，再由电机驱动汽车前进。图 7-1 所示为燃料电池电动汽车动力系统示意图，图 7-2 所示为车载燃料电池堆及附件系统。

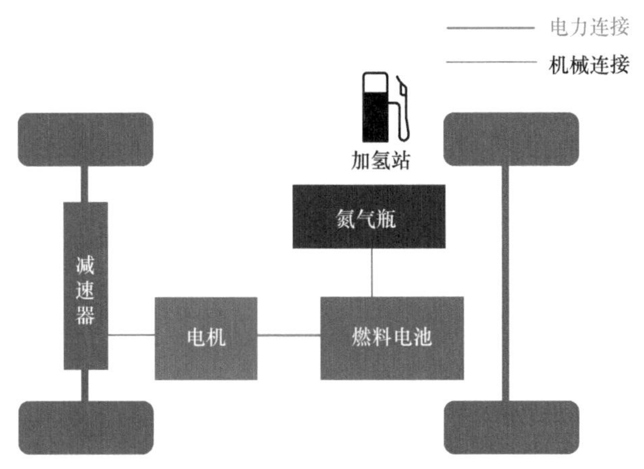

图 7-1　燃料电池电动汽车动力系统示意图（见彩插页）

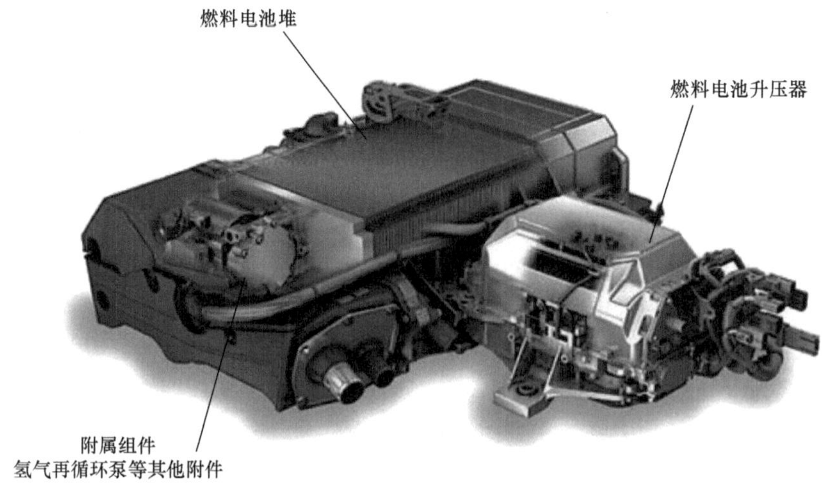

图 7-2　车载燃料电池堆及附件系统（见彩插页）

7.1.2　燃料电池电动汽车主要类型及结构

目前，根据燃料电池电动汽车动力系统驱动形式的不同，燃料电池电动汽车可分为 3 类，分别为纯燃料电池电动汽车、混合动力式燃料电池电动汽车和增程式燃料电池电动汽车。

1. 纯燃料电池电动汽车

纯燃料电池电动汽车整车动力系统的组成如图 7-3 所示，其动力系统结构中只有一个燃料电池系统。燃料电池系统输出的电能经过 DC/DC 变换器传送到母线，最终传输给驱动电机。

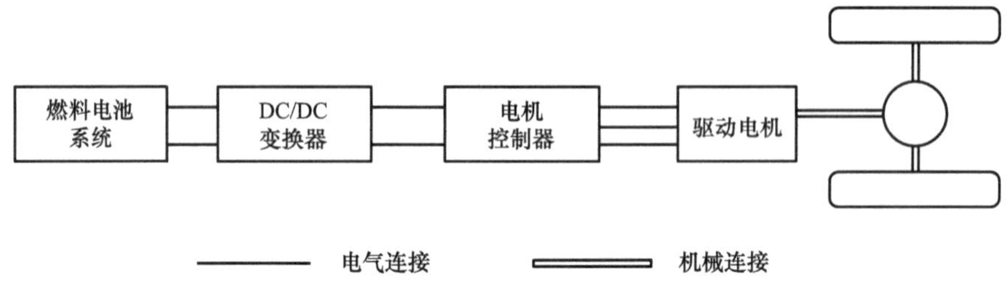

图 7-3　纯燃料电池电动汽车整车动力系统

纯燃料电池电动汽车依靠燃料电池系统提供电能，汽车的所有功率需求都由燃料电池承担。燃料电池系统将氢气与氧气反应产生的电能通过总线传给驱动电机，驱动电机将电能转化为机械能传给传动系统驱动汽车行驶。整个系统结构简单，便于实现系统控制和整体布置；系统部件少，有利于整车的轻量化；较少的部件使得整体的能量传递效率高，从而提高了整车的燃料经济性。

由于整个动力系统中只有燃料电池系统，因此对燃料电池的要求较高；燃料电池需要满足所有工况的功率需求，因此，要求燃料电池的功率较大；为了降低整车成本，燃料电池必须有较低的价格；为了提高整车的经济性，燃料电池应在较大的输出范围内有较高的效率；燃料电池应具有较快的动态响应、较好的冷起动性能。

由于燃料电池堆自身存在动态响应性能较差等问题，因此需要通过调整控制策略来适应车

辆在短时间内的快速负荷变化（如急加速、上陡坡等高负荷工况以及急减速等工况），从而保证整车的动力性能。此外，由于整车动力系统中没有储能装置且燃料电池无法进行反向充电，汽车无法回收制动能量，会造成一定的能量浪费。

2. 混合动力式燃料电池电动汽车

混合动力式燃料电池电动汽车使用燃料电池系统作为主动力源，采用动力蓄电池作为辅助动力源，采用“燃料电池 + 动力蓄电池”混合驱动的动力系统结构，如图 7-4 所示。该系统中燃料电池与动力蓄电池共同为驱动电机提供能量，电能经过驱动电机转化成机械能传给传动系统驱动汽车行驶。制动时，驱动电机处于发电模式，动力蓄电池可以储存回收的制动能量。在燃料电池和动力蓄电池共同工作时，燃料电池输出平均功率，多余的功率需求由动力蓄电池来分担。同时，冷起动性能有所提高，燃料电池可以工作在高效区，整车成本有所降低。然而，这种结构增加了动力蓄电池的数量，导致整车自重增加，系统变得复杂，增加了整车的布置难度，对整车动力性和经济性的优化提出了更高的要求。

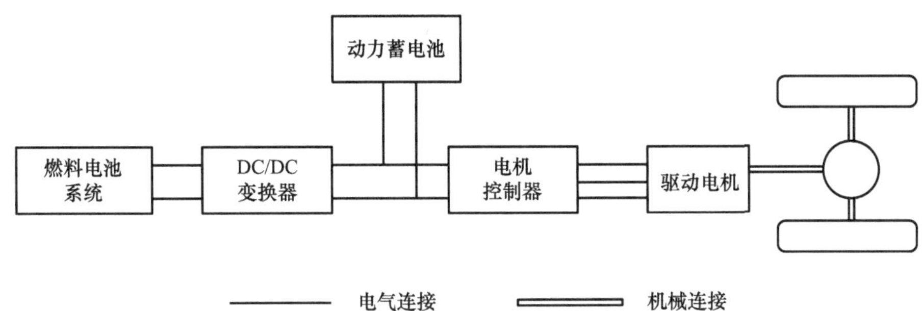

图 7-4　燃料电池 + 动力蓄电池型混合动力式燃料电池电动汽车动力系统

为满足车辆对于加速性能等动力性能的要求，将燃料电池系统和动力蓄电池以及超级电容器并联形成混合驱动形式，如图 7-5 所示。该拓扑结构在电压总线上并联了一组超级电容器，实现了燃料电池的高能量密度和超级电容器的高功率密度的有效结合，同时，可以提高动力蓄电池用于驱动时辅助能量的利用率。当需要更大辅助能量时，超级电容器可以有效解决只采用动力蓄电池的局限性，从而延长了整个系统的使用寿命，有利于整个燃料电池混合动力汽车的动力性能的充分发挥。但是，超级电容器存储的能量有限，只可以提供峰值功率约 1min。同时拥有 3 个动力源会导致整车的质量增大、成本提高，而且控制也不太容易实现，因此，市场上很少应用这种混合驱动模式。

3. 增程式燃料电池电动汽车

增程式燃料电池电动汽车的结构相对较简单，是在纯电动汽车的基础上发展出来的一种电动汽车，其在纯电动汽车的基础上增加一套燃料电池系统，目的是增加汽车的续驶里程，从而有效地解决纯电动汽车行驶路程较短、续驶能力不足、充电时间较长的问题。其拓扑结构如图 7-6 所示。增程式电动汽车有不同于其他混合动力电动汽车的鲜明特点，与插电式混合动力电动汽车有着明显的差异。插电式混合动力电动汽车由传统混合动力电动汽车发展而来，在纯电力驱动模式下不能满足全工况动力要求。增程式电动汽车源自纯电动汽车，纯电力驱动模式下，能够像电动汽车一样满足全工况动力要求，只有当动力蓄电池电量过低时，增程器才开始工作，为动力蓄电池充电或作为动力源之一驱动车辆。

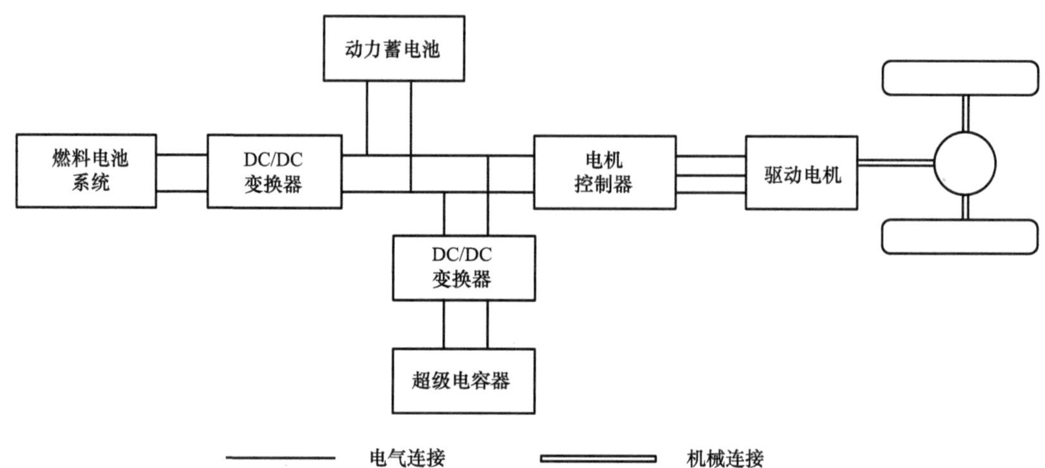

图 7-5 燃料电池 + 动力蓄电池 + 超级电容器型混合动力式电动汽车动力系统

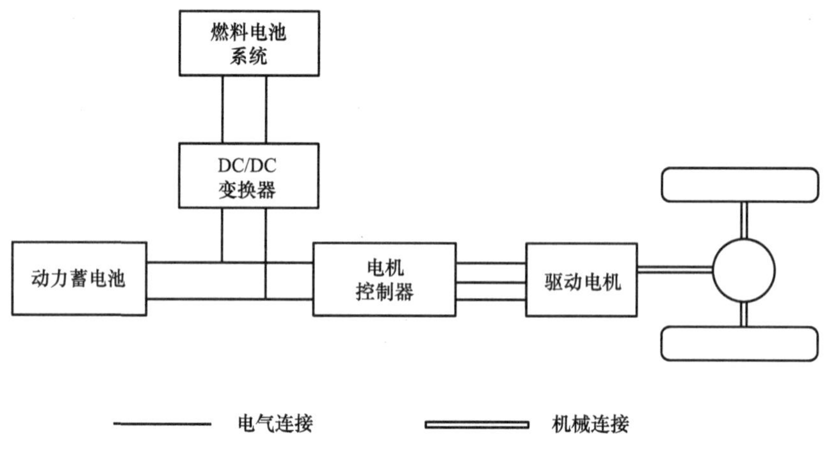

图 7-6 增程式燃料电池电动汽车拓扑结构

增程式燃料电池电动汽车是一种动力蓄电池和燃料电池系统相结合的双动力源汽车，其中动力蓄电池作为车辆的主要动力源，燃料电池系统作为辅助动力源。当动力蓄电池电能不足时，增程设备根据预先设定的策略开始工作。燃料电池系统作为整车动力系统的增程器充当备用能源角色，当动力蓄电池电能不足或输出功率难以满足工况需求时，增程器开始工作，为动力蓄电池充电或直接驱动车辆，从而增加车辆的续驶里程。因此，增程式混合动力电动汽车具备纯电动汽车经济、环保和动力性能良好等优点，在增程器的协助下能够保证较长的续驶里程。同时，由于燃料电池系统作为增程器时，其工况状态只有开机和关机两个状态，开机后燃料电池系统处于恒功率输出状态，能够弥补燃料电池系统不能适应频繁变载的缺陷，可延长燃料电池的使用寿命。

7.1.3　燃料电池电动汽车动力系统

1. 燃料电池堆

燃料电池堆是整个系统的核心部件，负责通过电化学反应将氢气和氧气的化学能转化为电能。燃料电池堆由双极板和膜电极组成，后者包括催化剂、质子交换膜以及碳布或碳纸。

2. 氢气供应与循环系统

氢气供应与循环系统包括减压阀、电磁阀、氢气回流泵、氢气浓度传感器及相应的管道。高压氢气从气瓶中流出，经过减压阀降低压力后，由电磁阀调控进入电堆。氢气回流泵负责回收电堆反应后未消耗的氢气，重新注入电堆以提高使用效率。

3. 空气供应系统

空气供应系统包括空气滤清器、空气压缩机（或吹风机）以及空气增湿器。这些部件共同作用，确保足够的氧气供应给燃料电池堆。

4. 水热管理系统

水热管理系统类似于传统内燃机的冷却系统，由水泵和冷却液温度传感器组成。冷却液通常由去离子水和乙二醇水溶液混合而成，用于维持燃料电池堆的适宜温度。

5. 电子控制系统

电子控制系统以燃料电池发动机控制器（FCU）为核心，配合各种传感器，实现对燃料电池系统的精准控制。

6. 数据采集系统

数据采集系统包括数据采集器，用于实时监控并记录系统的各项运行参数与状态，如发动机位置、工作状况以及各传感器读数等。通过对这些数据的分析处理，系统能够在发现异常情况时及时发出警报并记录相关信息。

7.1.4　燃料电池电动汽车的主要特点

1. 燃料电池电动汽车的优点

燃料电池电动汽车与传统汽车、纯电动汽车相比，具有以下优点。

1）效率高，可以达到 30% 以上。

2）续驶里程长，其长途行驶能力及动力性已经接近于传统汽车。

3）绿色环保，生成物只有水，属于零排放。

4）过载能力强，短时过载能力可达额定功率的 200% 或更大。

5）低噪声，运行过程中噪声和振动都较小。

6）设计方便灵活，改变了传统的汽车设计概念，可以在空间和质量等方面进行灵活的配置。

2. 燃料电池电动汽车的缺点

燃料电池电动汽车存在以下缺点。

1）制造成本和使用成本过高。燃料电池发动机的制造成本居高不下，使用成本过高。

2）辅助设备复杂，且质量和体积较大。

3）起动时间长，系统抗振能力有待提高。以氢气为燃料的 FCEV 的起动时间一般超过 3min，而采用甲醇或者汽油重整技术的 FCEV 则超过 10min，比内燃机汽车的起动时间长得多，影响其机动性能。

7.2 燃料电池电动汽车的结构型式与能量管理

7.2.1 燃料电池特性分析

燃料电池带负荷后的输出电压 - 电流特性曲线如图 7-7 所示。由特性曲线可以看出，燃料电池在加负荷的起始阶段，电压 V_{fc} 下降很快，并且随着负荷的增加，电流（功率）增大，输出电压的曲线下降也随着斜率 R 比普通电池大得多，即燃料电池的输出特性相对较软。

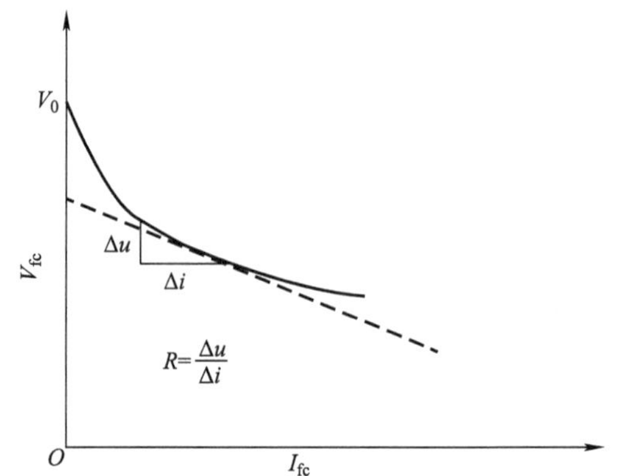

图 7-7 燃料电池带负荷后的输出电压 - 电流特性曲线

同时，燃料电池电动汽车必须具有较强的机动性，以适应不同的行驶路况，如爬坡、下坡、加速、减速、转弯、起停和制动等。这样燃料电池电动汽车的驱动功率就不可避免地会产生波动，这与燃料电池的输出特性相矛盾，当行驶工况需要系统增加功率时，燃料电池输出功率应该增加，而功率的增加是通过电流的增加来实现的，由燃料电池特性曲线可见，当燃料电池输出电流增加时，系统母线电压会以较大的斜率下降，因此，燃料电池的输出特性难以满足汽车加速或爬坡工况的要求。此外，若输出功率频繁地波动，也会较大幅度地降低燃料电池的效率，反过来又影响其动力性能。因此，燃料电池不太适合作为单一的直接驱动电源，需要在燃料电池与汽车驱动系统之间加入稳压装置，一般使用 DC/DC 变换器，使燃料电池和 DC/DC 变换器共同组成供电装置对外供电，从而稳定输出电压。此外，还有必要引入辅助能量共同供电，适应功率波动，提高峰值功率，以改善燃料电池输出功率的瞬态特性，从而降低燃料电池成本。

7.2.2 燃料电池电动汽车的结构形式

燃料电池由于其特性曲线较软的特点，不适宜作为电动汽车的唯一驱动能源，必须采取辅助能源与之配合，才能构成整个燃料电池电动汽车的动力系统。目前，燃料电池电动汽车绝大多数采用的是混合式燃料电池驱动系统，将燃料电池与辅助动力源相结合，燃料电池可以满足持续恒定的功率需求，借助辅助动力源提供加速、爬坡等所需的峰值功率，并且在制动时可以将回收的能量存储于辅助动力源中。目前，辅助能源的选择主要有动力铅酸蓄电池、镍氢蓄电池、超级电容器以及超高速飞轮等。

由于燃料电池和辅助动力电源提供的都是电功率，它们将各自的功率输出到直流母线上，然后通过电机带动传动系统。两种动力源组成一个并联系统，在并联方案上也有很多不同的拓扑结构。

1. 辅助动力蓄电池组并联直连混合方案

燃料电池经单向 DC/DC 变换器与辅助动力蓄电池组并联，并通过电机控制器为电机提供能量，如图 7-8 所示。

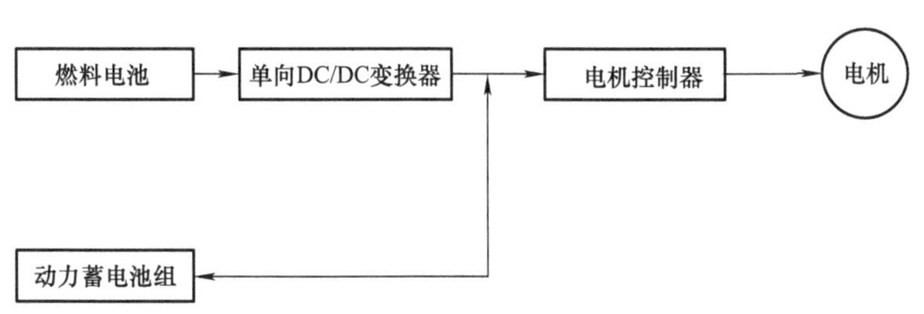

图 7-8　辅助动力蓄电池组并联直连混合方案

控制方案一般采用功率取电方式，通过相应工况下的踏板信号给定负荷的功率需求，使单向的 DC/DC 斩波控制燃料电池的输出功率，并与辅助动力蓄电池组并联，共同向电机供电。引入单向 DC/DC 变换器，将燃料电池的输出电压和系统电压分开，功率线上的电压可以设定较高，一方面，在固定输出功率下可以降低驱动系统的电流值，有利于延长各功率器件的寿命；另一方面，更高的系统电压可以充分满足动力蓄电池的充电需要，更重要的是，单向 DC/DC 变换器的引入可以有效地解决燃料电池输出电压受功率变化影响较大的问题。

2. 并联混合方案

该方案在前一方案的基础上，在辅助动力蓄电池组与直流母线间也增加了一个双向 DC/DC 变换器，对辅助能源的输出加以控制，这是考虑了辅助动力蓄电池组特性后为使其安全稳定工作而设计的改进方案，如图 7-9 所示。

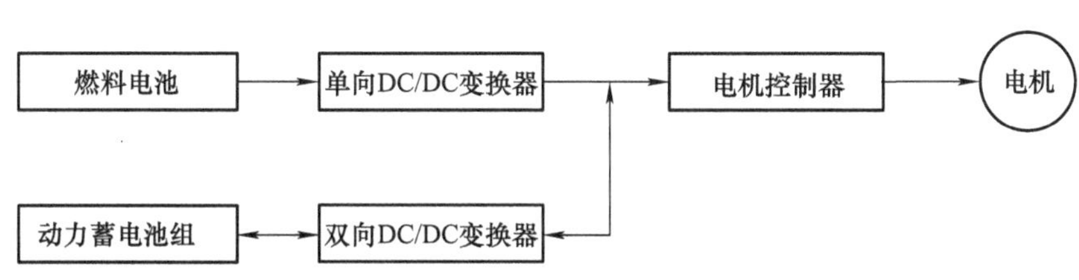

图 7-9　主辅能量均经过 DC/DC 变换器的并联混合方案

此方案仍采用功率取电方式工作，因此并未对上一方案的缺点有实质的改进，并且增加了一套双向 DC/DC 变换器，降低了辅助动力蓄电池组的能量转换效率，同时也增加了系统开发的成本。

3. 燃料电池并联直连混合方案

该方案的燃料电池与电机控制器之间的能量是单向流动的，辅助动力蓄电池组的输出能量可以通过能量管理单元输送到母线上。电机回收的能量通过能量管理单元后由动力蓄电池组吸收，如图 7-10 所示。

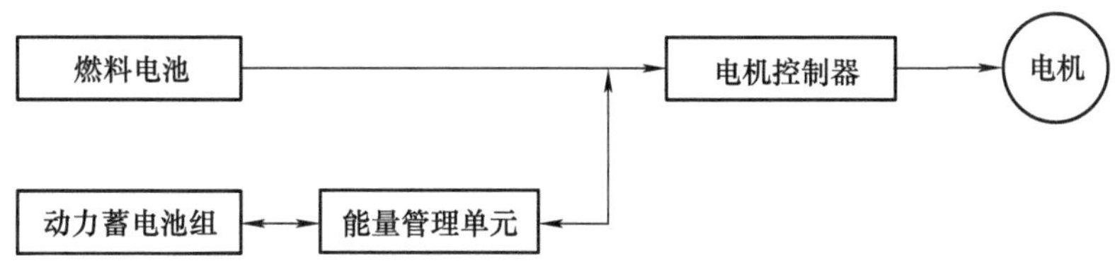

图 7-10　燃料电池并联直连混合方案

这种方案利用能量管理单元中的主要部件——双向功率变换器来实现控制，从成本、拓扑结构的复杂程度以及工程实现上来说，不如辅助动力蓄电池组并联直连混合方案对控制策略的修改更加方便、对系统的设计及改造更加高效。

图 7-11 所示为某燃料电池电动汽车混合动力系统的实际布置示例。

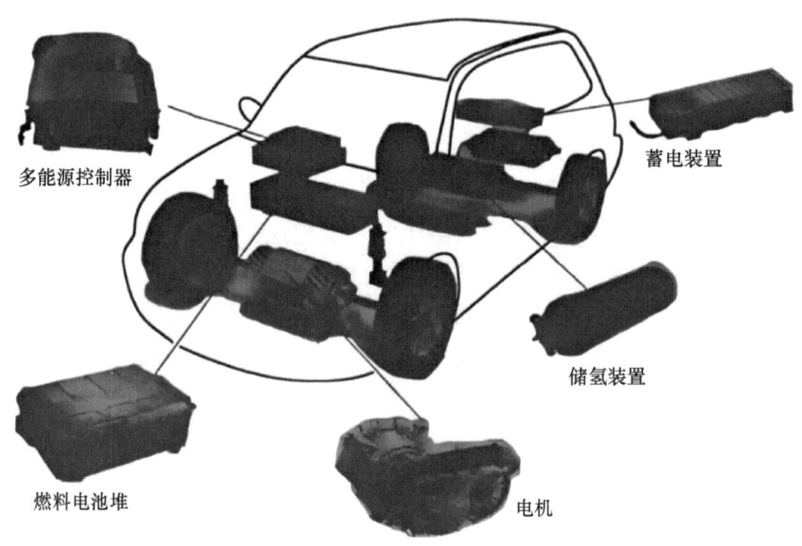

图 7-11　某燃料电池电动汽车混合动力系统的实际布置示例

7.2.3　燃料电池电动汽车能量管理分析

1. 能量控制系统组成

燃料电池混合动力电动汽车运行的实际情况对于控制方面有一些特殊的要求，从能量（功率）流的角度出发，燃料电池混合动力电动汽车能量流控制系统的工作原理框图如图 7-12 所示。

能量管理系统主要由能量流控制器、燃料电池、动力蓄电池组、DC/DC 变换器和 CAN 总线等几个主要部分组成。图 7-12 中粗箭头表示能量流动的方向，实线为 CAN 总线通信网络，实线箭头表示控制信号及输入信号流向，虚线箭头表示再生制动时的能量回馈方向。燃料电池和动力蓄电池组采取这种并联的组合结构，既可以让燃料电池长时间、高效、稳定地向外供电，又能发挥动力蓄电池组响应快、能量回馈容易的特点，以弥补燃料电池成本和体积等因素导致的最大功率难以提高的不足和无法实现再生能量回收的缺陷。同时也使系统结构简单明了，有利于进一步开发和利用。

2. 燃料电池混合动力电动汽车能量策略

（1）基于工况的控制策略

如果针对单一的道路类型进行策略的设计和研究，就会形成单一的控制规则，这种控制思想忽略了道路类型、拥堵情况以及驾驶状况等给车辆能量管理带来的影响。在这种控制规则下，车辆的能量管理系统不可能对能量分配和消耗进行最优的控制管理，从而影响整车的燃料消耗水平、续驶里程以及车辆在不同道路条件下的动态性能。因此，行业内提出了基于道路类型、

拥堵水平以及行车趋势等多个模糊控制规则子集的控制思路，从而使车辆在不同道路状态下以及不同驾驶趋势下都能够有良好的表现。

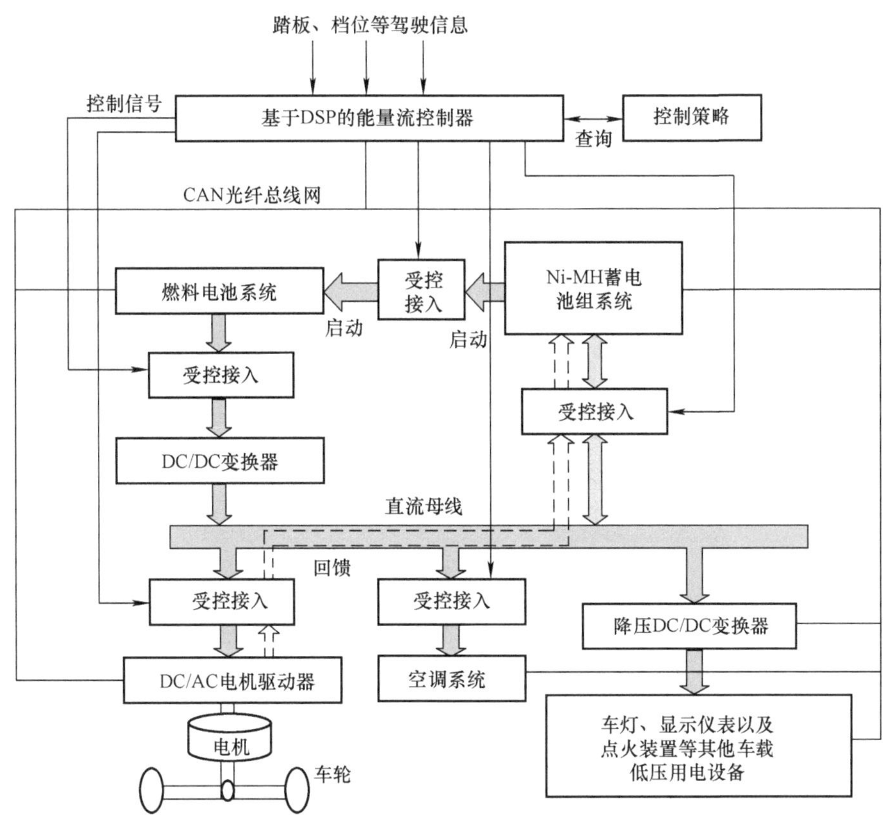

图 7-12　燃料电池混合动力电动汽车能量流控制系统的工作原理框图

例如，在高速公路上，由于行车阻力矩较小，所需的驱动力矩也比较小，因此加、减速时所需调整的驱动力矩也是比较小的。如果一味地采取与普通道路上相同的策略，势必造成车辆提速、减速过猛（这是转矩的模糊控制领域等级不变、控制规则不变造成的），同时也会无谓地增加燃料消耗。而采取上面提出的控制思路，车辆就会根据高速公路上的行车特点和驾驶趋势判断，给出合适的转矩变化的领域等级，同时在与其相适应的控制规则下进行能量的控制和管理，以降低燃料的消耗、提升乘坐舒适感，使车辆行驶更加安全可靠。

（2）基于控制对象的控制策略

通过对车辆的控制目标进行分析，可以知道燃料电池混合动力电动汽车是通过两个能量源匹配进行能量流动的。因此，以哪个能量源为主进行控制就成为一个问题。目前，按照燃料电池和动力蓄电池之间分配的控制策略不同，可分为功率跟随式和开关式两种控制模式。

功率跟随式的基本思路：当动力蓄电池的荷电状态在容许范围内时，燃料电池应在某一设定的范围内输出功率，输出功率不仅要满足驱动车辆的要求，还要为动力蓄电池组充电，该功率称为均衡功率（对动力蓄电池进行了补充，使动力蓄电池在最佳荷电状态）。

开关式的基本思路：对燃料电池氢气的消耗量进行最优控制，即以最低氢气消耗为目标调节燃料电池在某一工作点工作，该工作点是整个燃料电池组的最佳效率点。

7.3 燃料电池电动汽车动力系统设计

7.3.1 驱动电机设计

1. 电机的选型

受有限的车内空间、恶劣的工作环境及频繁的运行工况切换的影响，燃料电池电动汽车用电机必须具有以下特性：功率密度高，以满足布置要求；瞬时过载能力强，以满足加速和爬坡要求；调速范围宽（包括恒转矩区和恒功率区）；转矩动态响应快，在运行的整个转矩－转速范围内具有高效率，以提高能量利用率；四象限运行，状态切换平滑；可靠性高及可容错控制；成本合理。

燃料电池电动汽车用电机的选型必须结合整车开发目标，综合考虑驱动电机系统的特点，具体可参考表 7-1 所示的驱动电机系统综合性能评价指标。由表 7-1 可知，异步电机及永磁同步电机得分较高，与世界范围内燃料电池电动汽车用驱动电机系统的发展趋势相一致。由于空间布置以及功率需求方面的原因，通常燃料电池电动客车较多采用异步电机驱动系统，而燃料电池电动轿车较多采用永磁同步电机驱动系统。

表 7-1 驱动电机系统综合性能评价指标

项目	直流电机	异步电机	永磁同步电机	开关磁阻电机
功率密度	2	3	5	3
效率	2	3	5	3
成本	4	5	3	4
可靠性	3	5	4	5
控制性	5	4	5	3
成熟度	5	5	4	3
安全性	4	5	3	5
总计	25	30	29	26

注：表中数字均代表百分数。

2. 电机参数的确定

与传统汽车相类似，为保证各种行驶工况需要，满足汽车动力性要求，必须根据车辆动力性指标来研究驱动电机系统的性能参数，即由最高车速、加速时间和最大爬坡度 3 个指标来评定。电机参数主要包括额定功率、最大功率、最大转矩、额定转速、最高转速以及扩大恒功率区系数。

定义扩大恒功率区系数 β 为电机的最高转速 n_{max} 与额定转速 n_e 之比，即

$$\beta = \frac{n_{max}}{n_e} \tag{7-1}$$

（1）电机的最高转速

电机的最高转速由最高车速和机械传动系统传动比来确定。增大电机的最高转速有利于降低体积、减小质量，而最高转速的增大会导致传动比增大，从而会加大传动系统的体积、质量和传动损耗。因此应综合考虑各方面因素决定电机的最高转速，即

$$n_{max} = \frac{30 v_{max} i}{3.6\pi r} \tag{7-2}$$

式中，n_{max} 为电机最高转速；v_{max} 为汽车最高车速；i 为传动系统传动比，对于电动汽车来讲，由于电机转速较高，因此传动比较大，一般传动比为 8 ~ 15；r 为车轮滚动半径。

（2）最大转矩、最大功率、额定转速

电机的最大转矩由最大爬坡度确定，汽车爬坡时车速很低，可忽略空气阻力，则有

$$T_{gmax} = \frac{r}{\eta i_0}(mgf\cos\alpha_{max} + mg\sin\alpha_{max}) \tag{7-3}$$

式中，T_{gmax} 为根据最大爬坡度确定的最大转矩；m 为整车质量；f 为滚动阻力系数；η 为机械传动系统效率；α_{max} 为最大坡道角。

电机的最大功率取决于加速时间，并与扩大恒功率区系数有关。在最高转速一定，并保证同等加速能力的情况下，电机的扩大恒功率区系数越大，其最大功率越小，并随着扩大恒功率区系数的增大，最大功率趋于饱和。因此，扩大恒功率区系数的取值，对于降低驱动电机系统功率需求、减小驱动电机系统质量与体积、提高整车效率有着非常重要的意义。扩大恒功率区系数的取值取决于驱动电机系统的类型及控制算法，通常为 2 ~ 4。

在水平路面上，车辆从 0 到目标车速 v_a 的加速时间为

$$t = \int_0^{v_a} \frac{\delta m}{F_t + F_f + F_w} \mathrm{d}v \tag{7-4}$$

式中，δ 为旋转质量换算系数；F_t 为车辆行驶驱动力；F_f 为滚动阻力；F_w 为空气阻力。

车辆行驶驱动力与电机峰值功率、最大转矩之间的关系为

$$F_t = \begin{cases} 9550 i_0 \dfrac{P_{max}\eta}{n_e r} = \dfrac{T_{\alpha max}\eta i_0}{r} & (n \leqslant n_e) \\ 9550 i_0 \dfrac{P_{max}\eta}{n r} & (n > n_e) \end{cases} \tag{7-5}$$

式中，$T_{\alpha max}$ 为根据峰值功率 P_{max} 折算的恒转矩区电机最大转矩。

当给定汽车加速时间后，可根据式（7-4）和式（7-5）求得电机峰值功率。

一般峰值功率 P_{max} 满足加速性能指标要求，其折算后的最大转矩 $T_{\alpha max}$ 也可以满足汽车爬坡性能指标要求，即 $T_{\alpha max} \geqslant T_{gmax}$，因此，电机最大转矩可设计为 $T_{max} = T_{\alpha max}$。如果车辆对爬坡度有特殊要求，则取 $T_{max} = T_{gmax}$，并通过调整最大功率和扩大恒功率区系数重新匹配。

（3）额定功率和额定转矩

电机额定功率主要用于克服滚动阻力和空气阻力，可由下式确定。

$$P_e = (F_f + F_w)\frac{v}{3600\eta} \tag{7-6}$$

式中，v 为车速，可按车辆最高设计车速的 90% 或我国高速公路最高限速 120km/h 取值。

电机的额定转矩为

$$T_e = 9550 P_e / n_e \tag{7-7}$$

（4）工作电压

工作电压的选择涉及用电安全、元器件的工作条件等问题。工作电压过低会导致电流过大，从而导致系统电阻损耗增大：而工作电压过高，会对逆变器的安全性造成威胁。一般燃料电池电动汽车的工作电压为 280～400V，但目前工作电压的设计有增高的趋势。

7.3.2 传动系统传动比设计

传动系统的总传动比是传动系统中各部件传动比的乘积，主要是变速器和主减速器传动比的乘积。

电机的机械特性对驱动车辆十分有利，因此，当传动系统有多个档位时，驱动力矩与内燃机汽车相比也有其特殊性，所以在选择档位数和传动比、确定最高车速时也与内燃机汽车不同。下面对可能出现的几种情况进行分析。

1）电机从额定转速向上调速的范围足够大，即满足 $n_{max}/n_e \geqslant 2.5$ 时，选择一个档位即可，即采用固定速比。这是一种理想情况。

2）电机从额定转速向上调速的范围不够宽，即电机最高转速不能满足 $n_{max}/n_e \geqslant 2.5$ 时，应考虑再增加一个档位。

3）若电机从额定转速向上调速的范围较窄，满足 $n_{max}/n_e \leqslant 1.8$，此时增加一个档位后车速无法衔接起来，可考虑再增加档位，或说明电机参数与整车性能要求不匹配，应考虑重新选择电机的参数。

由于燃料电池电动汽车的动力全部由电机提供，通过控制电机就能够在较大的范围内满足车速要求。最大传动比根据电机的最大转矩和最大爬坡度对应的行驶阻力确定，即

$$i_{max} \geqslant \frac{F_{\alpha max} r}{\eta T_{max}} \tag{7-8}$$

式中，$F_{\alpha max}$ 为最大爬坡度对应的行驶阻力。

汽车大多数时间是以最高档行驶的，即用传动比最小的档位行驶。因此，最小传动比的选择是很重要的，应考虑满足最高车速的要求和行驶在最高车速时的动力性要求。

1）由最高车速和电机的最高转速确定传动系统最小传动比的上限，即

$$i_{min} \leqslant \frac{0.377 n_{max} r}{v_{max}} \tag{7-9}$$

2）由电机最高转速对应的最大输出转矩和最高车速对应的行驶阻力，确定传动系统最小传动比的下限，即

$$i_{min} \geqslant \frac{F_{vmax} r}{\eta T_{vmax}} \tag{7-10}$$

式中，F_{vmax} 为最高车速对应的行驶阻力；T_{vmax} 为电机最高转速对应的最大输出转矩。

7.3.3 燃料电池设计

燃料电池功率的选择对燃料电池电动汽车动力系统的结构设计非常重要。燃料电池功率偏大，车辆的成本增加；燃料电池功率偏小，在某些大负荷行驶工况（如加速、爬坡等）下需要

辅助能源提供的动力增加，这使得辅助动力蓄电池的数量增加，整车质量、成本上升，系统效率下降，整车布置难度增加，燃料电池均衡控制难度增加等。

燃料电池电动汽车由燃料电池提供平均行驶功率，在加速、爬坡、高速等大负荷工况下由动力蓄电池输出电能辅助驱动，因而燃料电池功率选择的依据是平均行驶阻力功率。

平均行驶阻力功率由车辆整车参数和行驶工况决定，可用下式表达：

$$P_{av}=\frac{1}{T}\sum_{i=1}^{n}P_i t_i \tag{7-11}$$

式中，P_{av} 为平均行驶阻力功率；P_i 为第 i 个区间的平均行驶阻力功率；t_i 为第 i 个功率区间行驶时间；T 为总行驶时间。

对于燃料电池城市客车，平均行驶阻力功率也可以基于我国典型城市循环工况来确定，如图 7-13 所示。

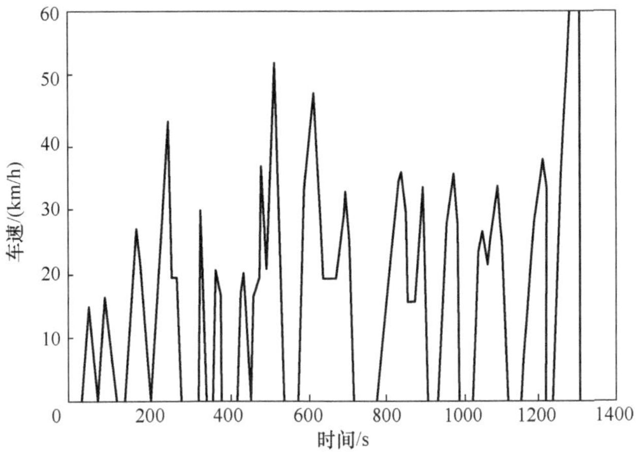

图 7-13　我国典型城市循环工况

平均行驶阻力功率可由加速和匀速行驶过程中消耗的能量来计算。

$$P_{av}=\frac{1}{t_a+t_v}\left[\sum_{i=1}^{n}\int_0^{t_{a-i}}F_t u\mathrm{d}t+\sum_{j=1}^{n}\int_0^{t_{v-j}}F_t u\mathrm{d}t\right] \tag{7-12}$$

式中，$t_a=\sum_{i=1}^{m}t_{a-i}j$；$t_v=\sum_{j=1}^{n}t_{v-j}$；$t_{a-i}$ 为第 i 个加速行驶时间；t_{v-j} 为第 i 个匀速行驶时间；v 为车速。

实际计算中，燃料电池电动汽车的燃料电池应能单独提供汽车以最大速度稳定运行所需要的功率，并留有一定的富余功率对动力蓄电池充电，因此，按汽车在最高车速下的平均行驶阻力功率计算燃料电池的需求功率，即

$$P_{fc}=\frac{1}{\eta_T\eta_m\eta_c}\left(\frac{Gfv_{max}}{3600}+\frac{C_D Av_{max}^3}{76140}\right) \tag{7-13}$$

式中，P_{fc} 为汽车在最高车速下的平均行驶阻力功率；η_T 为汽车机械传动效率；η_m 为电机驱动系统效率；η_c 为 DC/DC 变换器的效率。

燃料电池的输出功率大部分转化为驱动能量，剩余部分用于满足辅助系统的功率需求。在纯燃料电池驱动的情况下，输出功率为

$$P_{fc\text{-}out} = P_{fc} + P_{fc\text{-}par} \tag{7-14}$$

式中，$P_{fc\text{-}out}$ 为燃料电池的输出功率；$P_{fc\text{-}par}$ 为辅助系统的功率需求。

在实际运行时，为了保证对电机的电力供应以及对动力蓄电池进行充电，燃料电池应留有一定的后备功率。

由此可见，燃料电池功率的选择应遵循以下原则。

1）SOC 值在循环工况前后维持不变，从而确保燃料电池是整个行驶过程中功率消耗的唯一来源，因此，燃料电池的功率应大于平均行驶阻力功率。

2）燃料电池的最大功率应不高于车辆以最高车速稳定行驶时的需求功率，避免燃料电池单独驱动状态下有过多的富余功率。

7.3.4 辅助动力源设计

燃料电池电动汽车的辅助动力源为动力蓄电池组，在汽车起步的工况下，完全由辅助动力源提供动力；当汽车在加速或爬坡等工况中时，为主动力源提供能源补充；同时，在汽车制动时吸收制动回馈的能量。

1. 动力蓄电池类型的选择

辅助动力源用的动力蓄电池组在整车有较大功率需求时，可以进行大电流的放电，待燃料电池响应跟上后，放电电流再大幅降低，大电流放电的持续时间不长；在整车进行再生制动时，又可以在短时间内接受较大电流的充电，即动力蓄电池要具有瞬间大电流充放电的能力。虽然充放电电流很大，但由于持续时间较短，动力蓄电池的充电或放电深度都不大，电池荷电状态的波动范围也不大。不同类型辅助动力源蓄电池的主要性能比较见表 7-2。

表 7-2 不同类型辅助动力源蓄电池的主要性能比较

电池类型	比能量 /（W·h/kg）	比功率 /（W/kg）	适用类型	其他描述
铅酸蓄电池	30 ~ 45	200 ~ 300	辅助动力	现有生产维护设备完善，回收利用率高，但低温性能差
镍镉蓄电池	40 ~ 60	150 ~ 350	辅助动力	现有生产维护设备完善，但高温性能差，需要有散热系统，回收困难且费用高，对人体有害
金属氢化物镍蓄电池	60 ~ 70	150 ~ 300	两者皆可	高温时电压变化大，自放电率高，需要有散热系统，制造成本较高
锂离子蓄电池	90 ~ 130	250 ~ 450	两者皆可	高温时周期寿命下降，低温放电时电压特性软，使用时要严禁过充电及过放电，安全性要求高

由表 7-2 的分析可知，动力蓄电池的选型存在诸多方案，但目前的主流是金属氢化物镍蓄电池和锂离子蓄电池。其中，金属氢化物镍蓄电池已在电动工具、电动车辆和混合动力电动汽车中逐步得到应用，如日本丰田汽车公司生产的混合动力电动汽车普锐斯采用的就是金属氢化物镍蓄电池。而锂离子蓄电池的诸多优点也引发了世界各国极大的研究兴趣。日本、美国、加拿大、法国、德国等都已经在电动汽车用锂离子蓄电池的开发方面取得了很大进展。

对于燃料电池电动客车，超级电容器作为辅助动力源是一个新选择。超级电容器主要依靠

电解质与电极间形成的特有电双层结构和电极表面的氧化还原反应来存储能量。其能量密度是普通电容的 10 ~ 100 倍，循环使用寿命为 500000 次。

超级电容器在整个充放电的过程中，没有任何化学反应，也没有高速旋转等机械运动，不存在对环境的污染，也没有任何噪声，结构简单，重量轻，体积小，是一种较为理想的储能器。超级电容器极低的比能量使得它不可能单独用作电动客车的能量源，但作为辅助能量源使用具有显著优点：在汽车起动和爬坡时快速提供大功率电流，在正常行驶时由主动力源快速充电，在制动时快速储存发电机产生的大电流，这可减少电动客车辅助动力蓄电池对大电流充电的限制，提高电动客车的实用性。

2. 动力蓄电池参数的确定

动力蓄电池的参数应满足以下要求。

1）能回收大部分制动能量。

2）在混合驱动模式下，能满足车辆驱动和辅助电器系统的功率需求。

动力蓄电池的功率需求包括最大放电功率需求和最大充电功率需求。对于燃料电池电动汽车，动力蓄电池的首要作用是提供瞬时功率。根据整车的动力性能要求，分析各个工况，如汽车起步、爬坡、超车等的功率需求，再除以机械效率，可以得到对动力源的最大功率需求。该功率由动力蓄电池和燃料电池共同提供。

当汽车长时间匀速行驶时，可以认为此时功率仅由燃料电池提供，由此可以计算出燃料电池的功率，则系统对动力蓄电池的放电功率需求为总功率需求减去燃料电池的功率。

另外，汽车在紧急制动时产生的制动功率很大，但以此功率来设计动力蓄电池的最大充电功率是不合理的。实际上，制动能量回收效益最明显的工况是城市循环工况，应根据城市循环工况的统计特性来选择最大充电功率。

根据上述分析，动力蓄电池的额定功率可由下式确定。

$$P_{\text{bat-rat}} = \frac{P_{\max}}{\eta_{\text{m}}} + P_{\text{aux}} - P_{\text{fc-out}} + P_{\text{fc-par}} \tag{7-15}$$

式中，$P_{\text{bat-rat}}$ 为动力蓄电池的额定功率；P_{aux} 为车辆辅助电器系统的功率需求。

动力蓄电池的质量为

$$m_{\text{bat}} = \frac{P_{\text{bat-rat}}}{\sigma_{\text{bat-pow}}} \tag{7-16}$$

式中，m_{bat} 为动力蓄电池的质量（kg）；$\sigma_{\text{bat-pow}}$ 为动力蓄电池的比功率。

动力蓄电池的额定容量为

$$Q_{\text{bat}} = \frac{m_{\text{bat}}\sigma_{\text{bat-en}}}{U_{\text{bat-rat}}\eta_{\text{bat-dis}}} \tag{7-17}$$

式中，Q_{bat} 为动力蓄电池的额定容量；$\sigma_{\text{bat-en}}$ 为动力蓄电池的比能量；$U_{\text{bat-rat}}$ 为动力蓄电池的额定电压；$\eta_{\text{bat-dis}}$ 为动力蓄电池的放电效率。

第 8 章　新能源汽车制动能量回收系统

新能源汽车制动能量回收，即能量再生制动（简称再生制动），是指在车辆减速或制动使驱动电机工作于发电机工况，将车辆的一部分惯性动能转变为电能并回馈至电源的过程。目前电动汽车产业化的最大障碍是电动汽车续驶里程短，而再生制动系统能充分发挥电动汽车的优点，将汽车制动时的部分动能转化为电能送回动力蓄电池，从而有效利用能量，提高电动汽车的续驶里程。再生制动可以同时实现节能与电气制动两个目的，新能源汽车中一般都装有制动能量回收系统。

本章介绍了新能源汽车制动中的能量损耗、制动能量回收方法，分析了汽车的制动要求及新能源汽车的复合制动、新能源汽车的制动模式及新能源汽车制动能量回收要求，探讨了电动汽车制动能量回收系统的结构、电动汽车制动能量回收系统的原理及电动汽车制动能量回收控制策略。

8.1　新能源汽车制动能量回收概述

8.1.1　制动中的能量损耗

汽车在制动期间，消耗了较多的能量。例如，将 1500kg 的车辆从 100km/h 车速制动减速到 0，在几十米距离内消耗了 0.16kW·h 左右的能量。如果能量消耗在仅克服阻力（滚动阻力和空气阻力）而没有制动的惯性滑行中，则该车辆将行驶约 2km，如图 8-1 所示。

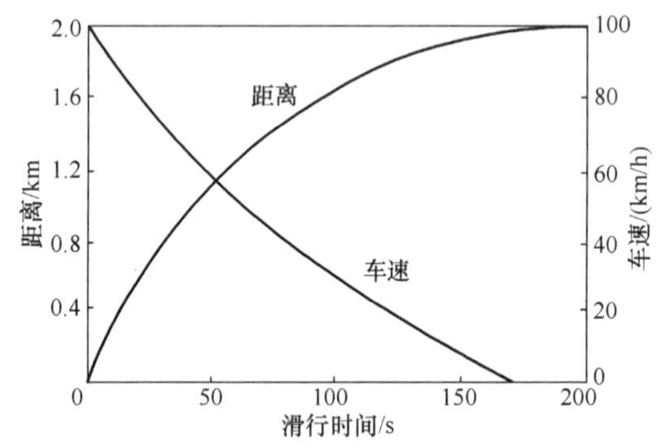

图 8-1　惯性滑行的车速和距离

当车辆在市区内以停车－起动形式行驶时，大量能量消耗在频繁的制动上，导致大量的燃油消耗。图 8-2 所示为一辆质量为 1500kg 的客车，其驱动轮上总牵引能量、阻力能量（滚动阻力和空气阻力）和制动所消耗的能量。由图可以看出，制动能量占了较大的比例。

图 8-3 所示为不同城市公交车工况的比例。例如，在我国因有城区公交车快速通道，很好地解决了公交车的拥堵问题，故匀速比例最高，而制动比例较小；而在其他国家城市道路行驶的公交车则匀速比例较低，制动比例较高。从图中也可以看出，无论在哪个地区，公交车消耗于制动的能量都占了较大比例。表 8-1 列出了在不同行驶工况下，1500kg 客车的最高车速、平均车速、驱动轮上的总牵引能量以及每行驶 100km 滚动阻力、空气阻力和制动所消耗的总能量。

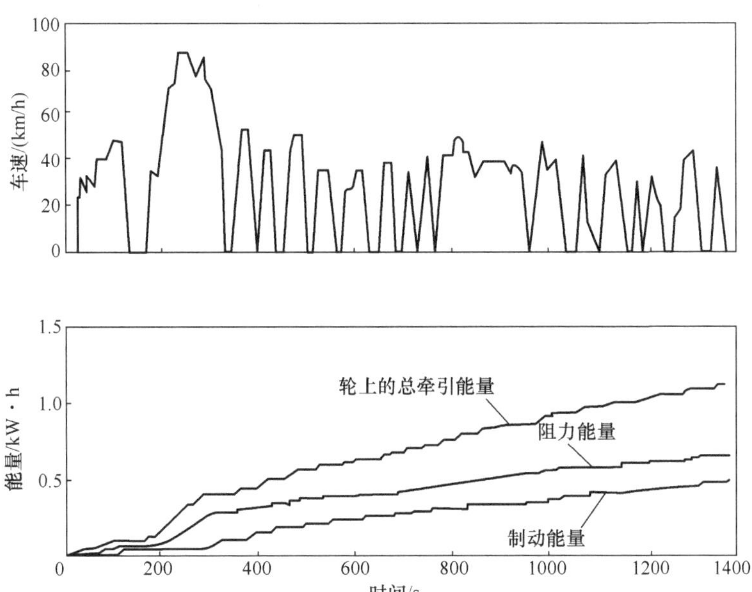

图 8-2　按 FTP75 市区循环运行的总牵引能量、滚动和空气阻力能量与制动所消耗的能量

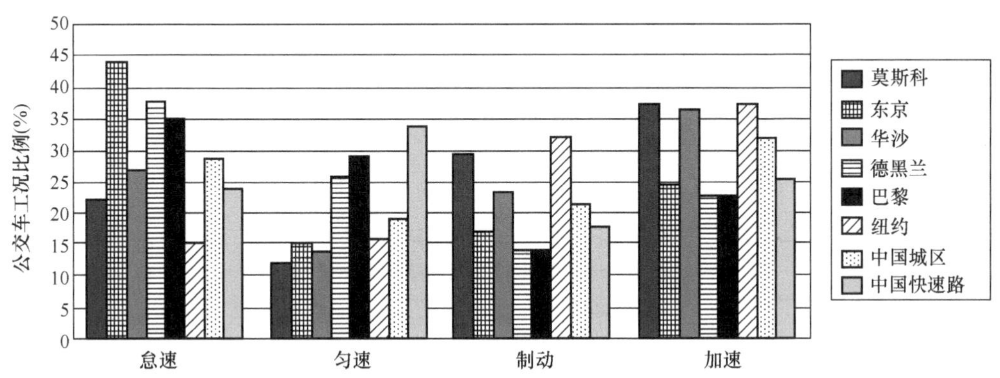

图 8-3　不同城市公交车行驶模式的比较

表 8-1　不同行驶工况下消耗的能量

车速与能量	工况				
	FTP75 市区	FTP75 高速公路	US06	ECE-1	纽约城市
最高车速 /（km/h）	86.4	97.7	128	120	44.6
平均车速 /（km/h）	27.9	79.3	77.5	49.9	12.2
在驱动轮上的总牵引能量 /（kW·h）	10.47	10.45	17.03	11.79	15.51
在驱动轮上阻力所消耗的总能量 /（kW·h）	5.95	9.47	11.73	8.74	4.69
在驱动轮上制动所消耗的总能量 /（kW·h）	4.52	0.98	5.30	3.05	10.82
制动动能量占总牵引能量的比例 /（%）	43.17	9.38	31.12	25.87	69.76

由图 8-3 和表 8-1 可知，在典型的市区中，制动能量最高可达到总牵引能量的 25% 以上。在如纽约这样的大城市中，制动能量最高可达 70%。因而可以断定，有效的再生制动能显著改善电动汽车和混合动力电动汽车的经济性。

8.1.2 制动能量回收方法

1. 飞轮储能

根据储能方式，车辆制动能量回收方法可分为飞轮储能、液压储能和电化学储能等。飞轮储能利用高速旋转的飞轮来储存和释放能量，其基本工作原理如下：当车辆制动或减速时，先将车辆在制动或减速过程中的动能转换为飞轮高速旋转的动能；当车辆再次起动或加速时，高速旋转的飞轮又将储存的动能通过传动装置转换为车辆行驶的驱动力。其能量转换过程如图 8-4 所示。

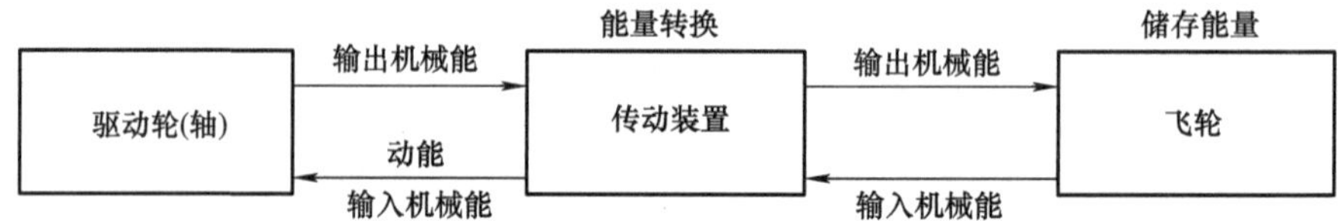

图 8-4　飞轮储能的制动能量转换过程

飞轮储能式制动能量再生系统的构成如图 8-5 所示，其主要由发动机、高速储能飞轮、增速齿轮、飞轮离合器和驱动桥组成。发动机用来提供驱动车辆的主要动力，高速储能飞轮用来回收制动能量以及作为负荷平衡装置，为发动机提供辅助的功率以满足峰值功率要求。由于在市区行驶的公交车辆具有很大的惯性，在正常行驶时又具有很高的可逆能量——动能，可用高速储能飞轮将其回收，再在起步或加速过程中释放出去，这样既可减少能源的浪费，又能提高车辆的性能。

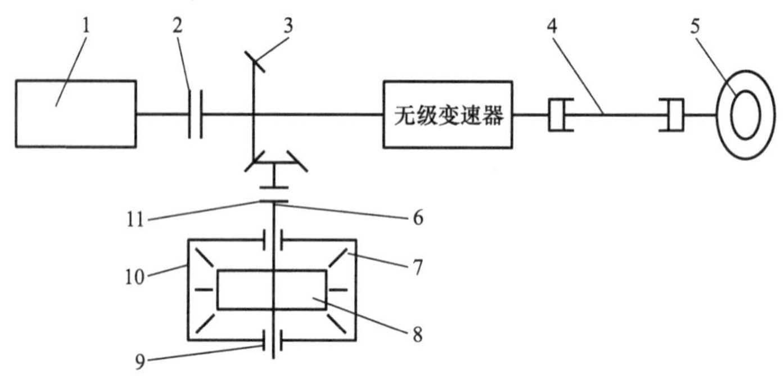

图 8-5　飞轮储能式制动能量再生系统的构造

1—发动机　2—主离合器　3—增速齿轮　4—传动轴　5—驱动桥　6—飞轮轴　7—空气流　8—高速储能飞轮　9—轴承　10—飞轮箱　11—飞轮离合器

2. 液压储能

液压储能的工作原理如下：先将车辆在制动或减速过程中的动能转换为液压能，并将液压能储存在液压储能器中；当车辆再次起动或加速时，储能系统将储能器中的液压能以机械能的形式反作用于车辆，以增加车辆的驱动力。其能量转换过程如图 8-6 所示。

图 8-7 所示为利用液压储能原理设计的一种制动能量再生系统。该系统由发动机、液压泵、液压储能器、联动变速器、驱动桥、液控离合器和液压控制系统等组成。在车辆起动、加速或爬坡时，液控离合器接合，液压储能器与联动变速器连接，液压储能器中的液压能通过液压泵

转换为驱动车辆的动能，用来辅助发动机满足驱动车辆所需要的峰值功率。而在减速时，电控元器件发出信号，使系统处于储能状态，将动能转换为液压能储存在液压储能器中。

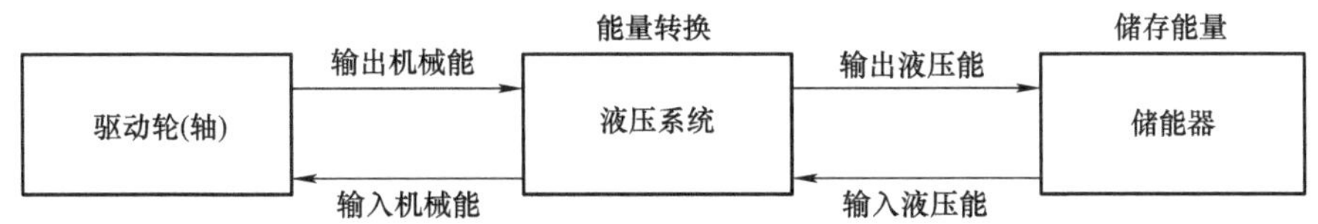

图 8-6　液压储能的制动能量转换过程

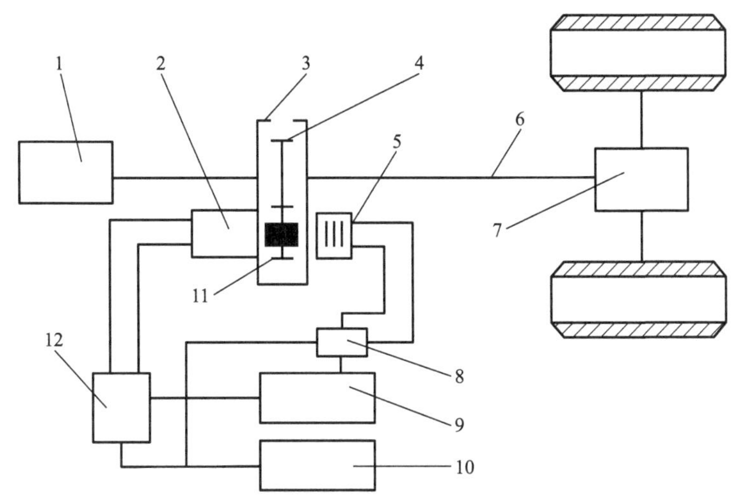

图 8-7　液压储能式制动能量再生系统

1—发动机　2—液压泵　3—联合变速器　4—大齿轮　5—液控离合器　6—传动轴
7—驱动桥　8—离合器控制阀　9—液压油箱　10—液压储能器　11—小齿轮　12—液压控制系统

3. 电化学储能

电化学储能的工作原理如下：先将车辆在制动或减速过程中的动能，通过发电机转换为电能并以化学能的形式储存在储能器中；当车辆需要起动或加速时，再将储能器中的化学能通过电动机转换为车辆行驶的动能。其能量转换过程如图 8-8 所示。

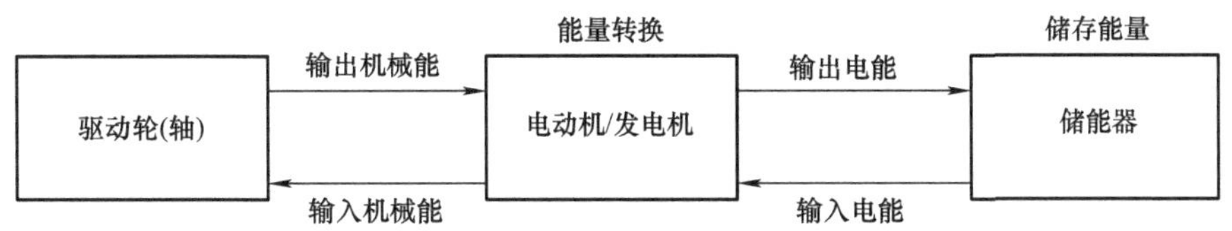

图 8-8　电化学储能的制动能量转换过程

储能器可采用蓄电池或超级电容器，由发电机 / 电动机实现机械能和电能之间的转换。系统还包括一个控制单元，用来控制蓄电池或超级电容器的充放电状态，并保证蓄电池剩余电量在规定的范围内。

一种用于前轮驱动轿车的电化学储能式制动能量再生系统如图 8-9 所示。

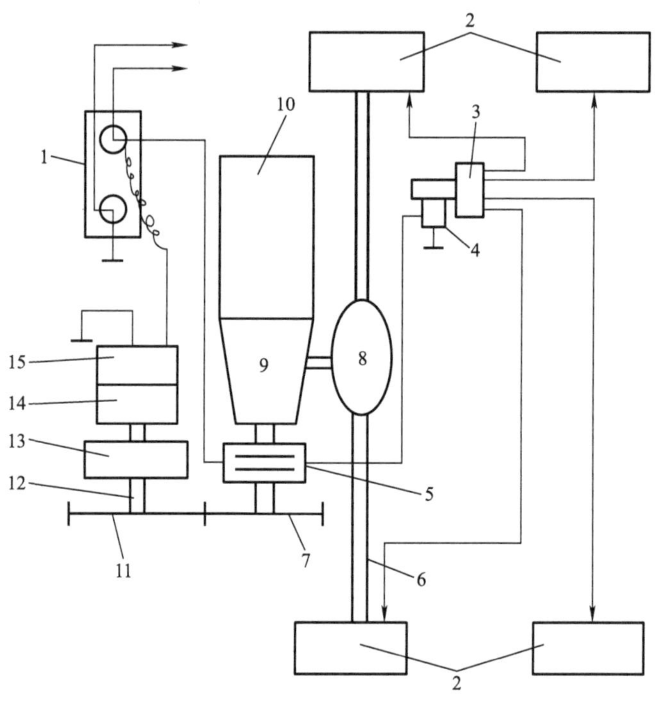

图 8-9　电化学储能式制动能量再生系统

1—动力蓄电池　2—车轮　3—制动系统　4—制动踏板　5—电磁离合器　6—半轴　7—驱动轮　8—驱动桥　9—变速器　10—发动机　11—从动齿轮　12—从动齿轮轴　13—飞轮　14—发电机　15—整流器

该系统工作过程如下：当车辆以恒定速度或加速度行驶时，电磁离合器脱开。当车辆制动时，行车制动系统开始工作，车辆减速制动，电磁离合器接合，从而接通驱动轴和变速器的输出轴。这样，车辆的动能由输出轴、离合器、驱动轴、主动齿轮和从动齿轮传到发电机和飞轮上。制动时的机械能由发电机转换为电能，存入动力蓄电池。在发电机和飞轮回收能量的同时产生负荷作用，作为前轮驱动的阻力。

8.2　新能源汽车的制动模式

8.2.1　汽车的制动要求及新能源汽车的复合制动

1. 汽车的制动要求

汽车制动性能无疑是影响车辆安全性的最重要的因素之一。一般来说，汽车的制动系统必须至少满足两个要求：一是在紧急制动状态下，必须有足够的制动力，能使汽车在可能的最短距离内停止；二是必须满足汽车的操控稳定性要求，即要保证驾驶员对汽车方向的控制，不能失控。前者要求在所有的车轮上制动系统能供给足够的制动力矩；后者要求车轮不能抱死，并在所有的车轮上平均分配制动力。一般而言，当纯电动汽车或混合动力电动汽车减速、在公路上放松加速踏板巡航或踩下制动踏板制动时，再生制动系统就会启动。正常减速时，再生制动

的力矩通常保持在最大负荷状态；纯电动汽车或混合动力电动汽车高速巡航时，其电机一般是在恒功率状态下运行的，驱动转矩与驱动电机的转速或者车速成反比。

2. 电动汽车的复合制动

从电机的角度来看，电机在切断电源后，不可能立即完全停止转动，总是在其本身及所带负荷的惯性作用下转动一段时间后才能停止，这部分能量是可回收的。同时，电机制动的方法可分为机械制动和电气制动两大类。电气制动又可分为反接制动、能耗制动和回馈发电制动三种形式，其中回馈发电制动（即再生制动）就是制动能量回收最有效的方法。但是回馈发电制动只能起到限制电机转子速度过高的作用，即不能让转子的速度比同步速度高出很多，也无法使其小于同步转速，即回馈制动系统仅能起到稳定运行的作用，而不能使电机完全停止。因此，有必要考虑把机械制动和回馈发电制动结合起来。

另一方面，从电动汽车的角度来看，再生制动产生的制动力矩通常不能像传统燃油车中的制动系统一样提供足够的制动减速度，因此，在电动汽车中，再生制动和机械摩擦制动通常共同存在。不过应该注意，只有当再生制动已经达到最大制动能力却还不能满足制动要求时，机械摩擦制动才起作用。图 8-10 所示为再生制动和机械摩擦制动结合的复合制动系统情况。

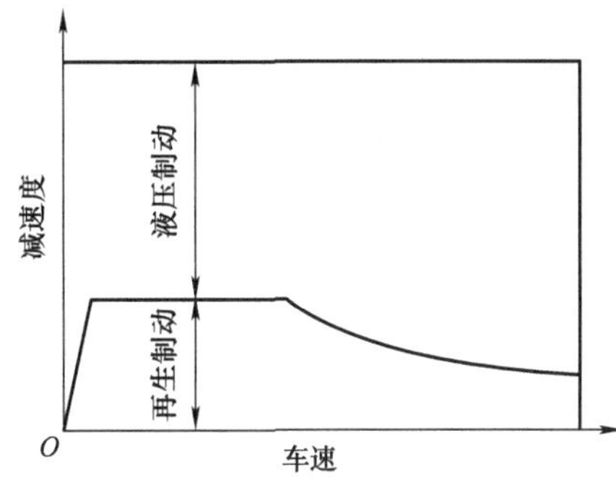

图 8-10　再生制动和机械摩擦制动结合的复合制动系统情况

通常，电动汽车所要求的制动力矩比电动机 / 发电机在回收能量时所能接受的制动力矩大得多。因此，在纯电动汽车和混合动力电动汽车中，机械摩擦制动系统应该与再生制动同时存在，机械制动与电制动系统两者的特定设计和控制是重要的关注点。

8.2.2　新能源汽车的制动模式

一般来讲，电动汽车制动可分为紧急制动、中轻度制动和下长坡制动三种模式。

1. 紧急制动

紧急制动对应于制动减速度大于 $2m/s^2$ 的过程。出于安全性方面的考虑，紧急制动应以机械为主，电制动同时作用。在紧急制动时，可根据初始速度的不同，由车上的防抱死制动系统控制提供相应的机械制动力。

2. 中轻度制动

中轻度制动对应于汽车在正常工况下的制动过程，可分为减速过程和停止过程。电制动负责减速过程，停止过程由机械制动完成。两种制动的切换点由电机发电特性确定。

3. 下长坡制动

汽车下长坡一般发生在盘山公路下缓坡时。在制动力要求不大时，可完全由电制动提供。其充电特点表现为回馈电流较小但充电时间较长。限制因素主要为电池的荷电状态和接受能力。

由于制动能量回收主要工作在城市工况下，而在城市工况下车辆的最高车速不会太高，且紧急制动的概率较小，因此应将研究重点放在中轻度制动能量回收上。

8.2.3 新能源汽车制动能量回收要求

电动汽车制动能量回收应满足以下要求。

（1）满足制动的安全要求，符合驾驶时的制动习惯

在制动过程中，对安全的要求是第一位的。需要找到电制动和机械制动的最佳结合点，在确保安全的前提下，尽可能多地回收能量。应充分考虑电动汽车驾驶员和乘客的感受，具有制动能量回收系统的电动汽车的制动过程应尽可能地与传统汽车的制动过程近似，从而保证在实际应用中电制动系统可以为大众所接受。

（2）考虑驱动电机的发电工作特性和输出能力

电动汽车中常用的驱动电机是永磁同步电机和感应异步电机，应针对不同电机的发电效率特性，采取相应的控制手段。

（3）确保动力蓄电池组在充电过程中的安全，防止过充电

电动汽车常用的动力蓄电池为镍氢蓄电池、锂离子蓄电池和铅酸蓄电池。应根据不同电池的充放电特性设计制动能量回收系统，避免充电电流过大或充电时间过长。

由以上分析可以发现，电动汽车制动能量的回收约束条件如下：①基于电池放电深度，即电池荷电状态的不同，电池可接受的最大充电电流；②电池可接受的最大充电时间；③能量回收停止时的电机转速，以及与此相对对应的充电电流。

8.3 新能源汽车的制动系统

电动汽车的再生制动给制动系统的设计增加了一些复杂性，呈现出两个基本问题：一是如何在再生制动和机械摩擦制动之间分配所需的总制动力，以回收尽可能多的车辆的动能；二是如何在前、后轮轴上分配总制动力，以实现稳定的制动状态。通常，再生制动只对驱动轴有效，为回收尽可能多的动能，必须控制牵引电机产生特定量的制动力，而同时应控制机械制动系统满足驾驶员给出的制动力指令。

8.3.1 电动汽车制动能量回收系统的结构

电动汽车制动能量回收系统主要由两部分组成：电机再生制动部分和传统液压摩擦制动部分。因此，该制动系统可以视为机电复合制动系统。

再生制动虽然可以回收制动能量并向车轮提供部分制动力，但是其无法使车轮完全停止转动，制动效果受到电机、电池和车速等诸多因素的限制，在紧急制动和高强度制动条件下不能独立完成制动要求。因此，为了保证汽车的制动安全性能，在采用电机再生制动的同时，必须使用传统的液压摩擦制动作为辅助，从而达到既保证了汽车的制动安全性，又可回收可观能量的目的。

电动汽车再生制动是利用电机的电动机 / 发电机可逆性原理来实现的。在电动汽车需要减速或者滑行时，可以利用驱动电机的控制电路实现电机的发电运行，使减速制动时的能量转换成对动力蓄电池充电的电流，从而得到再生利用。由于摩擦制动一般采用液压形式，前文所提到的机电复合制动系统也可以称为再生 – 液压混合制动系统。从保证制动安全和提高能量利用率的角度来考虑，再生 – 液压混合制动系统是最适合电动汽车的综合制动系统。

电动汽车的制动系统一般为双回路液压制动系统 + 电动真空助力 + 电机再生制动。

电动汽车的制动助力采用电动真空助力，保证踏板力大小符合习惯，同时具有一定的制动脚感。同时，由于前、后轮均采用盘式制动器，需要加装驻车制动器部分。

在制动过程中，制动控制器根据制动踏板的开度（实际为主缸压力），判断整车的制动强度，确定相应的摩擦制动和再生制动的分配关系。前、后轴的摩擦制动分配关系由液压系统对前、后轮的分配关系实现。制动控制器根据制动强度和动力蓄电池的 SOC 值确定可以输出的制动力矩并对前、后轴进行分配，然后通过电机控制器控制电机进行再生制动。在整个制动过程中，要保证电动汽车制动的稳定性、平顺性，并尽可能多地回收制动能量，延长汽车续驶里程。

8.3.2　电动汽车制动能量回收系统的原理

电动汽车制动能量回收系统的结构原理如图 8-11 所示。电动汽车的制动过程是由液压摩擦制动与电机再生制动协调作用完成的。再生制动系统主要是由轮毂电机、电机控制器、逆变器、制动控制器和动力蓄电池等主要部件组成。汽车进行制动时，制动控制器根据不同的制动工况发出不同的指令，通过电机控制器控制轮毂电机，进行再生制动。

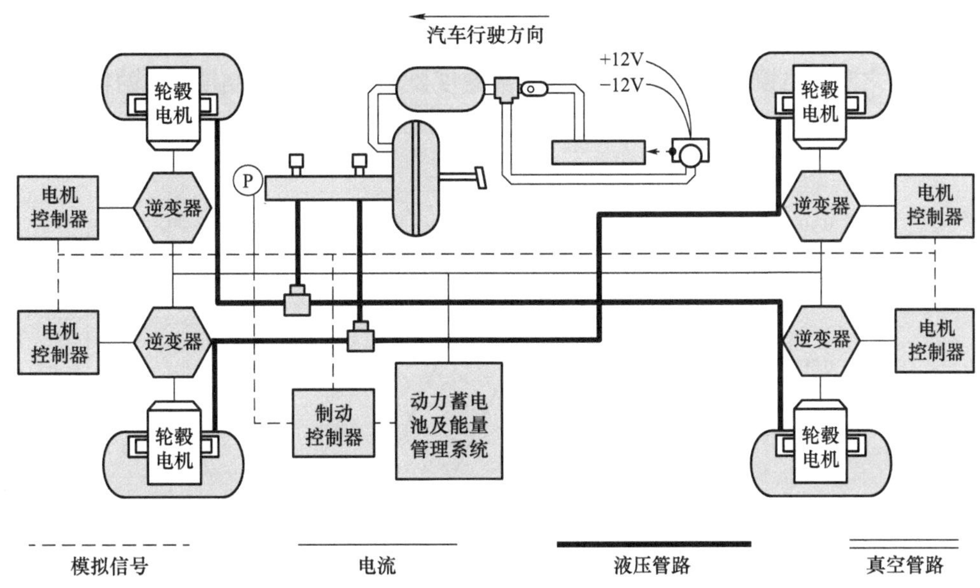

图 8-11　电动汽车制动能量回收系统的结构原理图

制动能量回收的实现过程如下。

1）在制动开始时，能量管理系统将动力蓄电池 SOC 值发送给制动控制器，当 SOC>0.8 时，取消能量回收；当 0.7 ≤ SOC ≤ 0.8 时，制动能量回收受动力蓄电池允许的最大充电电流制约；当 SOC<0.7 时，制动能量回收不受动力蓄电池允许的最大充电电流制约。

2）制动控制器接收由压力传感器传送的主缸压力信号，并计算出需求的电机再生制动强度上限。

3）制动控制器根据电机转速，计算电机实际能够提供的制动强度。

4）比较需要的电机再生制动强度上限和电机实际能够提供的制动强度，并将结果作为电信号发送给电机控制器。

5）此时的电机工作在发电机状态下，可以提供直流电，再通过逆变器限制电机产生的最高电压并对电压进行升压，以便满足电流输出要求，充入动力蓄电池中。

6）为了保护动力蓄电池，能量管理系统需要时刻监测动力蓄电池温度，温度过高则停止制动能量回收。

8.3.3 电动汽车制动能量回收控制策略

常见的电动汽车主要采取前轮驱动的形式，因此，相应的制动能量回收控制策略主要关注前、后轮制动器提供的制动力和前轮电机提供的再生制动力三者之间的关系。由此得到的基于电机再生制动的能量回收控制策略主要有以下 3 种：前后轴制动力理想分配时的控制策略（具有最佳制动感觉的串联制动）、前后轴制动力比例分配时的控制策略（并联制动）和最优能量回收控制策略（具有最佳能量回收率的串联制动）。

1. 前后轴制动力理想分配时的控制策略

如图 8-12 所示，当给出的减速指令（由制动踏板提供）小于 0.2g 的设定值时，仅电机再生制动系统工作，它模拟了传统车辆中发动机延迟点火的作用。随着制动减速度逐渐增大，前、后轴制动力矩被控制在理想制动力分配曲线（I 曲线）附近，其中，前轴制动力等于再生制动力和机械制动力之和。当控制系统得到驾驶员的减速度要求时，将根据制动电机的特性和车载能量存储系统的 SOC 值来决定驱动轴制动力是由再生制动系统单独提供，还是由机械制动系统和再生制动系统共同提供。

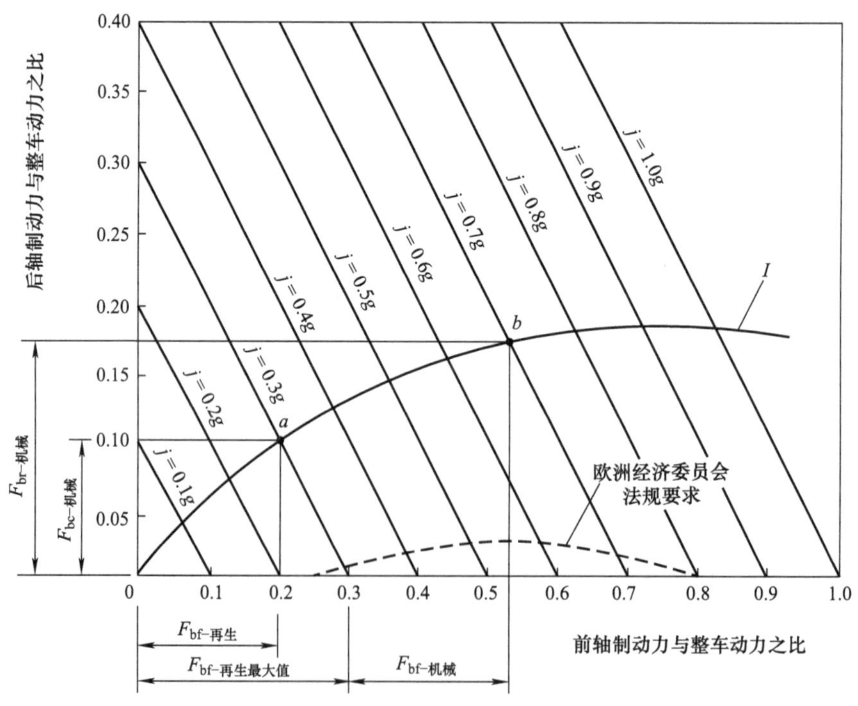

图 8-12 前后轴制动力理想分配时的控制策略

2. 前后轴制动力比例分配时的控制策略

对轿车来说，空载和满载的 I 曲线很接近，只用比例阀就可以满足制动稳定性和附着系数利用率高的要求。如何才能在仅对原有制动系统进行较小的改动情况下，从驱动轮中分离出再生制动力？答案是采用一种新的分配控制策略——并联制动。再生制动力在前轮机械制动力的基础上添加了附加制动力，形成了总的制动力分布曲线，如图 8-13 中的粗实线所示。

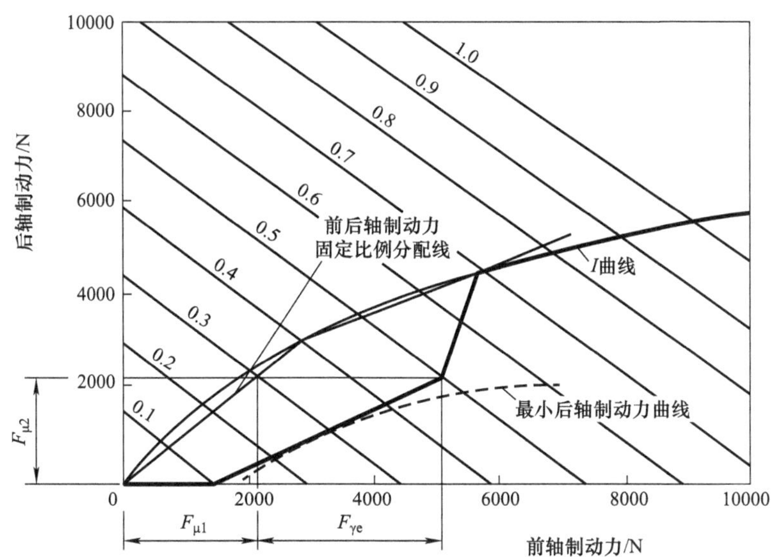

图 8-13　前后轴制动力比例分配时的控制策略

$F_{\mu1}$—前轴机械制动力　$F_{\mu2}$—后轴机械制动力　$F_{\gamma e}$—再生制动力

并联制动控制策略如图 8-13 所示。当需要的总制动力较小时，全部由机械制动提供，以保证制动平衡；当需要的减速度增大时，机械制动力所占的比例逐渐减小，再生制动开始起作用；当总制动力大于一定值时，意味着这是一个紧急制动，再生制动力减小到 0，机械制动提供所有的制动力；当所需的制动减速度在两者之间时，再生制动与机械制动共同作用。

3. 最优能量回收控制策略

如图 8-14 所示，对应于给定减速度率指令的总制动力，尽可能多地回收制动能量。

当给出的减速度率指令 j/g 比路面附着系数 φ 小得多，且再生制动力满足要求时，只采用再生制动，而无需对前后轴施加机械制动。

当给出的减速度率指令 j/g 等于路面附着系数 φ 时，前、后轴上的制动力工作点必在曲线 I 上。在高附着系数的路面上应用最大再生制动力时，剩余的制动力由机械制动供给；在附着系数较低的路面上，单独应用再生制动力，以产生施加于前轴的制动力。

当给出的减速度率指令 j/g 大于路面附着系数 φ 时，归因于路面附着力的极限，该减速度率指令不可能实现。车辆能获得的最大减速度率为 $(j/g)_{max}=\varphi$，此时车轮抱死，前、后轴的制动力工作点还在曲线 I 上，与 φ 相对。

综上所述，控制策略对能量回收和制动效果是具有决定性意义的，在实际应用中应该适度把握，尽量选择经济实惠的能量再生制动控制策略。

电动汽车 3 种常见再生制动控制策略的比较见表 8-2。

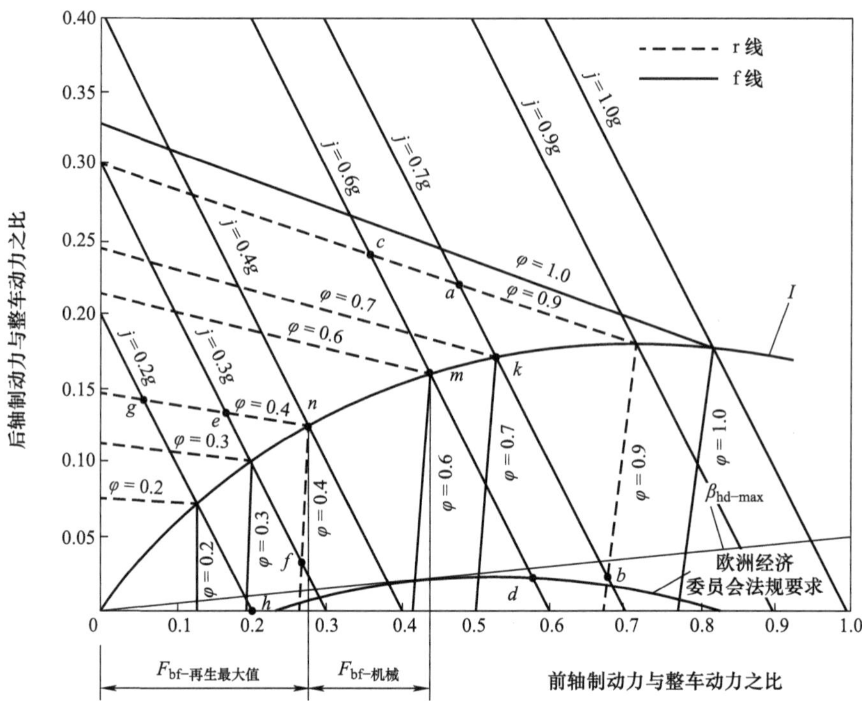

图 8-14　最优能量回收控制策略

表 8-2　3 种常见再生制动控制策略的比较

控制策略	硬件组成的复杂程度	制动稳定性	制动能量回收效率
前后轴制动力理想分配时的控制策略	较复杂，需专门的制动力控制系统	较高	较高
前后轴制动力比例分配时的控制策略	一般，改动较小	中等	中等
最优能量回收控制策略	较复杂，需专门的制动力控制系统	较低	最高

可以看出，3 种回收策略各有特点，其中，前后轴制动力比例分配时的控制策略既能保证一定的能量回收效率，又有较理想的制动稳定性，而且结构较简单，是目前技术条件下一种比较好的选择。

第 9 章　新能源汽车整车控制系统

电动汽车是一个高度集成的电气化系统，包括驱动电机控制系统、电池管理系统、车载充电系统、电动辅助系统等各子系统。各子系统功能不是简单地叠加，必须通过整车控制系统来进行各子系统的协调控制，从而实现整车的最佳性能。对于电动汽车而言，整车控制系统主要包括整车控制器、电池管理系统、电机控制器、车身控制管理系统、信息显示系统和通信系统等，它对电动汽车的动力性、经济性、安全性和舒适性等性能有很大的影响，要求其具有较高的可靠性、容错性、电磁兼容性和环境适应性等，以保障电动汽车整车安全、可靠地运行。电动汽车电气系统的结构如图 9-1 所示。下面重点介绍整车控制器、电池管理系统和电机控制器。

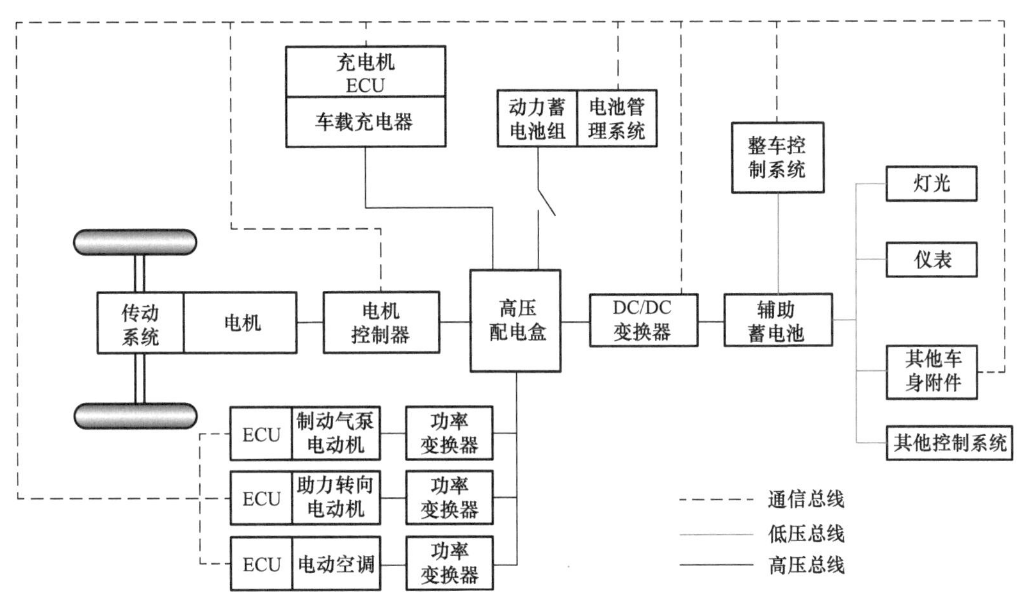

图 9-1　电动汽车电气系统的结构

本章介绍了整车控制器的功能、CAN 总线、整车控制器的结构与控制原理；分析了电池管理系统的功能及电池管理系统的结构与原理；剖析了国内外电机控制器发展情况、电机控制器的功能与结构、电机控制器的分类；还探讨了燃料电池控制器和氢系统控制器。

9.1　整车控制器

整车控制器（VCU）是电动汽车控制系统的核心，承担了数据交换与管理、故障诊断、安全监管、驾驶员意图解释等功能，其实物如图 9-2 所示。

图 9-2　电动汽车整车控制器实物

9.1.1 整车控制器的功能

整车控制器通过采集加速踏板信号、制动踏板信号及其他部件信号，作出相应判断，控制下层各部件控制器的动作，通过 CAN 总线对网络信息进行管理、调度、分析和运算，针对车型的配置不同进行相应的能量管理实现整车驱动控制、能量优化控制、制动回馈控制和网络管理等功能。在汽车行驶过程中具体执行的功能如下。

1. 驾驶员驾驶需求信息采集功能

驾驶信息是驾驶员输入给车辆的，准确地采集驾驶员的驾驶意图信息对驾驶员的驾驶感受和车辆行驶的安全性有很重要的作用。驾驶员的驾驶信息主要包括：加速踏板信号、制动踏板信号、钥匙信号和档位信号等。整车控制器要求能够准确地采集这些器件的电信号，判断驾驶员的驾驶意图，结合动力系统的状态，判断车辆工况，最后进行车辆控制。

2. 车辆状态信息采集与系统显示功能

车辆的状态信息对于驾驶员的驾驶十分重要，整车控制器必须能够准确地采集车辆的状态信息并能够实时显示。车辆的状态信息包括空调开关状态信号、充电开关信号、车速信号、辅助蓄电池电压信号以及 CAN 总线网络电机控制系统、电池管理系统和防抱死制动系统等子系统的状态。另外，对车辆故障状态的采集也需要实时准确。整车控制器需要实时地采集这些状态信息，作为整车控制决策的依据。同时，整车控制器需要根据车辆的状态实时地显示相关的信息。显示状态信息的方式主要有两种：一是通过直接驱动与整车控制器相连的状态灯；二是将状态信息发送到 CAN 总线，组合仪表显示系统和智能显示终端获取 CAN 总线信息并显示。

3. 整车能量管理功能

纯电动汽车的能量来源是动力蓄电池，而车上用电设备很多，如各电子控制器、各电子传感器、空调系统、电机以及电动助力系统等。整车控制器需要实时地监控这些用电设备的状态，协调和管理各耗能设备的工作，优化整车的能量效率。另外，再生制动能够一定程度地回收能量，并储存在动力蓄电池中，再生制动的控制对于纯电动汽车十分有意义。

4. 整车控制信息输出功能

整车控制器通过采集驾驶员的驾驶意图信息和车辆的状态信息，进行工况判断并执行相应的控制策略，得到控制信息。整车控制器的工况判断及相应的工况处理策略，对于整车的安全运行和驾驶员的驾驶感觉至关重要。控制信息输出的途径主要有两种：一是通过与整车控制器直接相连的驱动器来控制相关设备；二是将控制信息通过 CAN 总线发送到相关子系统，通过子系统来执行控制信息。动力系统的控制信息输出必须稳定、及时，才能满足车辆性能的要求。

5. 整车故障诊断与处理功能

整车控制器需要实时地监控和诊断与其相连的所有传感器、执行器和自身的故障，并且检查总线状态和通过总线发送过来的总线上各子系统的故障信号。通过一定的故障诊断方法诊断系统故障，并根据故障内容按照严重性分级。同时，需要建立故障处理系统，不同的故障采用不同的处理方法，保障整车运行安全。

9.1.2 CAN 总线

控制器局域网络由以研发和生产汽车电子产品著称的德国 BOSCH（博世）公司于 1986 年 2 月在 SAE（国际自动机工程师学会）大会上首次提出，并在 1993 年纳入国际标准 ISO

11898:1993《道路车辆—数字信息交换—用于高速通信的控制器局域网络（CAN）》（高速应用）和 ISO 11519：1994《道路车辆—低速串行数据通信》（低速应用），目前已成为工业数据通信的主流技术之一。

1. CAN 总线结构

CAN 总线采用双线串行通信方式，通过 CAN 总线、传感器、控制器和执行器将串行数据线连接起来。CAN 控制器对控制单元处理器传送的数据进行处理并发送至 CAN 收发器，同时接收 CAN 收发器的数据并传送至控制单元处理器，所有数据通过 CAN 收发器连接至数据传输线上。为减少干扰，数据传输线多采用双绞线、同轴电缆或光纤，分为 CAN-H 和 CAN-L。其电压值为镜像关系，数据通过线轴上的差分电压进行传送。总线末端接有抑制反射的负载电阻，阻值一般为 120Ω，作用是阻止数据在传输至终端反射回来时产生反射波而破坏数据。其拓扑结构如图 9-3 所示。

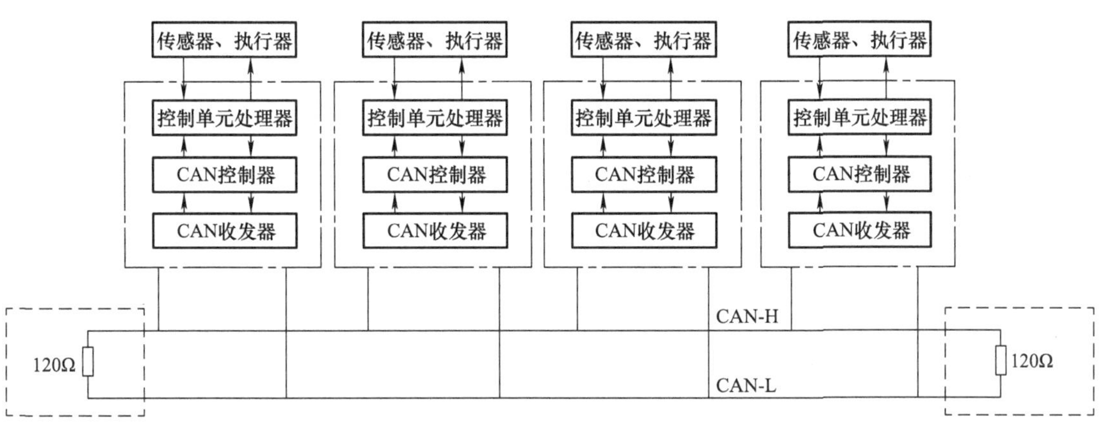

图 9-3　CAN 总线拓扑结构

2. CAN 总线分层

国际标准化组织（ISO）和国际电报电话咨询委员会（CCITT）联合制定的开放系统互连参考模型，将开放互联信息系统划分为 7 个层次，分别是物理层、数据链路层、网络层、传输层、会话层、表示层和应用层，而 CAN 总线分层只划分了 2 层：数据链路层和物理层。CAN 总线分层结构如图 9-4 所示。

数据链路层是 CAN 总线的核心部分，划分为媒体存取控制（MAC）层和逻辑链路控制（LLC）层。数据链路层的功能是将从物理层接收到的信号组织成有意义的信息，保证物理层在各种通信环境下都能提供正确的数据。LLC 层实现接收过滤、过载通知和管理恢复等功能，MAC 层实现数据打包 / 解包、帧编码 / 解码、媒体访问管理、错误检测、接收应答、串并转换等功能。

物理层定义了信号的实际传输方式，包括位时序、位编码、同步步骤等。同一网络中所有节点的物理层必须完全一致。

3. CAN 总线技术的特点和优点

CAN 总线与一般的通信总线相比，它的数据通信具有突出的可靠性、实时性和灵活性。其主要特性如下。

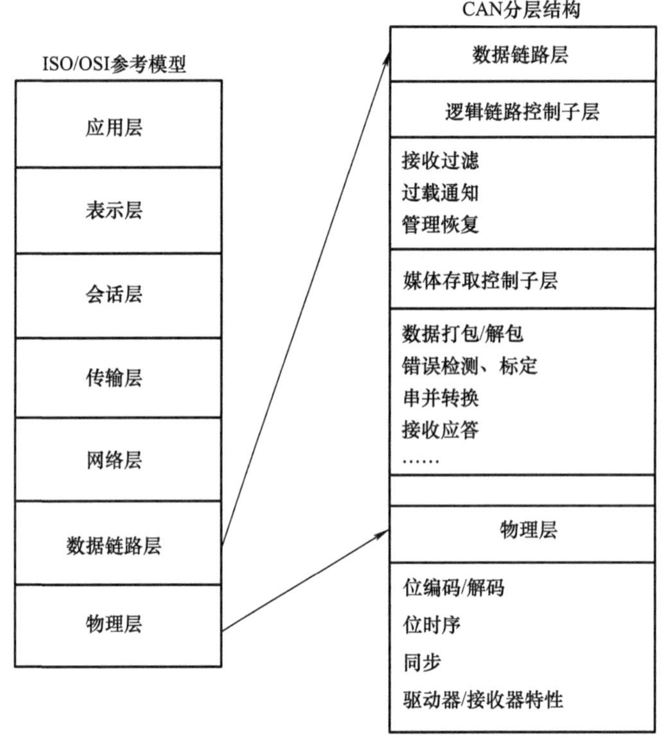

图 9-4　CAN 总线分层结构

（1）具有较高的性价比

它结构简单，器件容易购置，每个节点的价格较低，而且开发过程中能充分利用现在的单片机开发工具。

（2）符合国际标准

它是目前为止唯一有国际标准的现场总线

（3）多主方式工作

网络上的任一节点均可在任意时刻主动向网络上的其他节点发送信息而不分主从，通信方式灵活且不需要站地址等节点信息。

（4）信息区分优先级

网络上的节点信息分成不同的优先级，可满足不同的实时性要求。高优先级的数据可在 134μs 内得到传输。

CAN 总线采用非破坏性总线仲裁技术，当多个节点同时向总线发送信息时，优先级较低的节点会主动地退出发送，而优先级最高的节点不受影响地继续传输数据，从而大大节省了总线冲突仲裁时间，在网络负载很重的情况下不会出现网络瘫痪情况。只需通过报文滤波即可实现以点对点、一点对多点及全局广播等多种方式传送、接收数据，不需要专门“调度”。

1）通信距离最长可达 10km（速率小于 5kb/s），速率最大可达到 1Mb/s（通信距离小于 40m）。

2）节点数主要取决于总线驱动电路，目前可达到 110 个。

3）采用短帧结构，传输时间短，受干扰概率低，具有极好的检错效果。

4）每帧信息都有 CRC 校验及其他检错措施，可有效降低数据出错率。

5）CAN 总线传输介质可以是双绞线、同轴电缆或光纤，选择灵活。

6）节点在错误严重的情况下具有自动关闭输出功能，以使总线上其他节点的操作不受影响。

9.1.3　整车控制器的结构与控制原理

整车控制器的结构如图 9-5 所示，包括外壳、硬件、底层软件和应用层软件几部分，其中硬件、软件和应用层是 VCU 的核心。

整车控制器是一个多输入、多输出、数模电路共存的复杂系统，其各个功能电路相对独立。硬件电路按照模块划分，主要包括微处理器、CAN 通信模块、数模输入 / 输出模块、BDM 调试模块、串口通信模块、电源及保护电路模块等。

整车控制器
外壳　硬件　底层软件　应用层软件

图 9-5　整车控制器的结构示意图

整车控制原理如图 9-6 所示。

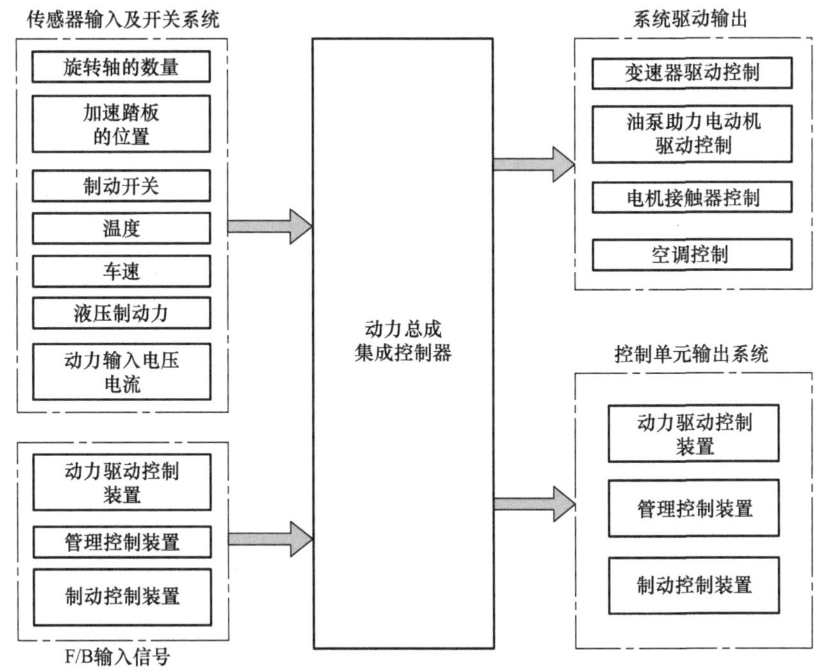

图 9-6　整车控制原理图

9.2　电池管理系统

电动汽车电池管理系统（BMS）是连接车载动力蓄电池和电动汽车的重要纽带，它能使动力蓄电池的性能得到充分利用。在电动汽车的发展过程中，对动力蓄电池及电池管理系统的研究格外重要。BMS 主要功能包括：蓄电池物理参数实时监测；蓄电池状态估计；在线诊断与预警；充、放电与预充控制；均衡管理和热管理等。使用电池管理系统可以提高蓄电池的利用率，防止蓄电池出现过充电和过放电，延长蓄电池的使用寿命，监控蓄电池的状态。电池管理系统实物如图 9-7 所示。

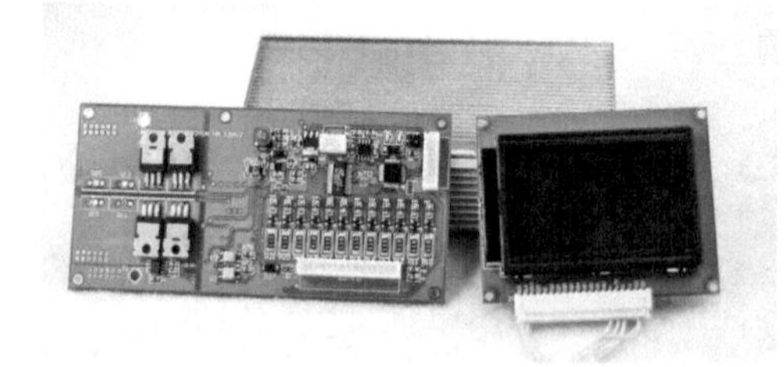

图 9-7　电池管理系统实物

9.2.1　电池管理系统的功能

电池管理系统对单体电池及蓄电池组进行全周期监测，并通过估算蓄电池荷电状态（SOC）对动力蓄电池充、放电进行管理，使蓄电池保持在最优工作状态。蓄电池管理系统的基本功能主要有蓄电池状态监测、蓄电池状态分析、蓄电池安全保护、能量控制管理及蓄电池信息管理等，如图 9-8 所示。

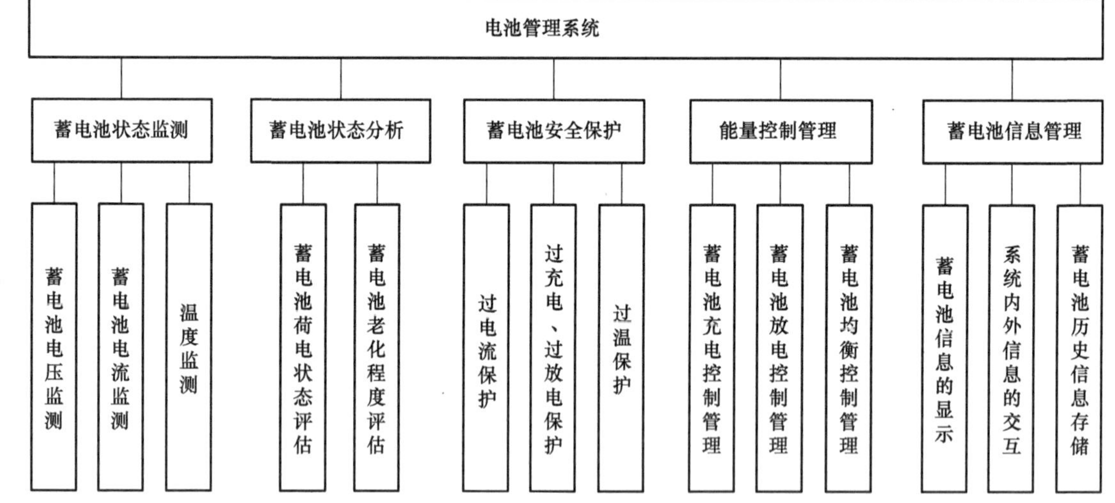

图 9-8　电池管理系统的基本功能

1. 蓄电池状态监测

蓄电池状态监测主要指对动力蓄电池电压、电流和温度的监测。在监测温度时，不仅是对蓄电池本身的温度进行监测，还应对环境温度、动力蓄电池箱体温度等多因素进行监测。蓄电池状态监测是蓄电池管理系统最基本的功能，蓄电池状态分析、蓄电池安全保护、能量控制管理及蓄电池信息管理等功能都以状态监测为基础。

2. 蓄电池状态分析

蓄电池状态分析包括蓄电池荷电状态（SOC）评估和蓄电池老化程度（SOH）评估两部分。

SOC 一般用百分比来反映，也常被换算为电动车辆还能行驶的里程数，让驾驶员获得更为直观的信息。目前 SOC 状态有安时积分法、内阻法、开路电压法、卡尔曼滤波法、线性模型法、神经网络法等多种估算方式，但都只是估算值，与实际电量状态仍有一定的误差。

SOH 也常用一个百分比来反映，即经过多次循环后，蓄电池所能装载的最大容量相对于刚出厂时最大容量的百分比，反映了蓄电池的老化状态。SOH 受动力蓄电池使用过程中的工作温

度、放电电流的大小等因素影响，需要在使用过程中不断进行评估和更新，以确保驾驶员获得更为准确的信息。

3. 蓄电池安全保护

蓄电池安全保护是蓄电池管理系统最重要的功能，过电流保护，过充电、过放电保护，过温保护是最为常见的蓄电池安全保护内容。过电流保护指在充、放电过程中，如果工作电流超过安全值，则采取相应的安全保护措施。大多数锂离子蓄电池都支持短时间过载放电，能在汽车起步、提速过程中提供较大电流以满足动力性能要求，但不同厂家、型号的动力蓄电池所支持的过载电流倍率、过载持续时间都是不一致的，这就需要管理系统根据实际蓄电池型号进行相应的策略安排。过充电、过放电保护指在蓄电池荷电状态为 100% 或者 0 的情况下，采取切断蓄电池的充电或放电回路的保护措施。在实际操作过程中，过充电、过放电保护有一种简单的实现方式，即设定充、放电的截止保护电压，即如果检测到的蓄电池电压高于或者低于所设定的门限电压值，则及时切断电流回路以保护蓄电池。

过温保护即当温度超过一定限制值时对动力蓄电池采取保护性的措施。过温保护需要考虑环境温度、蓄电池组的温度以及每个单体蓄电池本身的温度。由于温度的变化需要一个过程，温度控制往往具有滞后性，因此，过温保护往往要考虑一些“提前量”，如监测到环境温度或者蓄电池箱温度突然快速上升时，虽然还未到达安全门限值，但也应通过仪表显示等手段对驾驶员进行警告。

4. 能量控制管理

能量控制管理常被归入蓄电池“优化管理”的范畴，包含蓄电池的充、放电控制管理和均衡控制管理。蓄电池充电控制管理指电池管理系统在蓄电池充电过程中，对充电电压、充电电流等参数进行实时的优化控制，优化目标包括充电时长、效率及饱满程度等。放电控制管理指在蓄电池放电过程中，根据蓄电池的状态对放电电流大小进行控制。均衡控制管理指采取一定措施尽可能降低蓄电池不一致性的负面影响，以达到优化蓄电池组整体放电效能，延长蓄电池组整体使用寿命的效果。按均衡的时机划分，蓄电池的均衡可分为充电均衡和放电均衡；按均衡的手段划分，蓄电池的均衡可以分为能量耗散型均衡和能量转移型均衡。

5. 蓄电池信息管理

蓄电池信息管理包括蓄电池信息的显示、系统内外信息的交互和蓄电池历史信息存储。在信息显示方面，通常需要显示的信息包括实时电压、电流、温度信息，蓄电池剩余电量信息，警告信息。电动汽车的控制离不开车载信息通信网络，而电池管理系统往往需要同时具有内网和外网两级网络。其中，内网用于传递电池管理系统的内部信息，外网用于电池管理系统与整车控制器、电机控制器等其他部件交互信息。在信息存储方面，从时效上区分具有两种方式，即临时存储与永久存储。其中，临时存储是利用随机存储器（RAM）暂时保存蓄电池信息，永久存储可利用电可擦除只读存储器（EEROM）、闪速存储器（Flash Memory）等器件来实现，可保存时间跨度较大的历史信息。

6. 蓄电池热管理系统

蓄电池的热相关问题是决定其使用性能、安全性、使用寿命及使用成本的关键因素。首先，锂离子蓄电池的温度水平直接影响其使用中的能量与功率性能。温度较低时，蓄电池的可用容量将迅速衰减，在过低的温度下（如低于 0℃）对蓄电池进行充电，则可能引发瞬间的电压过充现象，造成内部析锂进而引发短路。其次，锂离子蓄电池的热相关问题直接影响蓄电池的安全性。生产制造环节的缺陷或使用过程中的不当操作等可能造成蓄电池局部过热，并引起连锁放热反应，最终造成冒烟、起火甚至爆炸等严重的热失控事件，威胁到车辆驾乘人员的生命安全。另外，锂离子蓄电池的工作或存放温度也会影响其使用寿命。蓄电池的适宜温度为10～30℃，过高或过低的温度都将引起蓄电池使用寿命的较快衰减。动力蓄电池的大型化使得其表面积与体积之比相对减小，蓄电池内部热量不易散出，更可能出现内部温度不均、局部温升过高等问题，从而进一步加速蓄电池衰减，缩短蓄电池的使用寿命，增加用户的总拥有成本。

蓄电池热管理系统是应对蓄电池的热相关问题，保证蓄电池使用性能、安全性和使用寿命的关键技术之一。热管理系统的主要包括以下功能。

1）在蓄电池温度较高时进行有效散热，防止出现热失控事故。

2）在蓄电池温度较低时进行预热，提升蓄电池的温度，确保低温下的充电、放电性能和安全性。

3）减小蓄电池组内的温度差异，抑制局部热区的形成，防止高温位置处蓄电池过快衰减，降低蓄电池组的整体使用寿命。

以特斯拉公司的 Roadster 纯电动汽车采用的液冷式蓄电池热管理系统为例，车载动力蓄电池组由 6831 节 18650 型锂离子蓄电池组成，其中每 69 节并联为一组，再将 9 组串联为一层，最后串联堆叠 11 层构成。蓄电池热管理系统的冷却液为 50% 的乙二醇水溶液。

9.2.2 电池管理系统的结构与原理

电池管理系统总体结构框架如图 9-9 所示。

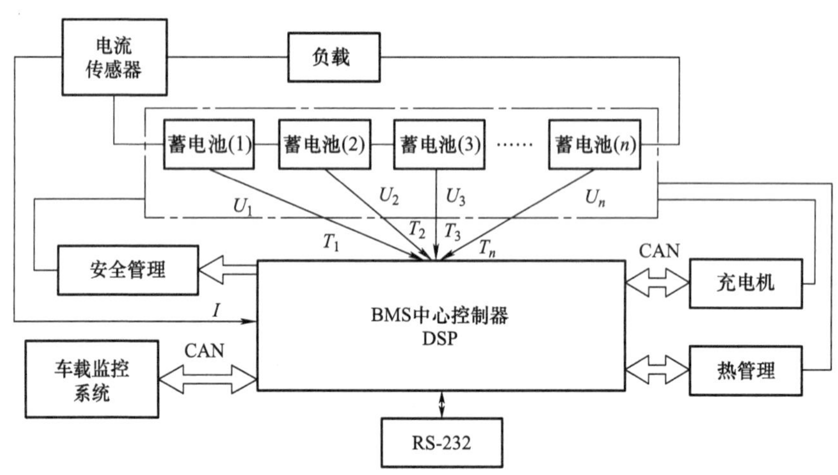

图 9-9 电池管理系统总体结构框架

电池管理系统本身的硬件电路一般可分为蓄电池监测回路（BMC）和蓄电池组控制单元（BCU）。在实际工作中，可以一个单体电池配置一块监测电路板，对电流、电压、温度等进行监测，如图 9-10 所示。“一对一”拓扑结构的好处是 BMC 与单体电池距离较短，能减少采集线路的长度和复杂性，精度较高，抗干扰性好，但相对地，电路板的成本较高，多块电路板将导致系统能耗相对增大。此外，可采用多个单体电池对应一个 BMC，如图 9-11 所示。“多对一”的拓扑结构虽降低了电路板的成本，但其连线的复杂性较高，抗干扰性相对较差。

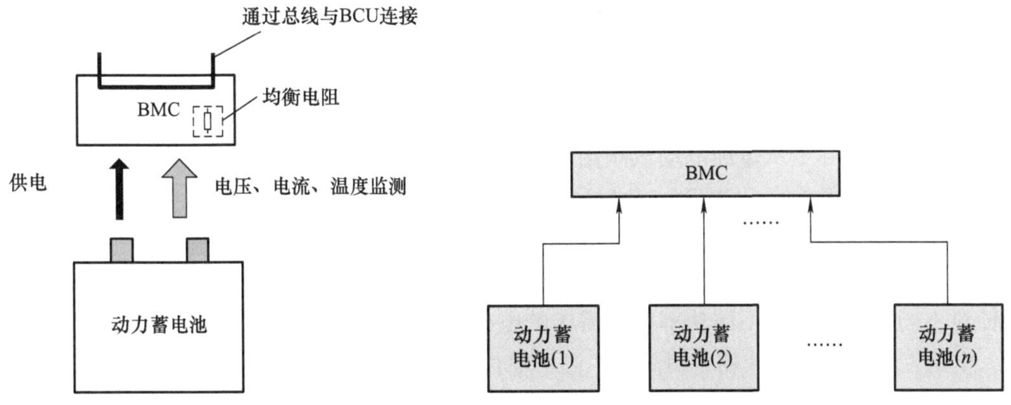

图 9-10　一个单体电池对应一个 BMC 的结构　　图 9-11　多个单体电池对应一个 BMC 的结构

监测回路与蓄电池组控制单元的连接有以下几种方式。一是将 BMC 和 BCU 设计在同一块电路板上。这种方式成本较低，但不适用于蓄电池数量较多、规模较大的应用场合。二是以星形方式连接，如图 9-12 所示。这种连接方式的优点是便于进行介质访问控制，单个 BMC 故障不会对其他 BMC 的通信造成影响；缺点是线路长度较长，维护难度较高，可拓展性较差。三是以总线型方式连接，如图 9-13 所示。这种连接方式更为灵活，可拓展性强，可根据实际需要增加或减少 BMC 的数量，但其通信电路的相互依赖性极强，某个 BMC 的故障将影响所有 BMC 与 BCU 之间的通信。

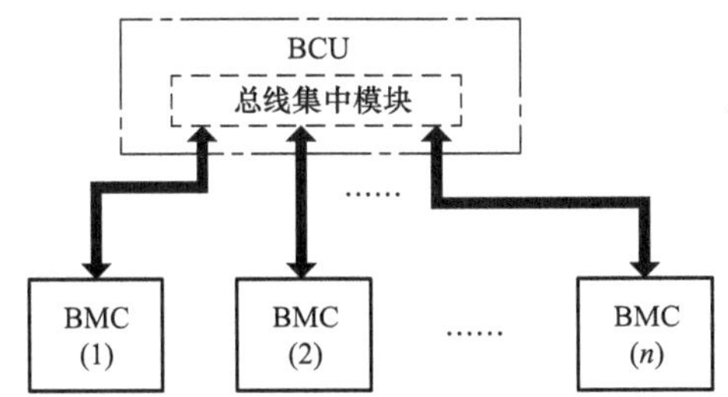

图 9-12　BMC 与 BCU 以星形方式连接

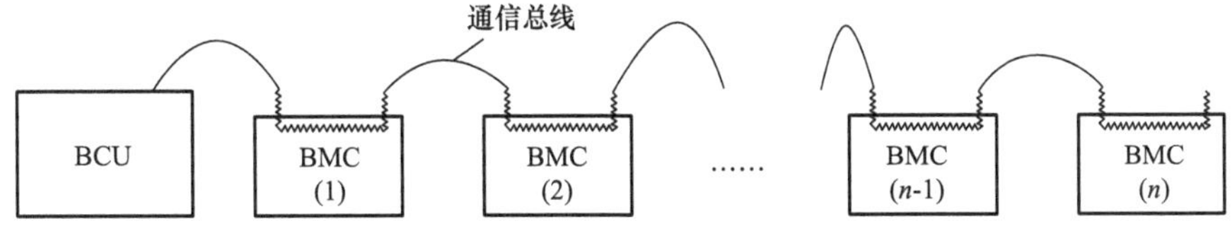

图 9-13　BMC 与 BCU 以总线型方式连接

9.3　电机控制器

电机控制器（MCU）是电机驱动及控制系统的核心，通过集成电路的主动工作控制驱动电机，使其按照设定的方向、速度、角度、响应时间等参数工作，保证高效率地将动力蓄电池的能量转化为车轮的能量来驱动车辆，或者将传递至车轮上的动能反馈到动力蓄电池中以实现车轮的制动能量回收。电机控制器实物如图 9-14 所示。

图 9-14　电机控制器实物

9.3.1　国内外电机控制器发展情况

目前，在国际上从事纯电动汽车用电机控制器研发生产的企业，如美国的 CURTIS、DANA- HER，欧盟的 ABB、ALSTON，日本的日立、川崎等公司，在电动汽车控制器领域积累了多年的研发生产经验，已经能够提供针对不同电机类型、不同功率等级需求的电机控制系统，电机控制器产品整体朝着耐高温、高可靠性、低成本等方向发展。

1）日立公司（以下简称日立）第一代电动汽车电机控制器产品开发于 2007 年，功率密度约为 6.25kW/L、绝缘栅双极晶体管（IGBT）模块集成单面直接采用针翅状散热结构（Pin-Fin）式水冷设计，控制器内部结构如图 9-15 所示。

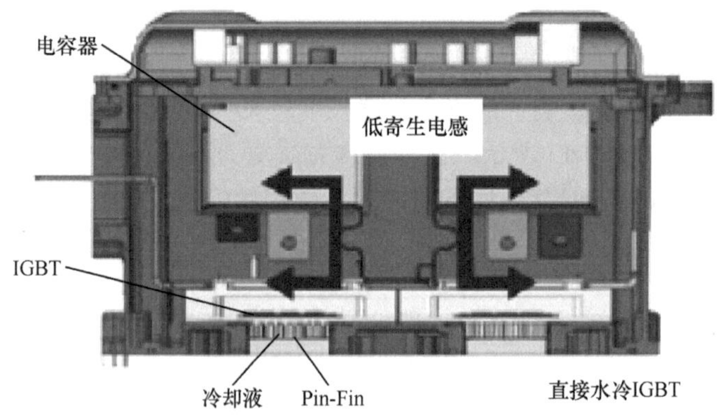

图 9-15　日立公司第一代电机控制器内部结构示意图

2）其第二代电机控制器开发于 2010 年，相比于第一代产品，第二代产品将冷却液流道置于电容器与功率模块之间，并对导电母排走线方式（图 9-16 中虚线）进行了优化，使电容器的环境温度与寄生电感参数降低，提高了系统的电气性能与应用可靠性。

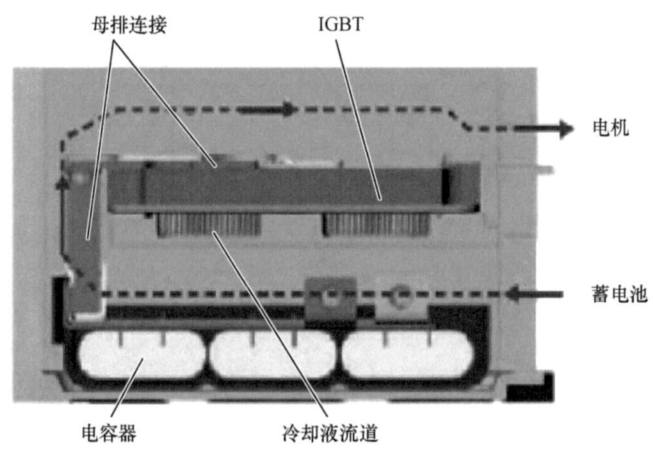

图 9-16　日立公司第二代电机控制器内部结构示意图（见彩插页）

3）其第三代电机控制器 IGBT 模块采用双面 Pin-Fin 直接水冷式结构，如图 9-17 所示，相比于第一代、第二代产品所采用的单面直接水冷结构，其热阻约降低 35%，同等芯片尺寸下的载流密度提升超过 30%，功率密度可达 35kW/L，是第一代产品功率密度的 5 倍多。

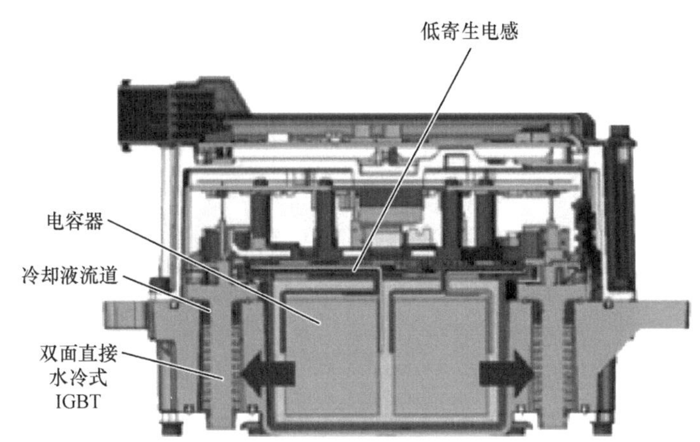

图 9-17　日立公司第三代电机控制器内部结构示意图

我国的大洋电机、精进电动、上海大郡等公司在电机及电机控制器方面取得了一定的成果。从电力驱动系统性能参数看，国内外产品并没有明显差异，但在安全方面（如高压安全、功能安全、可靠性和耐久性等）和电磁兼容方面（相关标准和测试环境等），国内产品与国外仍有较大差距。

9.3.2　电机控制器的功能与结构

电动汽车用驱动电机除满足车辆运行功能外，还需满足车辆行驶时的舒适性（如在涉水或泥泞颠簸路面稳定行驶）、适应环境的性能（如适应高、低温天气）和一次充电的续驶里程等性能，因此，电动汽车用驱动电机的技术规范要求比普通工业电机更为严格，需具有更高的动静态能力和安全性。对电动汽车用电机控制器的要求涉及以下几方面。

1）控制系统中元器件温度符合相关标准规定要求。

2）调速范围宽广，转矩响应速度快。汽车在起动、加速、爬坡、频繁起停等工况低速运行时，具有大转矩；在平坦的路面高速运行时，通过控制策略实现电机高转速运行。

3）优化控制策略，使电机在整个运行范围内的效率最优，包括在制动回馈时能量回收率高，在蓄电池容量一定的前提下增加续驶里程。

4）有较为完善的保护方案，保证电动汽车发生故障时能够及时反应，充分保障生命安全和汽车财产安全。

5）操纵性能符合驾驶员驾驶习惯，运行平稳，乘坐舒适。

电机控制器包括 3 个功能单元：传感器、中间连接电路与处理器。传感器把测得的电压、电流、速度、温度、转矩、电磁通等数据转变为电信号，通过连接电路把这些信号调整到合适的值后输送给处理器，处理器的输出信号通常经过中间电路放大后驱动功率变换器的半导体元件。 电动汽车电机驱动系统如图 9-18 所示。

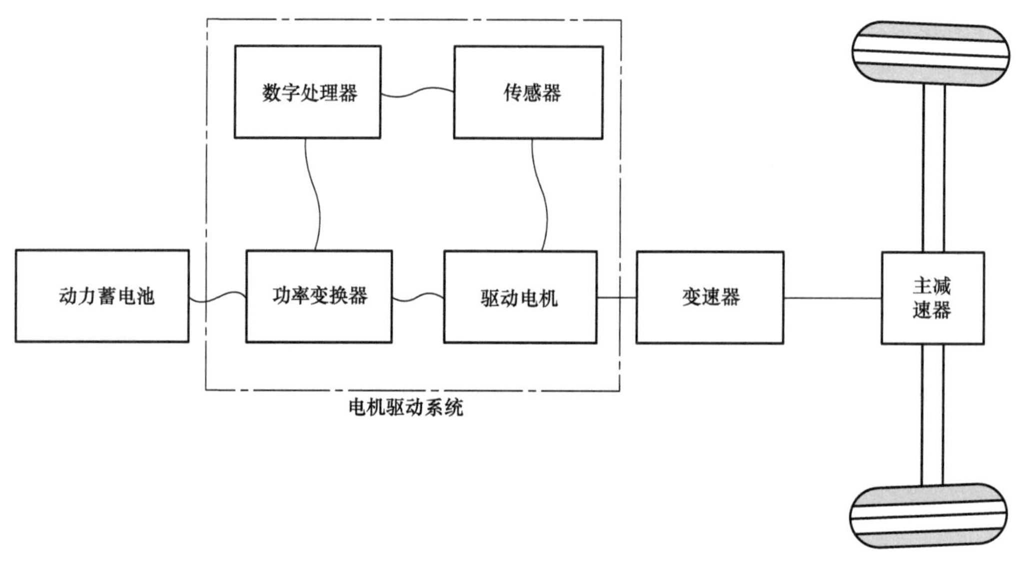

图 9-18　电动汽车电机驱动系统

9.3.3　电机控制器的分类

目前电动汽车常用的驱动电机及其控制系统主要有以下 4 种。

一是直流电机驱动系统，电机控制一般采用脉宽调制（PWM）控制方式。

二是交流感应电机驱动系统，电机控制一般采用矢量控制或直接转矩控制的变频调速控制方式。

三是交流永磁电机驱动系统，包括永磁同步电机控制系统和永磁无刷方波电机控制系统，其中永磁同步电机控制一般采用矢量控制方法，永磁无刷方波电机的控制方法与直流电机控制相似。

四是开关磁阻电机驱动系统，电机控制一般采用模糊滑模控制方式。

9.4　燃料电池控制器

燃料电池控制器（Fuel Cell Control Unit，FCU）是燃料电池系统的核心，用来保证燃料电池系统正常工作，其主要功能包括气路管理、水热管理、电气管理、数据通信和故障诊断等。

1. 气路管理

气路管理实现对燃料电池系统所需的氢气和空气的流量、压力、湿度和温度等进行合理精准控制。

2. 水热管理

水热管理实现对冷却水路的循环、加温、散热以及对空气和冷却液的温度进行控制调节，提高燃料电池系统的功率以及运行的可靠稳定性。

3. 电气管理

电气管理实现对燃料电池堆电压和电流的检测，调节输出功率，将燃料电池电压控制在合理区间，消耗关机残留电量，进行电压电流的保护控制等。

4. 数据通信

数据通信实现与其他系统的通信，实现重要数据信息和控制的交互。

5. 故障诊断

故障诊断实现对气路、水热、电气、通信系统的各个方面进行故障诊断、警告、报警和保护等功能。

燃料电池控制器如图 9-19 所示。

图 9-19　燃料电池控制器

燃料电池控制器工作原理如图 9-20 所示。

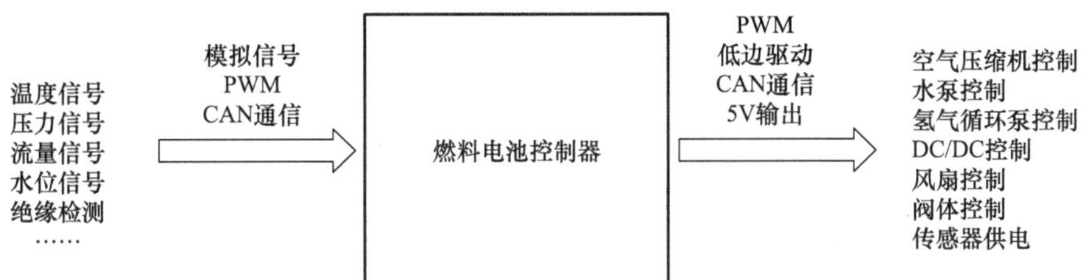

图 9-20　燃料电池控制器工作原理图

9.5　氢系统控制器

氢系统控制器（Hydrogen Management System，HMS）是氢系统的核心部件，主要用于实现车载氢系统的全工作过程控制，包括对整个供氢过程的管理和监控，以确保系统可靠和高效地运行。

氢系统主要包括氢气瓶组、瓶口阀、高压传感器、一级减压阀、二级减压阀、主电磁阀、低压传感器、加氢口、单向阀及红外通信模块、氢气泄漏传感器。

与氢系统控制器连接的部件有瓶口阀、高压传感器、主电磁阀、低压传感器以及红外通信模块、氢气泄漏传感器，如图 9-21 所示。

瓶口阀用于控制整个氢气管路的通断，同时，在瓶口阀上集成了温度和压力传感器，可以用于氢气瓶内压力和温度的监测。高压传感器用于监测从氢气瓶中流出的氢气的压力。氢气通过一级减压阀和二级减压阀后减压到适合进入燃料电池堆的压力。低压传感器对进入燃料电池堆前的氢气压力进行监测，确保进入燃料电池堆的氢气压力适宜。氢气泄漏传感器用于对车上各关键部位的氢气浓度进行检测，包括发动机舱、驾驶室等，一般根据需求在车上加装多个。

红外通信模块用于加氢过程中氢系统与加氢设备的通信，保证加氢过程的安全进行。

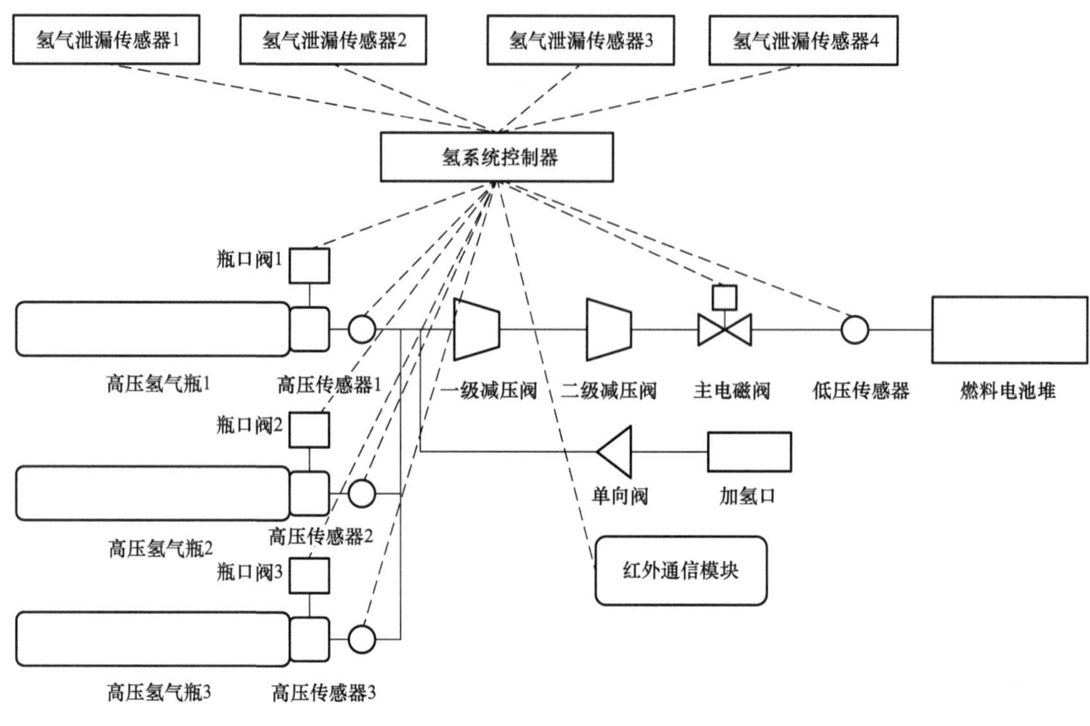

图 9-21　氢系统控制原理图

考虑到整车的布置空间和单个氢气瓶的氢气容量较小，在燃料电池电动汽车上通常安装多个氢气瓶协同为燃料电池系统提供氢气，因此，要求氢系统控制器能够实现对多个氢气瓶的分布式控制，控制每个氢气瓶的供给和关闭。

第 10 章　新能源汽车动力系统标准与法规

在国家的引导与政策的扶持下，国内新能源汽车市场迅速发展。特别是近几年在“碳达峰”“碳中和”的大背景下，新能源汽车的产销量快速增长。纯电动汽车作为新能源汽车“三纵三横”技术体系中重要的“一纵”，技术迭代更新迅速。标准 GB/T 18385—2005《电动汽车　动力性能　试验方法》于 2005 年发布，是测试纯电动汽车动力性能的重要指导性文件之一，对于推动纯电动汽车技术进步有着积极的意义。

我国汽车工业在快速发展的同时，也带来了能源和环境问题。电动汽车作为缓解能源环境问题的重要手段，近年来在国内外不断发展壮大。如何科学评价电动汽车的能量消耗量和续驶里程也愈加重要，在这方面，我国制定并形成了支撑纯电动汽车评价的国家标准 GB/T 18386.1—2021《电动汽车能量消耗和续驶里程试验方法　第 1 部分：轻型汽车》及 GB/T 18386.2—2022《电动汽车能量消耗和续驶里程试验方法　第 2 部分：重型商用车辆》，规定了纯电动汽车的能量消耗量和续驶里程的试验及计算方法。

10.1　电动汽车动力性能试验方法

10.1.1　电动汽车动力性能试验方法标准概述

1. 标准的属性和作用

现行标准 GB/T 18385—2005《电动汽车　动力性能　试验方法》于 2005 年发布，距今已经 17 年，而纯电动汽车的技术发展却日新月异，原标准中的试验条件、试验方法等较多内容已经不适用于现在的纯电动汽车动力性能的测试需求。因此，GB/T 18385—2025《电动汽车　动力性能　试验方法》对现标准进行了修订，代替了 GB/T 18385—2005《电动汽车　动力性能　试验方法》，以适应纯电动汽车的发展。

新版标准于 2024 年 8 月发布，2025 年 3 月 1 日开始实施。

2. 术语定义

（1）可充电储能系统（Rechargeable Electrical Energy Storage System，REESS）

可充电的且可提供电能的能量储存系统。

（2）荷电状态（Stage-of-Charge，SOC）

当前蓄电池中按照规定放电条件可以释放的容量占可用容量的百分比。

（3）30min 最高车速（maximum 30 minutes speed）

纯电动汽车能持续行驶 30min 以上的最高平均车速。

（4）最高车速（1km）[maximum speed（1km）]

按规定的试验方法，纯电动汽车能保持的最高稳定平均速度。

（5）加速能力（v_1 至 v_2）[acceleration ability（v_1 to v_2）]

纯电动汽车从速度 v_1 加速到速度 v_2 所需的最短时间。

（6）原地起步加速能力（initial starting acceleration ability）

纯电动汽车由静止状态加速到规定的终了车速所经历的最短时间。

（7）超越加速能力（overriding acceleration ability）

纯电动汽车由规定的起始车速加速到规定的终了车速所经历的最短时间。

（8）爬坡车速（speed uphill）

纯电动汽车在给定坡度的坡道上能持续行驶 1km 以上的最高平均车速。

（9）最大爬坡度（maximum gradability）

纯电动汽车在良好路面上，满载状态下所能通过坡道的极限坡度（坡度采用坡道垂直高度与水平距离的百分比表示）。

（10）坡道起步能力（hill starting ability）

纯电动汽车在坡道上能起动且 1min 内向上行驶至少 10m 的最大坡度。

10.1.2 试验

1. 试验条件

（1）试验车辆状态

1）机械运动部件用润滑油及冷却液的规格和加注量应符合车辆制造厂的规定。

2）试验驾驶员应按照车辆制造厂推荐的操作程序使 REESS 在正常运行温度下工作。

3）除了驱动用途以外，所有的储能系统应充到车辆制造厂规定的最大值（电能、液压、气压等）。

4）试验前车辆在安装 REESS 的条件下磨合一定的里程，也可根据车辆制造厂的技术要求进行磨合。该里程须大于 300km，同时应使 REESS 至少经历一次从完全充电状态放电至荷电状态报警的过程，电量报警装置应工作正常。

5）牵引车匹配的挂车尽可能不增加牵引车迎风面积，或采用车辆制造厂推荐的挂车进行试验。

（2）环境条件

1）环境温度及大气压力：室外试验环境温度应为 0 ~ 40℃。室内试验环境温度应为 23 ± 5℃。大气压力应为 91 ~ 104kPa。

2）风速：对于 M_1 类车辆和最大设计总质量小于 2t 的 N_1 类车辆，在高于路面 0.7m 处测量；对于其他车辆，在高于路面 1.6m 处测量。平均风速不超过 3m/s，最大风速不超过 5m/s。

3）相对湿度：相对湿度小于 95%。

（3）测量参数、单位和准确度

测量参数、单位和准确度符合表 10-1 的规定。

表 10-1　测量的参数、单位和准确度

测量参数	单位	准确度
时间	s	± 0.1
长度	m	± 0.1%

（续）

测量参数	单位	准确度
温度	℃	± 1
风速	m/s	± 0.5
大气压力	kPa	± 1
速度	km/h	± 0.1 或 ± 0.1% 取大者
质量	kg	± 0.5%
轮胎气压	kPa	± 1%

（4）道路条件

1）总体要求：试验应该在干燥的直线跑道或环形跑道上进行。路面坚硬、平整、干净且有良好的附着性能。

2）最高车速试验道路条件

① 直线道路

a）测量区长度：测量区长度不得至少 200m，并用标杆做好标记。

b）加速区长度：加速区与测量区具有相同特性，长度应能保证车辆在进入测量区前可以加速到车辆所能达到的最高车速并稳定行驶至少 200m。

c）坡度：加速区的后 200m 和测量区的纵向坡度不超过 0.5%，测量区的横向坡度不超过 3%。试验采用单方向试验时，直线道路纵向坡度不超过 0.1%。

d）环形道路上选择直线段：如果环形道路中的一部分满足直线道路的要求，且其离心惯性反作用力小于汽车试验质量的 20%，并可通过道路横向坡度得到补偿，则此环形道路的这部分可作为直线道路测量区。

② 环形道路

a）环形道路长度：环形道路的长度不小于 2000m。

环形道路由直线部分和近似环形的部分相接而成。环形部分的曲率半径应不小于 200m，以保证车辆行驶中的离心力可通过道路横向坡度补偿，使驾驶员在试验中不对方向盘进行任何操作时，车辆也可保持在车道内正常行驶。

b）环形道路修正因数：按环形道路修正因数确定方法所给出的确定修正因数的试验方法，修正因数不应超过 5%。如果试验车辆上安装的速度调节器或限速装置起作用，则不必修正。

3）加速能力试验道路条件：测量区为一条平直、干燥、清洁的混凝土或沥青（或相类似的材料）直线道路。测量区的纵向坡度不超过 0.1%，横向坡度不超过 3%。

4）试验坡道要求

① 爬坡道路如图 10-1 所示，测试路段坡道长度应不小于 20m，且能满足对试验车辆进行坡道起步能力试验的长度要求。测试路段的前后设有渐变路段，坡前平直路段长度不小于 8m，坡道路面表面平整、坚实、干燥，坡度均匀，具有良好附着性能。

② 测试路段的纵向坡度变化率不大于 0.1%，横向坡度变化率不大于 3%。

2. 试验车辆准备

（1）REESS 的充电

1）常规充电：常规充电宜采取交流充电方式，如果车辆支持直流充电，则根据车辆制造厂的建议，可选择直流充电方式。

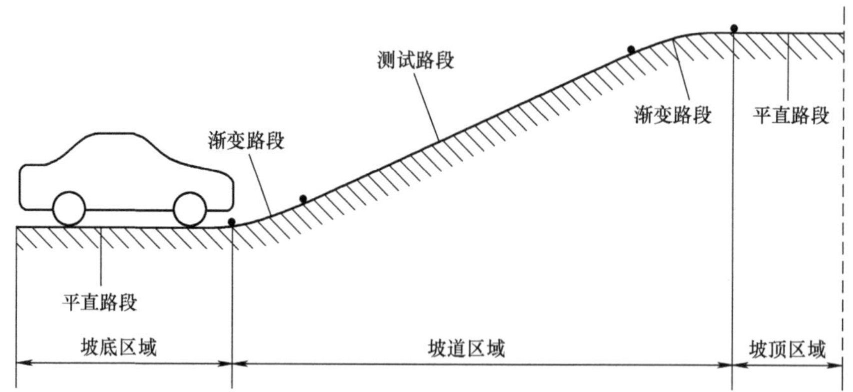

图 10-1　爬坡道路示意图

根据车辆制造厂的建议选择下列方式之一进行充电。

① 使用车载充电器（如装有）充电。

② 使用车辆制造厂建议的外接充电器充电。

上述充电方式采用的充电程序不包括任何自动或手动启动的特殊充电程序，例如均衡充电模式或维护模式。

2）充电结束的标准：当车载或外部仪器显示 REESS 已完全充电时，判定为充电完成。如果车载或外部仪器发出明显的信号提示 REESS 没有充满，在这种情况下，最长充电时间（h）为

$$3\times \text{车辆制造厂规定的 REESS 能量（kW·h）/ 供电功率（kW）}$$

（2）预热

即将进行试验前，按照车辆制造厂推荐或适当的方式对会影响试验结果的车辆系统、部件进行预热，以达到车辆制造厂推荐的稳定温度条件，预热方式在记录中注明。

（3）车辆试验质量及载荷分布

1）各类别车辆试验质量及载荷分布要求

① M_1 类车辆和最大设计总质量小于 2t 的 N_1 类车辆

a）试验质量：当车辆的最大设计装载质量小于或等于 180kg 时，试验质量应为整车整备质量加上最大设计装载质量；当车辆的最大设计装载质量大于 180kg 但小于或等于 360kg 时，试验质量应为整车整备质量加上 180kg；当车辆的最大设计装载质量大于 360kg 时，车辆的试验质量应为整车整备质量加上 50% 的最大设计装载质量。试验质量包括测量人员和仪器的质量。

b）载荷分布：对于 M_1 类车辆，载荷的质心应位于前排外侧座椅 R 点连线的中点；对于最多 2 排座椅的车辆，载荷的质心应位于前排外侧座椅 R 点连线的中点；对于多于 2 排座椅的车辆，最初的 180kg 载荷的质心应位于前排外侧座椅 R 点连线的中点，附加载荷的质心应位于车辆中心线上，且应在前排外侧座椅 R 点连线中点和第二排外侧座椅 R 点连线中点之间。

c）对于 N_1 类车辆，附加载荷（指试验总载荷减去测量仪器和人员的质量）的质心应位于车辆货厢的中心。

② M_2 类、M_3 类汽车和最大设计总质量不小于 2t 的 N 类车辆：除了特殊规定外，适用于 M_2 类、M_3 类城市客车的试验质量为整车整备质量加上最大设计装载质量的 65%；半挂牵引车

及牵引货车的试验质量为车辆制造厂规定的汽车列车状态下最大设计总质量；其他车辆的试验质量应为整车整备质量加上最大设计装载质量。试验质量包括测量人员和仪器的质量。

M_2 类、M_3 类车辆的载荷按照 GB/T 12428—2023《客车装载质量计算方法》的规定进行分布，乘员人均质量按表 10-2 进行计算。

表 10-2　乘员人均质量　（单位：kg/ 人）

项目		客车类型		
		A 级、Ⅰ级	Ⅱ级	B 级、Ⅲ级
乘客人均质量	乘客平均质量	66	66	66
	手提行李的平均质量	—	3	3
	随身行李的平均质量	—	10	10
车组人员人均质量		75	75	75

注：“—”表示不适用。

N 类车辆的载荷按照 GB/T 12534—1990《汽车道路试验方法通则》的规定分布，N 类车辆无特殊规定时装载质量均为制造厂规定最大装载质量或使试验车处于制造厂规定最大总质量状态；装载质量均匀分布，装载物应固定牢靠，试验过程中不得晃动和颠离；不应因潮湿、散失等条件变化而改变其质量。保证装载质量的大小、分布不变。

2）各试验项目试验质量及载荷分布要求：进行 30min 最高车速试验、最高车速试验和加速能力试验时，车辆按照 10.1.2 第 2 条第（3）款第 1）项的规定加载；进行爬坡车速、最大爬坡度和坡道起步能力试验时，半挂牵引车及牵引货车按照 10.1.2 第 2 条第（3）款第 1）项 b）部分的规定加载；其他车辆均按照最大设计装载质量（包括测量人员和仪器的质量）加载，载荷分布应均匀，固定牢靠。

3. 试验项目及方法

（1）试验通用技术规则

1）在环境温度下，轮胎气压符合车辆制造厂的规定。进行坡道试验时，轮胎气压为车辆制造厂规定的轮胎在冷状态的充气压力再增加 20kPa；轮胎花纹深度应至少在原始花纹深度的 75% 以上，且胎面良好。

2）车辆按 10.1.2 第 2 条第（2）款和 10.1.2 第 2 条第（3）款的规定进行预热以及确认试验质量。

3）在车辆进行各项动力性能试验前，记录车载或外部仪器显示的 SOC，且 SOC 须满足表 10-3 中的要求。

表 10-3　各项动力性能试验前的 SOC 要求

试验项目	试验开始前的 SOC
30min 最高车速	≥ 90%
最高车速	≥ 50% 或处于车辆制造厂推荐的 SOC 以上
加速能力	
爬坡车速	
最大爬坡度	≤ 40%
坡道起步能力	

4）除试验必要的设备和车辆日常操纵件外，试验过程中关闭车上的照明装置及辅助装置（如空调、座椅加热、多媒体等），若汽车装有隐藏式灯具，灯架应位于车灯隐藏状态下的位置。若试验时有汽车行驶安全的需要，可打开车灯，但应在记录中注明。

5）车辆应清洁，如无特殊要求，试验过程中车窗和乘客舱或驾驶室通风口应关闭。

6）若车辆有多种驾驶模式（如智能模式、运动模式等），应选择车辆制造厂推荐的驾驶模式进行试验，在记录中注明。

7）在进行电动汽车动力性能的各项试验时，按照各项试验要求选择档位进行试验，若该项试验无特殊要求，则按照默认设定档位或车辆制造厂推荐的档位进行试验。

8）记录各项试验的有效数据。

（2）30min 最高车速试验

1）30min 最高车速的试验可在环形道路上进行，也可在底盘测功机上进行。

在底盘测功机上试验时，按照车辆试验质量及载荷分布要求的试验载荷对车辆加载，进行行驶阻力测定。行驶阻力测定按照以下方法进行。

① 轻型汽车行驶阻力可根据车辆制造厂的要求按照 GB 18352.6—2016《轻型汽车污染物排放限值及测量方法（中国第六阶段）》中附件 CC 规定的滑行法或基于车辆参数计算道路载荷和行驶阻力的方法确定。

采用滑行法时，车辆行驶到比车辆制造厂规定的 30min 最高车速估计值高 10km/h ~ 15km/h 的车速，并稳定维持至少 1min 后开始滑行，若 30min 最高车速估计值与设计最高车速相同或相差小于 10km/h，应以车辆设计最高车速开始滑行。

② 其他车辆行驶阻力测定可根据车辆制造厂的要求按照 GB/T 27840—2021《重型商用车辆燃料消耗量测量方法》中附录 C 或附录 E 的规定进行。

2）试验车辆以车辆制造厂提供的 30min 最高车速估计值匀速行驶 30min，试验中车速如有变化，可通过调整加速踏板，使车速稳定在 30min 最高车速估计值 ±5% 的区间内。

3）如果试验中车辆出现驾驶员不可控的降速，且车速达不到 30min 最高车速估计值的 95%，可按照上述 30 min 最高车速估计值重新进行一次试验。若车辆仍无法保持该车速行驶 30min，则车辆制造厂重新估计 30min 最高车速值，直至车辆能按照车辆制造厂重新估计的 30 min 最高车速匀速行驶 30min。

4）测量车辆驶过的里程 S_1，并按照式（10-1）计算平均 30min 最高车速 v_{30}：

$$v_{30}=\frac{S_1}{500} \tag{10-1}$$

式中，S_1 为车辆驶过的里程（m）；v_{30} 为平均 30min 最高车速（km/h）。

（3）最高车速试验

1）标准试验程序（双方向试验）

① 设定测试长度，应至少 200m。

② 为了减少道路坡度和风向（风速）等因素造成的影响，依次使用道路的相同路径从试验道路的两个方向往返进行试验。两次测试连续进行，间隔时间尽可能短。

③ 在符合要求的直线试验道路上将试验车辆进行加速，在车辆在驶入测量区之前应加速到其所能达到的最高车速并稳定行驶 200m；保持这个车速进入测量区并持续行驶设定的测量长度。

在单次试验中车辆行驶速度最大值与最小值相差不应超过最小值的 2%，记录车辆通过测量区的时间 t_i。

④ 随即进行反方向的试验，并记录 t_i。

⑤ 在往、返方向上的试验次数相同且不少于 1 次，记录的 t_i 中最大值与最小值相差不应超过最小值的 3%。

按照式（10-2）计算试验结果。

$$v = \frac{L \times 3.6}{\bar{t}} \tag{10-2}$$

式中，v 为实际最高车速（km/h），按照 GB/T 8170—2008《数值修约规则与极限数值的表示和判定》修约至一位小数；$\bar{t}$ 为往返方向试验所测 t_i 的算术平均值（s）；L 为设定的测量长度（m）。

2）单一方向试验程序：由于试验道路的自身特性，车辆不能从两个方向都达到其最高车速，可以只从一个方向进行试验。试验道路特性必须满足试验道路的总体要求和最高车速试验道路的要求。

试验过程中的平均风速在车辆行驶方向的水平分量不超过 ±2m/s。

试验按照标准试验程序（双方向试验）①、②、③条进行，连续重复进行 5 次，单次试验中车辆行驶速度最大值与最小值相差不超过最小值的 2%，记录每次试验通过测量区的时间 t_i，t_i 的最大值与最小值相差不应超过最小值的 3%。v_i 按照式（10-3）、式（10-4）及式（10-5）进行修正。

$$v_{\mathrm{v}} = |v| \times 3.6 \tag{10-3}$$

$$v_{\mathrm{t}} = \frac{L \times 3.6}{t_i} \tag{10-4}$$

$$v_i = v_{\mathrm{t}} \pm v_{\mathrm{v}} f \tag{10-5}$$

式中，如果风的水平分量与车辆行驶方向相反，则式（10-5）选择“+”号，否则选择“–”号；v_{v} 为试验过程中的平均风速在行驶方向的水平分量（km/h）；v 为所测量的风速在行驶方向的水平分量（m/s）；v_{t} 为每次测量的最高车速（km/h）；L 为测量道路长度（m）；t_i 为每次试验通过测量区的时间（s）；v_i 为第 i 次最高车速试验结果（km/h）；f 为修正因数，取值为 0.6。

去掉 v_i 的最大值和最小值，由式（10-6）计算得出最高车速 v（按照 GB/T 8170—2008 修约至一位小数）。

$$v = \frac{1}{3}\sum_{1}^{3} v_i \tag{10-6}$$

3）环形道路上的最高车速试验程序

① 在环形道路上标记测量的起始点。

② 汽车在环形道路上加速至最高车速后至少稳定行驶 200m，在经过标记的起始点时开始测量，保持最高车速行驶，当车辆再次行驶到起始点时结束测量，至少行驶 3 次，记录每次试验通过测量区的时间 t_i 及车辆在测量区间的行驶距离。

③ 行驶过程中不对方向盘施加任何用来修正方向的动作，记录的 t_i 中最大值与最小值相差不应超过最小值的 3%。

④ 按式（10-7）及式（10-8）计算最高车速。

$$\bar{t}=\frac{1}{n}\sum_{1}^{n}t_i \tag{10-7}$$

$$v_a=\frac{L\times3.6}{\bar{t}} \tag{10-8}$$

式中，v_a 为环形道路上的最高车速（km/h）；$\bar{t}$ 为 t_i 的算术平均值（s）；L 为汽车实际行驶的环形道路的长度（m）。

用环形道路测量最高车速，需要考虑环形道路离心力的影响以及随之发生的汽车方向的变化，最高车速 v 应按式（10-9）对 v_a 进行修正，并按照 GB/T 8170—2018 修约至一位小数。

$$v=v_ak \tag{10-9}$$

式中，k 是根据环形道路修正因数确定方法确定的修正因数，$1.00\leqslant k\leqslant1.05$；$v$ 是最高车速（km/h）。

（4）加速能力（v_1 至 v_2）试验

1）一般要求

① 如车辆制造厂有加速能力（v_1 至 v_2）试验特定的驾驶模式及档位选择，按车辆制造厂规定的驾驶模式及档位进行试验；如车辆制造厂无特殊规定，按车辆默认设定的驾驶模式及档位选择进行试验，并在记录中注明。

② 若车辆换档模式具有自动模式和手动模式选择功能，按照车辆制造厂的要求选择自动模式或手动模式，选择手动模式试验时参照手动档车辆的规定进行试验，并在记录中注明。

③ 每项试验应往返进行，每个方向至少进行 3 次，若一次试验发生问题，则该往返试验均应重做。

④ 每项试验取所有有效数据的算术平均值（按照 GB/T 8170—2018 修约至一位小数）作为试验的最终结果。

2）加速能力试验程序

① 原地起步加速能力试验

a）手动档车辆的换档装置应置于车辆制造厂规定或者适当的档位，车辆起步加速，在车轮滑转最小的情况下使车辆达到最大加速能力。离合器的操纵及换档时刻的选择应使加速能力发挥到最大，但驱动电机转速不超过峰值功率对应的电机转速，或按照车辆制造厂规定的换档时刻进行换档操作，当车辆开始运动时触发记录装置。

b）自动档（含无变速器）车辆在驱动装置启动的情况下（必要时可踩下制动器），将换档装置置于 D 档位或车辆制造厂规定的档位，车辆起步加速，在车轮滑转最小的情况下使车辆达到最大加速能力，当车辆开始运动时触发记录装置。

c）在加速过程中全力踩下加速踏板，使车辆尽可能快地加速到 100km/h（如果最高车速的 90% 达不到 100km/h，则取最高车速的 90% 向下圆整到 5 的整数倍的车速作为试验终了车速）。记录每次试验过程中的车速、加速时间和加速距离。

② 超越加速能力试验

a）从规定的起始车速全力踩下加速踏板使车辆加速到 100km/h。最高车速小于或等于 70km/h 的车辆的起始车速取 30km/h，最高车速大于 70km/h 的车辆的起始车速取 60km/h。记录每次试验过程中的车速、加速时间和加速距离。如果最高车速的 90% 达不到 100km/h，取最高车速的 90% 向下圆整到 5 的整数倍的车速作为试验终了车速。

b）加速前，车速控制在规定的起始车速向下 2km/h 范围内，并保持匀速行驶至少 2s，当车速达到上述规定的起始车速（30km/h 或 60km/h）时触发记录装置。

c）手动档车辆按照如下规定选择档位，在试验过程中不换档。

M_1 类和最大设计总质量小于 2t 的 N_1 类车辆的档位选择，对于有 2 个或 3 个前进档的车辆，档位置于最高档；对于有 4 个或 5 个前进档的车辆，档位置于最高档或者次高档；对于有 6 个前进档的车辆，档位应置于第 4 档和第 5 档；对于有 6 个以上前进档的车辆，档位置于传动比为 1.00 和传动比最接近 1.00 的档位。若车辆无传动比为 1.00 的档位，则置于传动比最接近 1.00 的两个档位。

M_2 类、M_3 类汽车和最大设计总质量不小于 2t 的 N 类车辆的档位选择，档位置于最高档和次高档。

d）自动档（含无变速器）车辆的换档装置置于 D 档位或车辆制造厂规定的档位，车辆可在变速控制器的控制下换档。

③ 数据处理所有有效试验数据的算术平均值、标准偏差和变化系数（标准偏差 / 算术平均值），按式（10-10）、式（10-11）及式（10-12）计算。

$$\mu = \frac{\sum_{i=1}^{n} T_i}{n} \tag{10-10}$$

$$\mathrm{SD} = \sqrt{\frac{\sum_{i=1}^{n} (\mu - T_i)^2}{n-1}} \tag{10-11}$$

$$k_{\mathrm{a}} = \frac{\mathrm{SD}}{\mu} \tag{10-12}$$

式中，μ 为算术平均值，按照 GB/T 8170—2018 修约至一位小数；i 为试验次数；T_i 为第 i 次试验数据；n 为试验总次数；SD 为标准偏差；k_{a} 为变化系数。

原地起步加速能力试验，变化系数不应大于 3%；超越加速能力试验，变化系数不应大于 6%。

（5）爬坡车速试验

此试验仅针对 M_1 类、M_2 类、N_1 类纯电动汽车，其他类型的电动汽车可以不做。

爬坡车速试验在底盘测功机上进行。车辆按照车辆试验质量及载荷分布要求加载试验载荷，进行行驶阻力测定。行驶阻力测定方法按照如下规定进行。

① 行驶阻力可根据车辆制造厂的要求按照 GB 18352.6—2016《轻型汽车污染物排放限值及测量方法（中国第六阶段）》中附件 CC 规定的滑行法或基于车辆参数计算道路载荷和行驶阻力

的方法确定。采用滑行法时，车辆行驶到比车辆制造厂规定的 4% 爬坡车速高 10km/h ~ 15km/h 的车速，并稳定维持至少 1min 后开始滑行。若 4% 爬坡车速设计值与设计最高车速相差小于 10km/h，则以车辆设计最高车速开始滑行。其他车辆行驶阻力测定可根据车辆制造厂的要求按照 GB/T 27840—2021《重型商用车辆燃料消耗量测量方法》中附录 C 或附录 E 的规定进行。

② 将试验车辆置于测功机上，调整底盘测功机使其增加一个相当于 4% 坡度的附加载荷。

③ 起动车辆，将试验车辆加速，手动档车辆使用适当档位，自动档车辆置于 D 档位或车辆制造厂推荐的档位，使车辆加速至能达到的最高稳定车速并稳定行驶 5s 后，开始记录持续行驶 1km 的时间 t。从开始记录直至完成 1km 行驶试验期间，车辆行驶速度最大值与最小值相差不应超过最小值的 2%。

④ 调整测功机使其增加一个相当于 12% 坡度的附加载荷，重复上述第③条的试验。

⑤ 试验完成后，停车检查各部位有无异常现象发生，并详细记录。

⑥ 按式（10-13）计算试验结果。

$$v_t = \frac{3600}{t} \tag{10-13}$$

式中，v_t 为实际爬坡车速（km/h）；t 为持续行驶 1km 所测时间（s）。

（6）最大爬坡度试验

如果车辆制造厂有特殊规定的爬坡档位，车辆换档装置置于车辆制造厂规定的档位；如无特殊规定的档位，则手动档置于最低前进档，自动档置于 D 档位，全轮驱车辆使用全轮驱动。试验在车辆制造厂规定坡度的坡道上进行，若规定坡度大于 40%，则设置安全保险装置。

1）将汽车停于接近坡道区域的平直路线段上。

2）起步后全力踩下加速踏板，在测试路段采集汽车的车速变化数据，爬坡中车速不断升高或趋于稳定通过测试路段，则表明爬坡成功，记录平均车速；爬至坡顶后，停车检查各部位有无异常现象发生。

3）如果第一次爬坡失败，可重做一次试验，总共不应超过两次，第二次爬坡在记录和报告中应特别说明；如果试验再次失败，车辆制造厂应重新计算最大爬坡度。

4）若没有车辆制造厂规定坡度的坡道，可通过增减装载质量或采用变速器较高一档（如 2 档）进行试验，按式（10-14）折算为试验车辆的最大爬坡度。增减装载质量后的载荷分布需符合 10.1.2 第 2 条第（3）款的要求。

$$\tan\alpha_m \times 100\% = \tan\left\{\arcsin\left[\frac{\sin\alpha_1 G_{a1}\frac{i_1}{i_2} + \left(G_{a1}\frac{i_1}{i_2} - G_a\right)R}{G_a}\right]\right\} \times 100\% \tag{10-14}$$

式中，$\tan\alpha_m \times 100\%$ 为最大爬坡度；α_1 为试验坡道的实际坡度角（°）；G_{a1} 为车辆试验时的实际总质量（kg）；G_a 为车辆的最大设计总质量（kg）；i_1 为车辆最低档总传动比；i_2 为车辆试验采用档位的总传动比；R 为滚动阻力系数，一般取 0.01。

按式（10-15）计算爬坡的平均车速。

$$v_p = \frac{L \times 3.6}{t} \tag{10-15}$$

式中，v_p 为车辆爬坡的平均车速（按照 GB/T 8170—2018 修约至一位小数）(km/h)；L 是测试路段的长度（m）；t 是通过测试路段的时间（s）。

（7）坡道起步能力试验

1）试验坡道的坡度由车辆制造厂规定。

2）在选定的坡道中段设置至少 10m 的测量区，测量区前设起步区，起步区与测量区的坡度应相同。

3）试验车辆爬坡至起步区，靠车辆自身制动系统稳定地停在坡道上，将档位放置在 P 档位或 N 档位，驱动电机关闭 2min。

4）起动驱动电机，如果车辆制造厂有特殊规定的爬坡档位，车辆换档装置置于车辆制造厂规定的档位；如无特殊规定的档位，则手动档置于最低前进档，自动档置于 D 档位，全轮驱车辆使用全轮驱动，全力踩下加速踏板，车速应不断增加或趋于稳定地向上，车辆起步时不能出现驾驶员不可控制的明显的溜坡现象，并以不低于 10m/min 的平均速度通过测量区，判定为坡道起步成功。若车辆起步时出现明显的车轮原地滑转，可采用合适的加速踏板开度，以保证车轮在滑转最小的情况下起步。

5）若第一次坡道起步爬坡失败，可重做一次试验，总共不应超过两次。第二次坡道起步爬坡在记录和报告中需特别说明。如果试验再次失败，车辆制造厂应重新计算坡道起步能力。

6）若没有车辆制造厂规定坡度的坡道，根据场地条件选择坡度角尽可能接近的坡道，通过增减装载质量或采用变速器较高一档（如 2 档）进行试验，参照式（10-14）计算在实际试验道路坡度上车辆试验采用的档位以及对应的实际试验总质量。

7）按照计算的实际试验总质量进行加载，载荷分布符合 10.1.2 第 2 条第（3）款的要求，车辆按照上述第 3）、4）、5）条的规定，使用按式（10-14）计算时选用的档位进行坡道起步能力试验。

10.2　电动汽车能量消耗量和续驶里程试验方法

10.2.1　电动汽车能量消耗量和续驶里程试验方法标准概述

1. 标准的属性和作用

我国汽车工业在快速发展的同时，也带来了能源和环境问题。电动汽车作为缓解能源环境问题的重要手段，近年来在国内外不断发展壮大。如何科学评价电动汽车的能量消耗量和续驶里程也愈加重要，在这方面，我国制定并形成了支撑纯电动汽车评价的 GB/T 18386 系列国家标准。

GB/T 18386 标准规定了纯电动汽车的能量消耗量和续驶里程的试验方法，其前三个版本均包含了轻型汽车和重型商用车辆全部质量段的车型。为适应产业的新发展形势，2019 年 3 月 13 日，全国汽车标准化技术委员会电动车辆分技术委员会审查会上审议通过了 GB/T 18386《电动汽车能量消耗量和续驶里程试验方法》的修订，并同意将该标准分为轻型汽车和重型商用车辆两部分，形成了 GB/T 18386.1—2021《电动汽车能量消耗量和续驶里程试验方法　第 1 部分：

轻型汽车》、GB/T 18386.2—2022《电动汽车能量消耗量和续驶里程试验方法 第 2 部分：重型商用车辆》。

GB/T 18386.1—2021 适用于 N_1 类和最大设计总质量不超过 3500kg 的 M_1、M_2 类车辆，最大设计总质量超过 3500kg 的 M_1 类车辆和 L_5 类车辆可参照执行。

GB/T 18386.2—2022 适用于最大设计总质量超过 3500kg 的纯电动汽车，包括货车、半挂牵引车、客车、自卸汽车和城市客车。混凝土搅拌运输车可参照自卸汽车相关测量方法，其他专用运输车可参照货车相关测量方法执行。

GB/T 18386.2—2022 不适用于专用作业汽车，包括厢式专用作业汽车、罐式专用作业汽车、专用自卸作业汽车、仓栅式专用作业汽车、起重举升专用作业汽车及特种结构专用作业汽车等。

2. 术语定义

GB 7258—2017《机动车运行安全技术条件》、GB/T 15089—2001《机动车辆及挂车分类》、GB/T 19596—2017《电动汽车术语》、GB 18352.6—2016《轻型汽车污染物排放限值及测量方法（中国第六阶段）》、GB/T 38146.1—2019《中国汽车行驶工况 第 1 部分：轻型汽车》和 GB/T 38146.2—2019《中国汽车行驶工况 第 2 部分：重型商用车辆》界定的术语和定义适用于本节。

10.2.2 能量消耗量和续驶里程试验

1. 试验条件

（1）环境条件

1）轻型汽车：试验室温度应设置为 23℃，允许偏差为 ±5℃；浸车区域温度应设置为 23℃，允许偏差为 ±3℃；以每 5min 移动算术平均值计，且与设定温度不存在系统偏差。温度应连续测量，取样时间间隔不大于 1min。

2）重型商用车辆：环境温度为（23±5）℃，经汽车生产企业建议并经由检验机构确认，环境温度范围可放宽至 5～35℃。试验过程中及试验开始、结束时，温度不能超出此范围，在试验报告中注明实际环境温度；相对湿度应小于 95%；大气压力应处于 91～104kPa。

（2）测量参数、单位和准确度

1）试验用测试设备要求

① 冷却风机：在底盘测功机上进行试验时，使用冷却风机（图 10-2）产生的变速气流冷却试验车辆。

图 10-2 试验中的冷却风机（见彩插页）

风机底端离地高度约 20cm，与汽车前端的距离约 30 ~ 60cm，出风口面积不小于 $0.3m^2$，宽度或直径不小于 0.8m。风机出口处各设定点位置的空气线速度比滚筒相应速度高 5km，风机出口处的空气线速度的偏差在 ±5km/h 内，或滚筒速度对应车速的 ±10% 以内，取其较大者。

风机的空气线速度是由一定数量测量点的平均值确定。如出风口为矩形的风机，将出风口等分为 9 个小矩形（出风口每边各 3 等分），测量点位于每个矩形的中心，处于中间的矩形区域不测量（图 10-3）。

如出风口为圆形的风机，则将出风口等分为 8 个扇形（水平线、垂直线以及两条 45° 线），测量点位于每个扇形对称轴（2.5°）距圆心 2/3 半径处（图 10-4）。

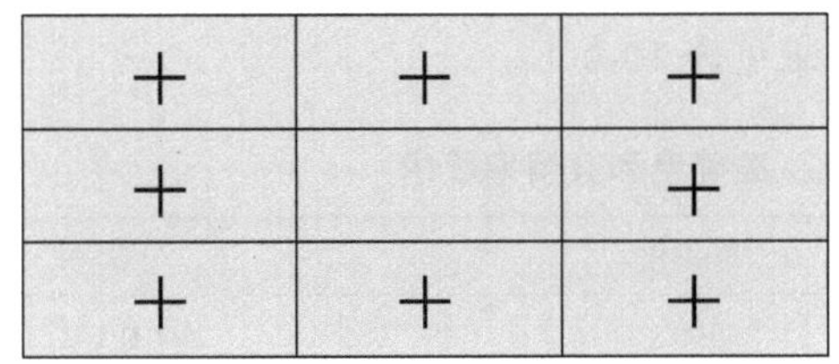

图 10-3　矩形出风口的测量点示意图

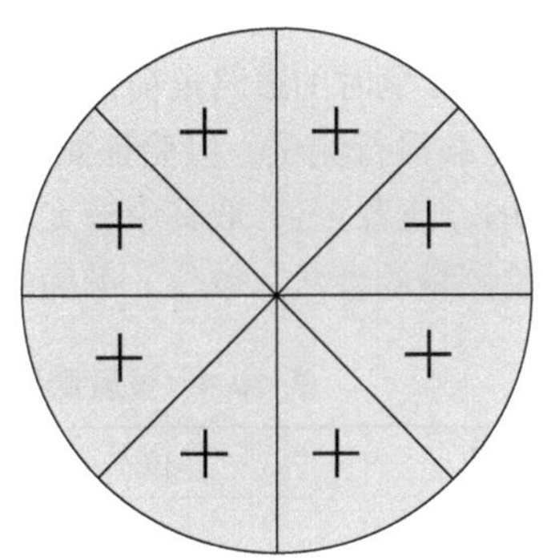

图 10-4　圆形出风口的测量点示意图

测量风速时，风机前没有车辆或其他障碍物，空气线速度测试装置距空气出口距离为 0 ~ 20cm 之间。

如车辆生产企业要求并经环境保护主管部门同意，可以调整冷却风机的高度和横向位置。这种情况下，应在试验报告里记录风扇的位置（高度和距离），并在后续的相关测试中使用相同的设置。

② 底盘测功机：底盘测功机应具有一个或两个滚筒，滚筒在所有测量点的圆周跳动应小于 0.25mm，直径和名义直径在所有测量点的偏差应在 ±1.0mm 以内。双滚筒底盘测功机的滚筒之间永久耦合，或通过前滚筒直接或者间接驱动所有惯量和功率吸收装置。测功机可以使用 3 个道路载荷参数来模拟道路阻力，可以调整并拟合载荷曲线。

测功机应具有时间测量系统，用于计算加速度或测量车辆或测功机的滑行时间，其精确度至少为 ±0.001%；还应具有速度测量系统，其精度至少为 ±0.080km/h。瞬态加速度不低于 $3m/s^2$ 时，响应时间（即牵引力阶跃式加大，达到这个牵引力的 90% 的时间）小于 100ms。时间、速度测量系统在测功机初始安装时应进行验证，瞬态加速度初始安装及维护后都应进行验证。

测功机的基本惯量应由制造商规定，确认与每次测量的基本惯量误差在 ±0.5% 范围内，且与在恒加速度、恒减速度和恒作用力试验中得出的任何算术平均值的误差在 ±0.2% 以内。转速测量频率应不小于 1Hz。

对四轮驱动控制系统进行标准规定的测试循环试验时，还应满足下列要求：

四轮驱动模式下模拟的道路载荷应能再现车辆在光滑、干燥、平整路面上的行驶能力。

初始安装和进行维护后，测功机前后滚筒行驶距离的差别应小于 WLTC 测试循环距离的

0.2%；在任意 200ms 的时间内，前后滚筒的行驶距离偏差小于 0.1m；所有滚筒的速度差小于 ±0.16km/h。使用 1s 移动平均滤波器，以至少 20Hz 的采集频率获取滚筒速度数据，对前后滚筒速度差进行评估。

底盘测功机标定方式如下。

a）力测量系统：对于所有被测量的增量，测力传感器的准确度和线性度应在 ±10N 以内。初始安装时和对设备进行主要维护后，以及测试前的 370 天内，均应验证准确度和线性度。

b）测功机寄生损失标定与检查：若测功机寄生功率与现有损失曲线的差别超过 9.0N，则应重新测量并更新测功机的寄生损失。初始安装、重要维护后和测试前 35 天之内均应进行寄生功率检查。

c）未放置车辆时的道路负荷模拟验证：测功机初始安装、重要维护后和测试前 7 天内，应进行测功机空载滑行测试，以验证测功机性能。在所有基准速度点，滑行阻力算术平均值的误差应小于 10N，或者 2%，取其中较大者。

2）试验测量的参数、单位、准确度和分辨率要求见表 10-4。

表 10-4 试验测量的参数、单位、准确度和分辨率要求

测量参数	单位	准确度	分辨率
时间	s	±0.1	0.1
距离	m	±0.1%	1
温度	℃	±1	1
速度	km/h	±1%	0.2
质量	kg	±0.5%	1
电能	W·h	±1%	1
电压	V	±0.3%FSD①或读数的 ±1%②	0.1
电流	A	±0.3%FSD①或读数的 ±1%②③	0.1

① 最大显示或标尺的长度。

② 取较大者。

③ 电流积分频率为 20Hz 或更高。

（3）试验车辆

1）轻型汽车

① 一般要求：试验车辆的所有零部件应满足批量生产要求，如果试验车辆与批量生产车辆不同，需要提供详细的说明；汽车生产企业或其授权代理者应提供一辆代表被试车型的车辆，提交给负责型式试验的检验机构，若汽车生产企业或其授权代理者选择采用插值系族，应当选择在插值系族中具有代表性的车辆，最好采用同一试验车辆通过不同道路载荷设定代表车辆 H 和车辆 L；试验车辆可根据汽车生产企业或其授权代理者的要求进行磨合，并保证机械状况良好，同时应在安装 REESS 的条件下进行磨合，磨合里程需大于 300km，并且使 REESS 至少经历一次从满电状态直至荷电状态最低值的过程；使用汽车生产企业规定的润滑剂，并在试验结果报告中注明。

除驱动用途外，所有的储能系统应充到汽车生产企业规定的最大值（电能、液压、气压等）。

② 车辆在测功机上的运转：生产企业向环境保护主管部门提供测功机运转期间车辆上需要关闭或处于失效状态的设备清单和失效或关闭理由。如无特殊要求，车辆在测功机上运行期间，关闭车辆所有辅助设备，或者令其处于失效状态。如果车辆有测功机运行模式，则按照车辆生产企业的说明激活（例如使用车辆方向盘上的按钮进行特定顺序的操作，使用车辆测试仪以及移除熔丝等）。

车辆在测功机运行模式下不能激活、调整、延迟或解除任何可能影响排放的零部件的工作状态；任何影响车辆在底盘测功机上运行的设备都应设置在正确的状态；车辆控制和传动系统的设置与生产企业的量产车型相同；车辆轮胎型号与车辆生产企业规定一致；轮胎压力可最多增加到比车辆测试质量下的轮胎下限压力高 50%；测功机设定和后续试验需使用相同的轮胎压力，并在试验报告中记录所使用的实际轮胎压力。

2）重型商用车辆

① 试验质量

a）城市客车按最大设计装载质量状态的 65% 进行试验，道路负荷按照 GB/T 27840—2021《重型商用车辆燃料消耗量测量方法》规定的滑行试验进行设定，也可以按照 GB/T 27840—2021 规定的行驶阻力系数推荐方案插值计算进行设定（根据汽车生产企业建议并经由检验机构确认）；或在最大设计总质量状态下进行试验，道路负荷的设定按照 GB/T 27840—2021 规定的滑行试验或行驶阻力系数推荐方案进行。

对于其他重型商用车辆，按最大设计总质量状态进行试验，道路负荷的设定按照 GB/T 27840—2021 规定的滑行试验或行驶阻力系数推荐方案进行。对于半挂牵引车，最大设计总质量是指汽车列车的最大质量。

b）乘员质量及其装载分布要求如下。

乘员质量要求见表 10-5。

表 10-5 乘员质量

<table>
<tr><th colspan="3" rowspan="2">车型</th><th rowspan="2">人均质量 /kg</th><th rowspan="2">行李质量 /kg</th><th colspan="4">代替重物分布质量 /kg</th></tr>
<tr><th>座椅上</th><th>座椅前的地板上</th><th>吊在车顶的拉手上</th><th>行李舱（架）</th></tr>
<tr><td colspan="3">载货汽车、越野汽车、专用汽车、自卸汽车、牵引汽车</td><td>65</td><td>—</td><td>55</td><td>10</td><td>—</td><td>—</td></tr>
<tr><td rowspan="4">客车</td><td colspan="2">长途</td><td>60</td><td>13</td><td>50</td><td>10</td><td>—</td><td>13</td></tr>
<tr><td rowspan="2">公共</td><td>座客</td><td>60</td><td>—</td><td>50</td><td>10</td><td>—</td><td>—</td></tr>
<tr><td>站客</td><td>60</td><td>—</td><td>—</td><td>55</td><td>5</td><td>—</td></tr>
<tr><td colspan="2">旅游</td><td>60</td><td>22</td><td>50</td><td>10</td><td>—</td><td>22</td></tr>
<tr><td colspan="3">轿车</td><td>60</td><td>5</td><td>50</td><td>10</td><td>—</td><td>5</td></tr>
</table>

装载分布须符合 GB/T 12534—1990《汽车道路试验方法通则》的要求，即装载质量均匀分布，装载物应固定牢靠，试验过程中不得晃动和颠离；不应因潮湿、散失等条件变化而改变其质量。保证装载质量的大小、分布不变。

② 车辆条件：试验车辆依据每项试验的技术要求加载；轮胎选用制造厂原配件所要求的类型，并按制造厂推荐的轮胎最大试验负荷和最高试验速度对应的轮胎充气压力进行充气；机械

运动部件用润滑油黏度符合制造厂的规定；车上的照明、信号装置以及辅助设备关闭（试验和车辆白天运行对这些装置有要求时除外）；除驱动用途外，所有的储能系统充到制造厂规定的最大值（电能、液压、气压等）；试验驾驶员按车辆制造厂推荐的操作程序使 REESS 在正常运行温度下工作。

试验前，试验车辆至少用安装在试验车辆上的 REESS 行驶 300km；如果车辆有制动能量回收的功能，车辆在底盘测功机上进行试验时采用与实车相同的控制策略；如果车辆配备了防抱死制动系统（ABS）、驱动力控制系统（TCS）或电子制动系统（EBS），并且在单轴驱动的底盘测功机上进行试验，需要进行屏蔽以使系统正常工作。

③ 道路负荷的设定：行驶阻力测定及在底盘测功机上的模拟，按照 GB/T 27840—2021 中的规定设定。在进行道路和底盘测功机的滑行试验时，均应把制动能量回收系统功能屏蔽。进行道路和底盘测功机滑行试验时，汽车的其他部件都应处于相同的状态（如空调关闭等）。

2. 试验程序

（1）试验要求

1）轻型汽车

① 道路载荷测量与测功机设定：规定的车辆基准速度从 20km/h 起始，以 10km/h 的步长增加，直至最高基准速度。最高基准速度根据以下规定确定。

a）最高基准速度为 120km，道路载荷的确定和底盘测功机的设定在相同的基准速度点进行。

b）如果最高基准速度加上 14km/h 后，大于或等于试验车辆的最高车速 v_{max}，则在进行道路载荷测定，或者在底盘测功机上设定阻力时，将该速度剔除。此时次高基准速度成为车辆的最高基准速度。

② 道路载荷的测定：使用滑行法中的固定式风速仪滑行法（GB 18352.6—2016《轻型汽车污染物排放限值及测量方法（中国第六阶段）》附录 CC 中的 4.3.1），或车载风速仪滑行法（GB 18352.6—2016 附录 CC 中的 4.3.2）确定道路载荷。也可以使用道路滑行法的替代方法——转矩仪法确定道路载荷。这种方法是利用转矩仪测量车辆驱动轮在各基准速度点时维持匀速行驶所需的转矩大小，计算出行驶阻力，即道路载荷。每个基准速度点的测量时间不少于 5s。

若行驶阻力曲线由汽车生产企业提供，需要提供试验报告、计算报告或其他相关资料，并由检验机构确定。

③ 试验前，汽车生产企业向检验机构提供试验车辆的制造工程报告（BER）的信息。如果使用插值法，提供插值系族中车辆 H 的 BER。

④ 动力系统的起动按照汽车生产企业的规定进行。

⑤ 车辆试验循环按照 GB/T 38146.1—2019《中国汽车行驶工况　第 1 部分：轻型汽车》附录 A 所述的中国轻型汽车行驶工况（CLTC）进行。中国轻型汽车行驶工况中包括中国乘用车行驶工况（CLTC-P）（工况曲线如图 10-5 所示）和中国轻型商用车行驶工况（CLTC-C）（工况曲线如图 10-6 所示），其中 CLTC-P 适用于 M_1 类车辆，CLTC-C 适用于 N_1 类和最大设计总质量不超过 3500kg 的 M_2 类车辆，包括低速（1 部）、中速（2 部）和高速（3 部）3 个速度区间。

若车辆申报的最高车速小于 CLTC 的最高车速，在目标车速大于车辆申报的最高车速时，按照 GB 18352.6—2016《轻型汽车污染物排放限值及测量方法（中国第六阶段）》中附录 C 的 A.5 特殊汽车测试循环修正的规定对试验循环进行修正。

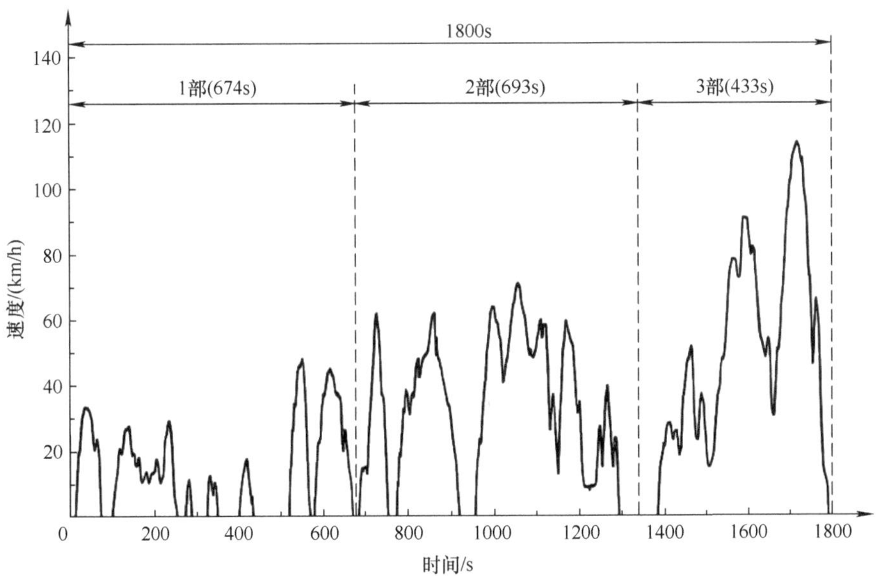

图 10-5　CLTC-P 工况曲线

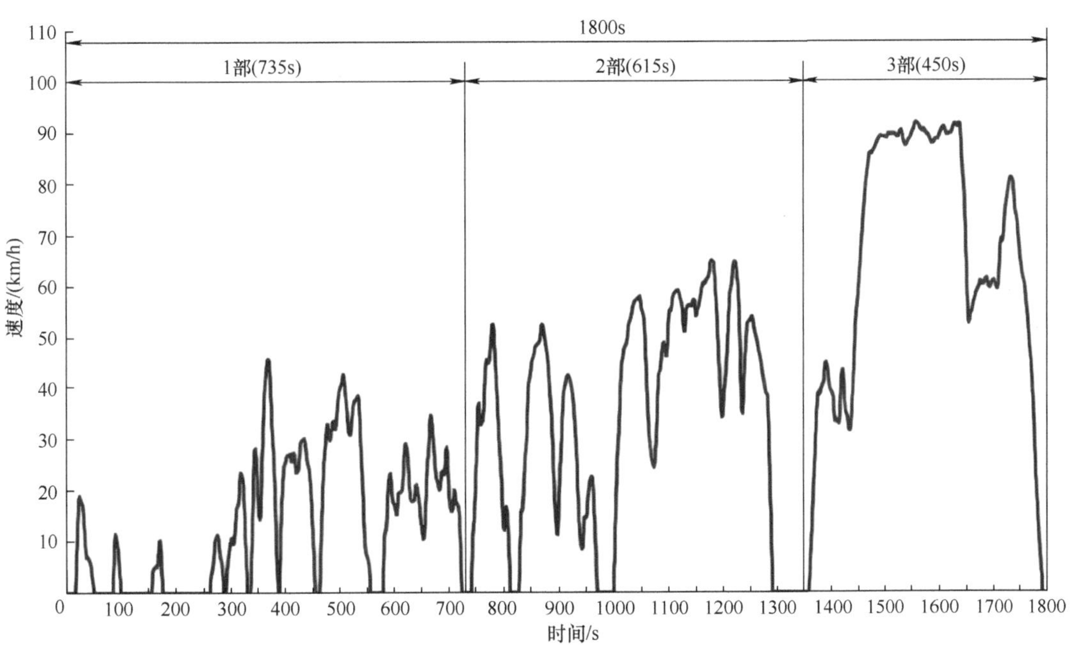

图 10-6　CLTC-C 工况曲线

测试时对车辆进行适当控制，准确跟踪试验循环曲线。每个试验循环车辆实际速度和测试循环规定的速度之间的允许公差如下，试验期间，驾驶员不应看到实际速度公差。

公差上限：+2.0km/h，时间在 ±1.0s 之内；公差下限：–2.0km/h，时间在 ±1.0s 之内，如图 10-7 所示；允许速度公差大于规定要求，但超差时间不能超过 1s，且试验期间，出现上述速度超差情况的次数不能多于 10 次。如果按常规工况法进行试验时，车辆申报的最高车速小于

CLTC 的最高车速，对于超过车辆申报最高车速的部分，需对试验循环进行修正，此时要求驾驶员将加速踏板踩到底，允许车辆实际车速超过公差上限。

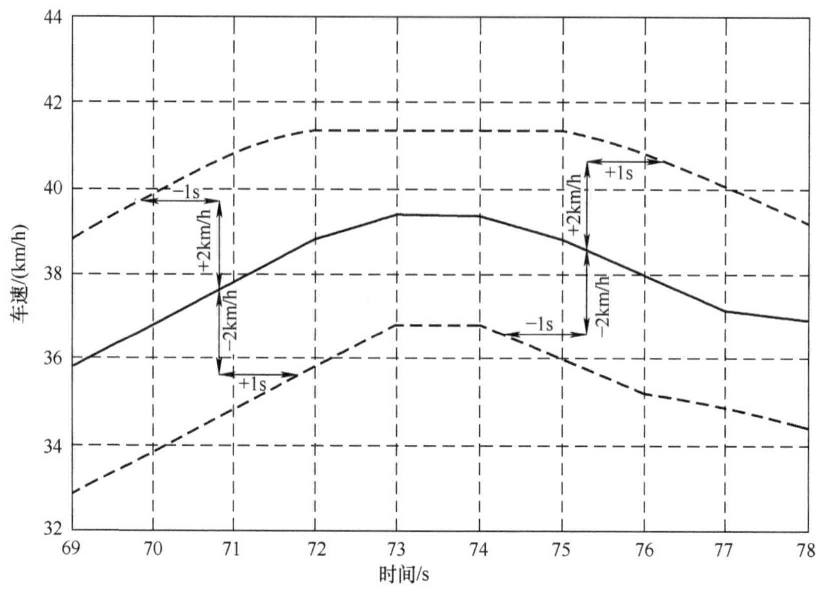

图 10-7　速度公差曲线

⑥ 在试验开始前或开始时进行能量消耗量测试，对每个速度区间分别记录。

⑦ 汽车生产企业或其授权代理者可根据需要分别测量车辆在低温环境和高温环境下的能量消耗量和续驶里程。

2）重型商用车辆

① 确定能量消耗量和续驶里程使用相同的试验程序，试验程序包括以下 3 个步骤。

a. 对 REESS 进行初次充电。

b. 进行能量消耗量和续驶里程试验。

c. 试验后再次为 REESS 充电，测量从外部电源充入的电量。

如果车辆充电位置与底盘测功机不在同一位置，需要使用车辆自身动力在两者之间移动，要求车辆用不大于 30km/h 的车速尽量以匀速的方式在两者之间移动（尽量减少电能的消耗），车辆每次在两者之间移动的距离不应超过 3km。

试验要求在充电结束后 12h 之内开始。

② 若车辆最高车速不小于中国重型商用车辆行驶工况（CHTC）中的最高车速，试验车辆按照 GB/T 38146.2—2019《中国汽车行驶工况　第 2 部分：重型商用车辆》中附录 A 规定的 CHTC 测量车辆的能量消耗量和续驶里程。

不同种类的商用车行驶工况不同，城市客车采用 CHTC-B 行驶工况；客车（不含城市客车）采用 CHTC-C 行驶工况；货车（不含自卸汽车）采用 CHTC-LT（GVW ≤ 5500kg）或 CHTC-HT（GVW > 5500kg）行驶工况；自卸汽车采用 CHTC-D 行驶工况；半挂牵引车采用 CHTC-TT 行驶工况。主要车辆行驶工况如下。

中国城市客车行驶工况（CHTC-B）包括低速（1 部）、高速（2 部）2 个速度区间，工况时长共计 1310s，工况曲线如图 10-8 所示。

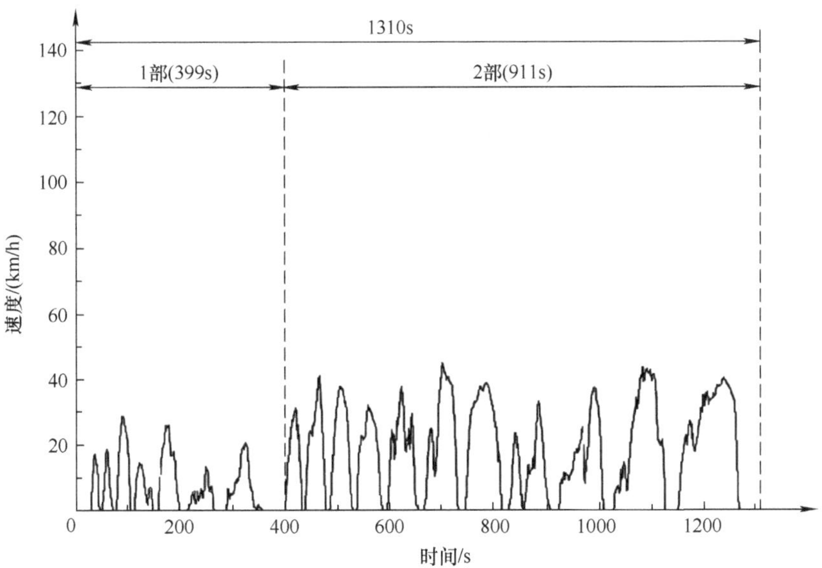

图 10-8　CHTC-B 工况曲线

中国普通客车行驶工况（CHTC-C）包括市区（1 部）、城郊（2 部）和高速（3 部）3 个速度区间，工况时长共计 1800s，工况曲线如图 10-9 所示。

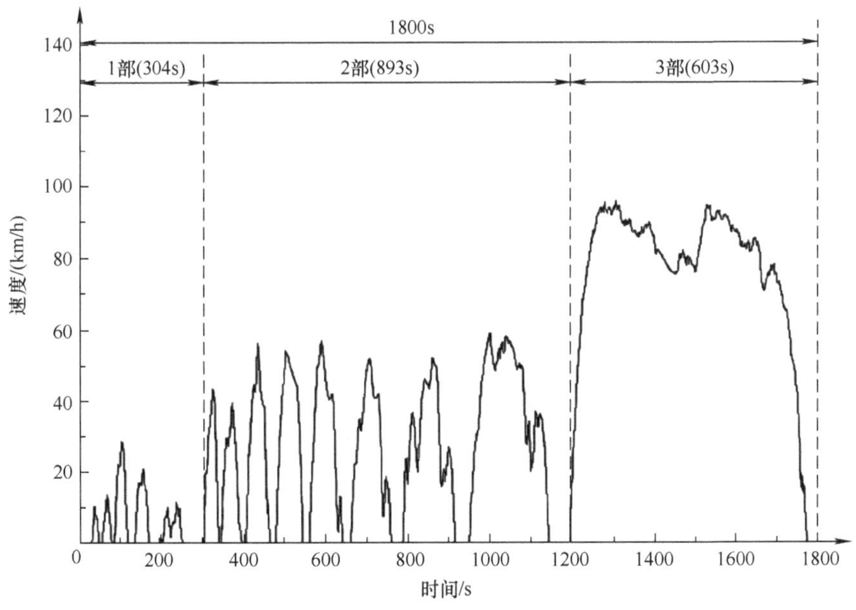

图 10-9　CHTC-C 工况曲线

中国货车（GVW ≤ 5500kg）行驶工况（CHTC-LT）包括市区（1 部）、城郊（2 部）和高速（3 部）3 个速度区间，工况时长共计 1652s，工况曲线如图 10-10 所示。

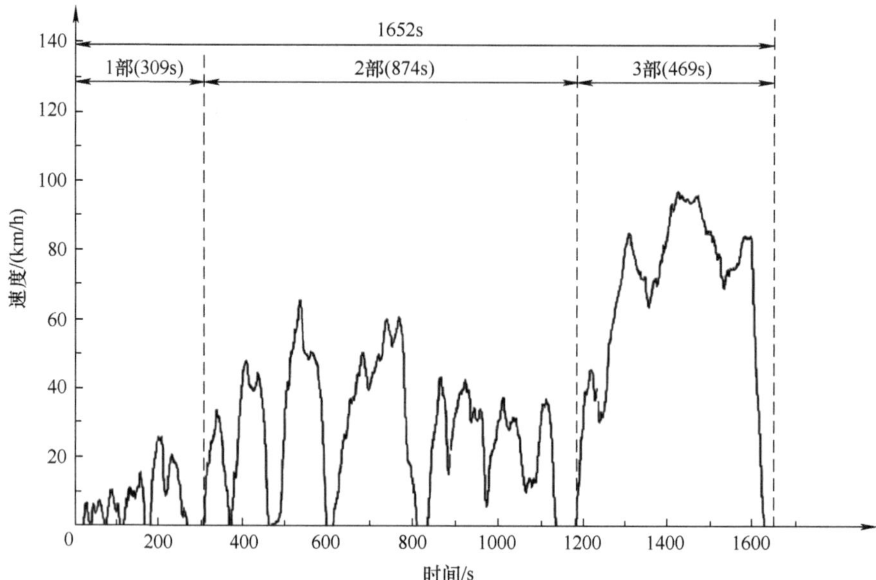

图 10-10　CHTC-LT 工况曲线

中国货车（GVW > 5500kg）行驶工况（CHTC-HT）包括市区（1 部）、城郊（2 部）和高速（3 部）3 个速度区间，工况时长共计 1800s，工况曲线如图 10-11 所示。

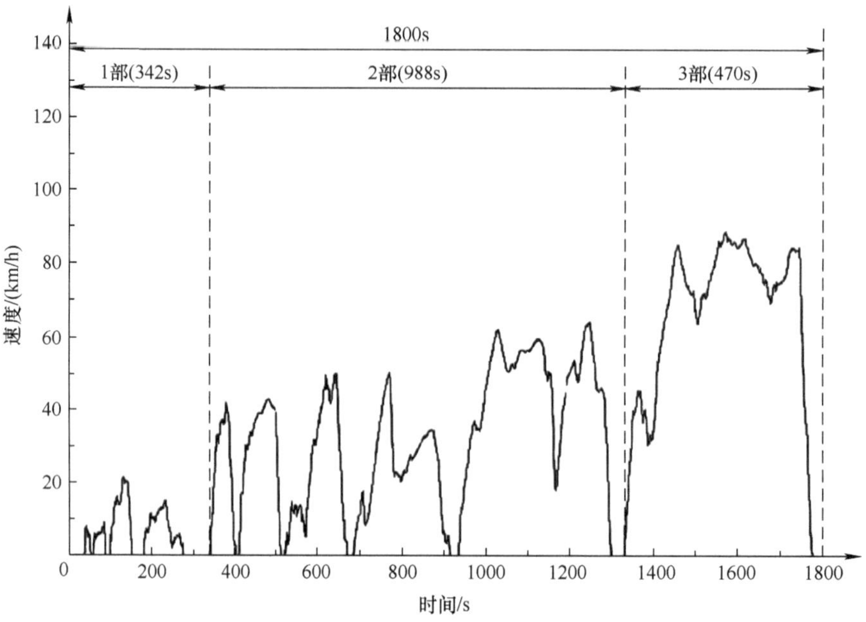

图 10-11　CHTC-HT 工况曲线

若车辆的最高车速小于 CHTC 的最高车速，在目标车速大于车辆的最高车速时，按照 GB 18352.6—2016 中附录 C 的 A.5 的规定对试验循环进行修正。试验循环的速度公差、时间公差以及超出公差范围的累计时间按照下面第③点的规定进行。对于超过车辆最高车速的部分，需

将加速踏板踩到底，允许车辆实际车速超过速度公差上限，但应满足速度公差下限的要求。

③ 试验循环的速度公差和时间公差应满足图 10-12 给出的公差和基准曲线的要求。

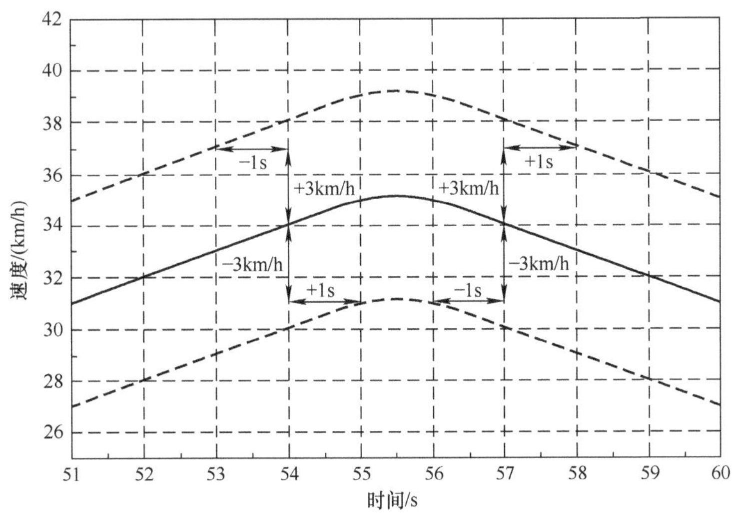

图 10-12　速度公差曲线

图中的每一个点给出的速度公差为 ± 3km/h，时间公差为 ± 1s。在每个试验循环中，允许超出公差范围的累计时间不超过 15s。

在试验报告中应注明超出公差的总时间。

（2）试验步骤

1）轻型汽车：能量消耗量和续驶里程使用相同的试验程序，试验程序包括 3 大步骤：对 REESS 进行初次充电；进行能量消耗量和续驶里程试验；试验后再次为 REESS 充电，测量从外部充入的电量。在每两个步骤执行之间，如果车辆需要移动，不准许使用车上的动力，且应确保再生制动系统未起作用。

① REESS 的初次充电：REESS 的初次充电指接收车辆以后 REESS 的第一次充电。如果所规定的几个试验或测量连续进行，第一次充电可认为是初次充电。

a. REESS 的放电：根据汽车生产企业规定的程序进行 REESS 放电。汽车生产企业应保证 REESS 能够放电至 SOC 最低值。

b. REESS 的充电方式：常规充电推荐采取交流充电方式，充电功率应不高于 42kW。当存在多种交流充电方式（例如传导充电、感应充电等）时，使用传导充电的方式。如果有多个可用的传导充电功率水平，则使用最高的充电功率。如果汽车生产企业推荐，可以选择较低的充电功率。如果车辆仅有直流充电方式，或根据汽车生产企业建议并经由检验机构确定，可以选择直流充电方式。充电连续进行，若充电过程中发生断电，则在试验报告中记录并说明原因。充电模式应根据汽车生产企业的建议进行选择。

REESS 在规定的环境温度下，使用下列方式之一进行充电。

a）使用车载充电器（如装有）充电。

b）使用汽车生产企业建议的外接充电器充电。

充电程序不包括任何自动或手动启动的特殊充电程序，如均衡充电模式或维护模式。汽车生产企业需声明，在测试过程中没有采用特殊充电程序。实际销售车辆具备的无需进行额外操作的充电策略不认为是特殊充电程序，汽车生产企业应提供相关的证明文件。

c. 充电结束的标准：当车载或外部仪器显示 REESS 已完全充电时，判定为充电完成。如果车载或外部仪器发出明显的信号提示 REESS 没有充满，在这种情况下，最长充电时间为

3× 汽车生产企业规定的 REESS 能量（kW · h）/ 供电功率（kW）

② 试验流程

a. 驾驶模式的选择

a）如果有主模式，且该模式可以使车辆在试验过程中跟随试验循环，则选择该模式。

b）如果没有主模式，或有主模式，但该模式不能使车辆在试验过程中跟随试验循环，则驾驶模式应按照以下原则选择：如果只有一个可选模式可以使车辆在试验过程中跟随试验循环，则选择该模式；如果有多个模式可以使车辆在试验过程中跟随试验循环，则应根据汽车生产企业的建议选择。

c）如果没有任何模式可以使车辆在试验过程中跟随试验循环，则试验循环应根据 GB 18352.6—2016 中附录 C 的 A.5 进行修正：如果有主模式，且该模式可以使车辆在试验过程中跟随修正后的试验循环，则选择该模式；如果没有主模式，或有主模式，但该模式不能使车辆在试验过程中跟随修正后的试验循环，则在可以使车辆在试验过程中跟随修正后的试验循环的其他模式中，根据汽车生产企业的建议选择。

d）试验过程中及浸车前后，驾驶模式应保持一致。

b. 测试流程：试验应在 REESS 充电结束后 12h 之内开始。若汽车生产企业建议并经由检验机构确定，试验可在充电结束后 36h 之内开始。对于续驶里程不超过 8 个 CLTC 规定的试验循环里程的车辆，按照常规工况法进行试验；对于续驶里程超过 8 个 CLTC 规定的试验循环里程的车辆，按照缩短法进行试验。仲裁试验时，则按照常规工况法进行试验。

a）常规工况法：常规工况法测试流程和相应 REESS 电量状态曲线如图 10-13 所示。

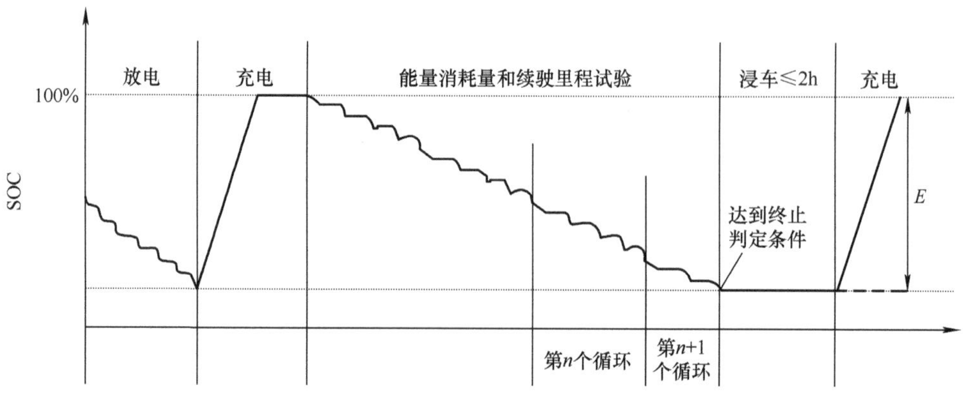

图 10-13　常规工况法测试流程

在底盘测功机上采用 CLTC 规定的试验循环连续进行试验。除非有其他的规定，每 4 个试验循环允许浸车一次，浸车时间不超过 10min。浸车期间，车辆启动开关必须处于“OFF”状态，关闭发动机舱盖，关闭试验台风扇，释放制动踏板，不能使用外接电源充电。浸车后，车辆在选择的驾驶模式下继续运行。

b）缩短法：缩短法测试流程和相应 REESS 电量状态曲线参如图 10-14 所示。

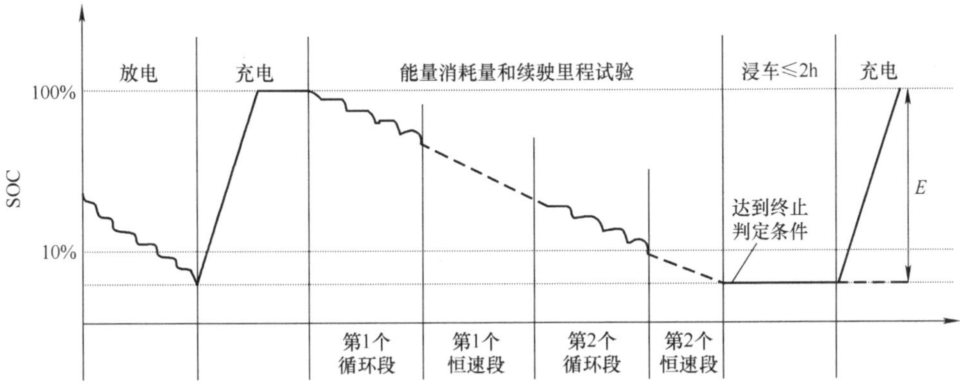

图 10-14　缩短法测试流程

缩短法速度片段由 2 个试验循环段和 2 个恒速段组成，如图 10-15 所示。其中，DS_1 和 DS_2 为试验循环段，每个试验循环段包括 2 个 CLTC 试验循环；CSS_M 和 CSS_E 为恒速段，由较高的恒定车速构成，用以尽快放电，减少测试时间。利用 2 个试验循环段的试验数据，分别计算得到车辆的能量消耗量和续驶里程。

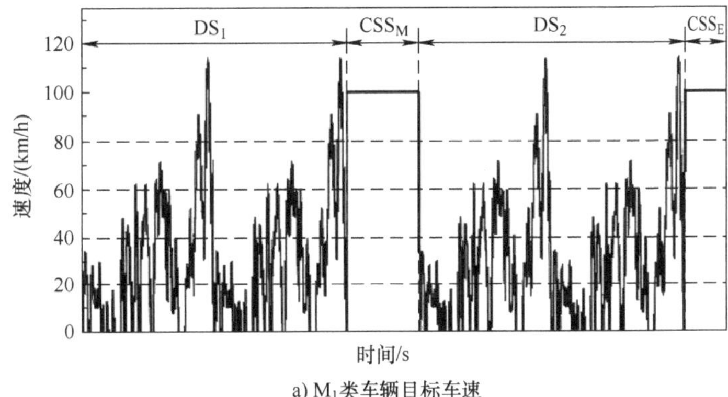

a) M_1类车辆目标车速

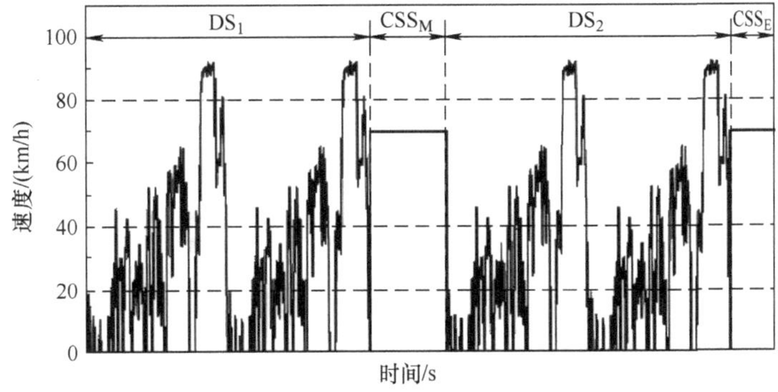

b) N_1类和最大设计总质量不超过3500kg的M_2类车目标车速

图 10-15　缩短法速度片段构成

2 个恒速段的车速相同。若采用插值系族的方法，则系族内所有车辆的恒速段车速需一致。

对于 M_1 类车辆，恒速段的车速设置推荐为 100km/h；对于 N_1 类和最大设计总质量不超过 3500kg 的 M_2 类车辆，恒速段的车速设置推荐为 70km/h。根据汽车生产企业建议并经由检验机构确定，可以选择更高的车速。若车辆的 30min 最高车速小于推荐车速，则恒速段的车速应设置为车辆的 30min 最高车速。

试验循环段结束后，车辆加速至恒速段的过程需平稳，并应在 1min 内完成。车辆在进行恒速段 CSS_M 的行驶过程中，可根据要求进行浸车。恒速段结束后的停车操作按照试验终止时停车的方法进行。

恒速段 CSS_E 的里程由缩短法试验时 REESS 的电能变化量的百分比确定。试验循环段 DS_2 之后 REESS 的剩余能量应不超过缩短法试验时 REESS 的电能变化量的 10%，若不能满足要求，则试验需要重新进行。

恒速段 CSS_M 的里程按照式（10-16）计算。

$$d_{CSS_M} = BER_{est} - d_{DS_1} - d_{CSS_E} - d_{DS_2} \tag{10-16}$$

式中，d_{CSS_M}为恒速段 CSS_M 的里程（km）；BER_{est} 为采取缩短法进行试验，车辆在底盘测功机上行驶里程的估计值（km）；d_{DS_1}为试验循环段 DS_1 的里程（km）；d_{CSS_E}为恒速段 CSS_E 的里程（km）；d_{DS_2}为试验循环段 DS_2 的里程（km）。

c. 浸车：在进行恒速段 CSS_M 的行驶过程中，车辆可根据表 10-6 的规定进行浸车。浸车的停车操作按照试验终止时停车方法的规定进行。浸车期间，车辆起动开关必须处于“OFF”状态，关闭发动机舱盖，关闭试验台风扇，释放制动踏板，不能使用外接电源充电。浸车后，车辆在选择的驾驶模式下继续运行，且加速至恒速段的过程需平稳，并应在 1min 内完成。

表 10-6　浸车时间

恒速段 CSS_M 里程 d_{CSS_M} /km	最长总浸车时间 /min
$0 < d_{CSS_M} \leq 100$	10
$100 < d_{CSS_M} \leq 150$	20
$150 < d_{CSS_M} \leq 200$	30
$200 < d_{CSS_M} \leq 300$	60
$d_{CSS_M} > 300$	检验机构根据汽车生产企业的建议确定

注：每 50km 期间允许浸车 1 次。

d. 试验终止条件：进行循环试验时，当出现以下情况时停止试验。

a）进行常规工况法试验时，若车辆申报的最高车速不小于 CLTC 的最高车速，不能满足轻型汽车试验循环的速度公差和时间公差的要求时，停止试验；若车辆申报的最高车速小于 CLTC 的最高车速，对于超过车辆申报最高车速的部分，按照 GB 18352.6 —2016 中附录 C 的 A.5 的规定对试验循环进行修正。此时要求驾驶员将加速踏板踩到底，允许车辆实际车速超过公差上限，但不能低于公差下限；在目标车速不能满足公差要求时，停止试验。

进行缩短法试验时，若车辆在恒速段 CSS_E 连续 4s 不能满足公差下限要求，应停止试验。

b）试验达到结束条件时，保持档位不变，使车辆滑行至最低稳定车速或 5km/h，再踩下制动踏板进行停车。

e. REESS 电流和电压的确定：从试验开始直到达到终止试验的条件停止试验，整个过程中应按照规定测量所有 REESS 的电流和电压，不准许在浸车期间关闭任何 REESS 的电流电压测试仪器。如果使用的是按时积分设备，在浸车期间应保持设备的工作状态。对 REESS 的电流和电压的测量在试验终止、车辆停止后立即结束。

③ REESS 充电和电量的测量：试验结束后，车辆在 2h 内用常规充电进行充电，充电方式与试验前一致。采取交流充电方式时，电量测量设备安装于车辆插头和供电设备之间；如果车辆仅有直流充电方式，或根据汽车生产企业建议并经由检验机构确定选择了直流充电方式，则电量测量设备安装于供电设备和电网之间。计算从外部充入的电量 E_{AC} 以及充电时间。当达到充电结束标准时，REESS 充电结束，同时停止电量测量。

2）重型商用车辆：能量消耗量和续驶里程使用相同的试验程序，试验程序包括以下 3 个步骤：对 REESS 进行初次充电；进行能量消耗量和续驶里程试验；试验后再次为 REESS 充电，测量从外部充入的电量。

车辆充电位置与底盘测功机不在一起的情况下，如果使用车辆自身动力在两者之间移动，要求车辆用不大于 30km/h 的车速尽量以匀速的方式在两者之间移动（尽量减少电能的消耗），车辆每次在两者之间移动的距离不超过 3km。试验在充电结束后 12h 之内开始。

① REESS 的初次充电：REESS 的初次充电指接收车辆以后 REESS 的第一次充电。如果所规定的几个试验或测量连续进行，第一次充电可认为是初次充电。

a. REESS 的放电：根据汽车生产企业的建议，在进行 REESS 的充电前可先对 REESS 进行放电，放电程序应根据汽车生产企业的建议进行。汽车生产企业应保证放电结束后 REESS 的剩余能量不超过荷电状态（SOC）的 20% 或汽车生产企业设定的 SOC 故障报警值。

b. REESS 的充电：常规充电使用传导充电的方式对 REESS 进行充电，若车辆同时存在直流和交流的充电方式，则根据汽车生产企业的建议选择。REESS 推荐在规定的环境温度下，使用下列方式之一进行充电。

a）使用车载充电器（如装有）充电。

b）使用汽车生产企业建议的外接充电器，使用正常模式充电。

上述充电程序不包括任何自动或手动启动的特殊充电程序，如均衡充电模式或维护模式。汽车生产企业应声明，在测试过程中没有采用特殊充电程序。实际销售车辆具备的不需要进行额外操作的充电策略不认为是特殊充电程序，但汽车生产企业应提供相关的证明文件。

c）充电结束的标准

当车载或外部仪器显示 REESS 已完全充电时，判定为充电完成。如果车载或外部仪器发出明显的信号提示 REESS 没有充满，在这种情况下，最长充电时间为

$$3 \times 汽车生产企业规定的 REESS 能量（kW·h）/ 供电功率（kW）$$

② 试验流程

a. 驾驶模式的选择如下。

a）如果有主模式，且该模式可以使车辆在试验过程中跟随试验循环，则选择该模式。

b）如果没有主模式，或有主模式，但该模式不能使车辆在试验过程中跟随试验循环，则驾驶模式应按照以下原则选择：如果只有一个可选模式可以使车辆在试验过程中跟随试验循环，则选择该模式；如果有多个模式可以使车辆在试验过程中跟随试验循环，则应根据汽车生产企业的建议选择。

c）如果没有任何模式可以使车辆在试验过程中跟随试验循环，则试验循环应根据GB 18352.6—2016 中附录 C 的 A.5 进行修正：如果有主模式，且该模式可以使车辆在试验过程中跟随修正后的试验循环，则选择该模式；如果没有主模式，或有主模式，但该模式不能使车辆在试验过程中跟随修正后的试验循环，则在可以使车辆在试验过程中跟随修正后的试验循环的其他模式中，根据汽车生产企业的建议选择。

d）试验过程中及浸车前后，驾驶模式应保持一致。

在 REESS 充电结束时记录该时刻。在此之后 12h 之内开始按照规定的试验程序进行试验。在此期间，确保车辆在规定的环境温度下放置。

试验在常规工况法或缩短法中选一进行。

b. 试验流程

a）常规工况法：在底盘测功机上采用中国重型商用车辆行驶工况（CHTC）循环连续进行试验，直到达到试验终止条件的要求时停止试验。在移动和试验过程中需实时测量并记录电池端的电压和电流值。除非有其他的规定，每 4 个试验循环允许浸车一次，时间应不超过 10min。浸车期间，车辆起动开关应处于“OFF”状态，关闭发动机舱盖，关闭试验台风扇，释放制动踏板，不能使用外接电源充电。

b）缩短法：缩短法速度片段由 2 个试验循环段和 2 个恒速段组成，构成如图 10-16 所示。其中，DS_1 和 DS_2 为试验循环段，各包含 2 个 CHTC 试验循环；CSS_M 和 CSS_E 为恒速段，由较高的恒定车速构成，用以尽快放电，减少测试时间。利用 2 个试验循环段的数据，分别计算得到车辆的能量消耗量和续驶里程。

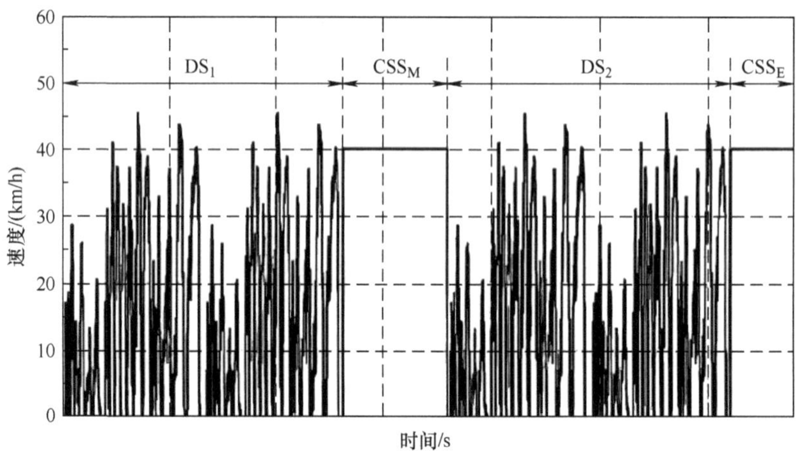

图 10-16　缩短法速度片段构成

恒速段的最低车速，城市客车为 40km/h；客车（不含城市客车）为 80km/h；货车（不含自卸汽车）为 70km/h；自卸汽车为 60km/h；半挂牵引车为 70km/h。根据汽车生产企业建议并经由检验机构确定，2 个恒速段可以分别选择更高的车速。若车辆的 30min 最高车速小于推荐车速，则恒速段的车速应设置为车辆的 30min 最高车速。

试验循环段结束后，将车辆加速踏板踩到底，直至达到恒速段车速。车辆在进行恒速段 CSS_M 的行驶过程中，可按要求进行浸车。浸车的相关规定同轻型汽车。

恒速段 CSS_E 的里程由缩短法试验时 REESS 的电能变化量的百分比确定。试验循环段 DS_2 之后 REESS 的剩余能量不超过缩短法试验时 REESS 的电能变化量的 20%，若不能满足要求，则试验需要重新进行。

恒速段 CSS_M 的里程按照式（10-16）计算。

c. 试验终止条件：进行 CHTC 循环试验时，当出现以下情况时停止试验。

a）按常规工况法进行试验时，若车辆最高车速不小于 CHTC 的最高车速，不能满足重型商用车试验循环的速度公差和时间公差的要求时，停止试验。

b）按常规工况法进行试验时，若车辆最高车速小于 CHTC 的最高车速，不能满足重型商用车试验循环的速度、时间公差要求时，停止试验。

c）按缩短法进行试验时，车辆在试验循环段 DS_1 和 DS_2 中需满足重型商用车试验循环的速度、时间的公差要求。当车辆在恒速段 CSS_E 连续 4s 不能满足速度公差下限时，停止试验。

达到试验结束条件时，车辆档位保持不变，滑行至 5km/h，再踩下制动踏板进行停车。

d. REESS 电流和电压的确定：从试验开始直到达到终止试验的条件停止试验，整个过程中应按照规定测量所有 REESS 的电流和电压，不允许在浸车期间关闭任何 REESS 的电流电压测试仪器。如果使用的是按时积分设备，在浸车期间应保持设备的工作状态。对 REESS 的电流和电压的测量在试验终止、车辆停止后立即结束。

③ REESS 充电和电量的测量：试验结束后，车辆在 120min 内用常规充电进行充电，充电方式与试验前一致。

在车辆 REESS 和供电设备之间安装电量测量设备，测量从外部电源充入的电量（E_{AC}）以及充电时间，若车辆搭载车载充电机，则电量测量设备应安装在车载充电机和供电设备之间。当达到充电结束标准时，REESS 充电结束，同时停止电量测量。

10.2.3　能量消耗量和续驶里程的计算

试验结果相关参数和精度应符合表 10-7 的要求。进行能量消耗量和续驶里程计算时，除非有特殊说明，否则不应对过程数据进行四舍五入处理。

表 10-7　试验结果相关参数和精度

参数	单位	试验结果精度
能量消耗量 *EC*	W · h/km①	四舍五入至整数
充电电量 *E*	W · h	四舍五入至整数
续驶里程 *BER*	km	四舍五入至整数

① 根据需要，可将该单位换算为 kW · h/100km，换算后应保留相同的有效数字。

1. 能量消耗量和续驶里程计算的相关公式

REESS 电能变化量的第 j 个速度区间的能量消耗量

$$EC_{\text{DC},j} = \frac{\Delta E_{\text{REESS},j}}{d_j} \tag{10-17}$$

式中，$EC_{\text{DC},j}$ 为基于 REESS 电能变化量的第 j 个速度区间的能量消耗量（W · h/km）；j 为速度区间的序号，对于完整的试验循环，j 记为 c；d_j 是车辆在第 j 个速度区间的行驶里程（km）；

$\Delta E_{\mathrm{REESS},j}$ 为第 j 个速度区间所有 REESS 的电能变化量（W·h），按照式（10-18）计算：

$$\Delta E_{\mathrm{REESS},j}=\sum_{g=1}^{m}\Delta E_{\mathrm{REESS},g,j} \tag{10-18}$$

式中，g 为 REESS 号；m 为 REESS 总数量；$\Delta E_{\mathrm{REESS},g,j}$ 是第 j 个速度区间的时间范围内，编号为 g 的 REESS 电能变化量（W·h），按照式（10-19）计算：

$$\Delta E_{\mathrm{REESS},g,j}=\frac{1}{3600}\int_{t_0}^{t_{\mathrm{end}}}U(t)_{\mathrm{REESS},g,j}I(t)_{g,j}\mathrm{d}t \tag{10-19}$$

式中，t_0 为第 j 个速度区间的开始时刻（s）；t_{end} 为第 j 个速度区间的结束时刻（s）；$U(t)_{\mathrm{REESS},g,j}$ 是第 j 个速度区间的时间范围内，编号为 g 的 REESS 在 t 时刻的电压值（V）；$I(t)_{g,j}$ 是第 j 个速度区间的时间范围内，编号为 g 的 REESS 在 t 时刻的电流值（A）。

对于最高车速小于 CLTC 最高车速的车辆，试验报告记录能量消耗量和续驶里程结果时应对最高车速进行说明。

2. 能量消耗量

轻型汽车能量消耗量按照式（10-20）计算：

$$EC=\frac{E_{\mathrm{AC}}}{BER} \tag{10-20}$$

184 式中，EC 为从外部获取的能量消耗量（W·h/km）；E_{AC} 为通过试验测量得到的来自外部的电量（W·h）；BER 是通过试验计算得到的续驶里程（km）。

重型商用车辆能量消耗量按照式（10-21）计算：

$$EC=\frac{E_{\mathrm{REESS,CCP(STP)}}}{E_{\mathrm{REESS,CCP(STP)}}-\Delta E_{\mathrm{REESS,af}}}\times\frac{E_{\mathrm{AC}}}{BER} \tag{10-21}$$

式中，EC 为从外部电源获取的能量消耗量（W·h/km）；$E_{\mathrm{REESS,CCP(STP)}}$ 为按试验续驶里程确定的试验前后（包括试验前车辆移动的过程）REESS 的电能变化量（W·h）；$\Delta E_{\mathrm{REESS,af}}$ 为试验后车辆移动过程中所有 REESS 的电能变化量（W·h）；E_{AC} 为试验结束后充电时测量得到的来自外部电源的电量（W·h）；BER 为计算得到的续驶里程（km）。

3. 续驶里程

（1）基于常规工况法的续驶里程

1）轻型汽车。基于常规工况法的续驶里程按照式（10-22）计算：

$$BER=\frac{E_{\mathrm{REESS,CCP}}}{EC_{\mathrm{DC}}} \tag{10-22}$$

式中，BER 为续驶里程（km）；$E_{\mathrm{REESS,CCP}}$ 为常规工况法试验前后 REESS 的电能变化量（W·h）；EC_{DC} 为基于 REESS 电能变化量的能量消耗量（W·h/km）。

其中，$E_{\mathrm{REESS,CCP}}$ 和 EC_{DC} 分别按照式（10-23）、式（10-24）计算：

$$E_{\mathrm{REESS,CCP}}=\sum_{j=1}^{k}\Delta E_{\mathrm{REESS},j} \tag{10-23}$$

式中，k 为常规工况法试验结束后，车辆所行驶的速度区间数量，不含达到试验结束的标准时未运行完成的速度区间；$\Delta E_{\mathrm{REESS},j}$ 为按照规定计算得到的第 j 个速度区间所有 REESS 的电能变化量（W・h）。

$$EC_{\mathrm{DC}}=\sum_{c=1}^{n}(EC_{\mathrm{DC},c}K_{c}) \tag{10-24}$$

式中，c 为试验循环的序号；n 为常规工况法试验结束后，车辆所行驶的完整的试验循环数量，不含达到试验结束的标准时未运行完成的试验循环；$EC_{\mathrm{DC},c}$ 为基于 REESS 电能变化量的第 c 个试验循环的能量消耗量（W・h/km）；K_c 是第 c 个试验循环的权重系数，按照式（10-25）计算：

$$K_{c}=\begin{cases}\dfrac{\Delta E_{\mathrm{REESS},c}}{E_{\mathrm{REESS,CCP}}},(c\leqslant 2)\\ \dfrac{1-K_{1}-K_{2}}{n-2},(c>2)\end{cases} \tag{10-25}$$

式中，$\Delta E_{\mathrm{REESS},c}$ 为按照规定计算得到的第 c 个试验循环所有 REESS 的电能变化量（W・h）。

2）重型商用车辆。基于常规工况法的续驶里程按照式（10-26）计算：

$$BER=\frac{E_{\mathrm{REESS,CCP}}}{EC_{\mathrm{DC}}} \tag{10-26}$$

式中，BER 为续驶里程（km）；$E_{\mathrm{REESS,CCP}}$ 为常规工况法试验前后 REESS 的电能变化量（W・h）；EC_{DC} 为基于 REESS 电能变化量的能量消耗量（W・h/km）。

其中，$E_{\mathrm{REESS,CCP}}$ 和 EC_{DC} 分别按照式（10-27）、式（10-28）计算：

$$E_{\mathrm{REESS,CCP}}=\Delta E_{\mathrm{REESS},bc}+\sum_{j=1}^{k}\Delta E_{\mathrm{REESS},j} \tag{10-27}$$

式中，$\Delta E_{\mathrm{REESS},bc}$ 为试验前车辆移动过程中所有 REESS 的电能变化量（W・h）；k 为常规工况法试验结束后，车辆所行驶的速度区间数量，含达到试验结束的标准时未运行完成的速度区间；$\Delta E_{\mathrm{REESS},j}$ 为按照规定计算得到的第 j 个速度区间所有 REESS 的电能变化量（W・h）。

$$EC_{\mathrm{DC}}=\sum_{c=1}^{n}(EC_{\mathrm{DC},c}K_{c}) \tag{10-28}$$

式中，c 为试验循环的序号；n 为常规工况法试验结束后，车辆所行驶的完整的试验循环数量，不含达到试验结束的标准时未运行完成的试验循环；$EC_{\mathrm{DC},c}$ 为基于 REESS 电能变化量的第 c 个试验循环的能量消耗量（W・h/km）；K_c 为第 c 个试验循环的权重系数，按照式（10-29）计算：

$$K_{c}=\begin{cases}\dfrac{\Delta E_{\mathrm{REESS},c}}{E_{\mathrm{REESS,CCP}}},(c\leqslant 2)\\ \dfrac{1-K_{1}-K_{2}}{n-2},(c>2)\end{cases} \tag{10-29}$$

式中，$\Delta E_{\text{REESS},c}$ 为按照规定计算得到的第 c 个试验循环所有 REESS 的电能变化量（W·h）。

（2）基于缩短法的续驶里程

基于缩短法的续驶里程按照式（10-30）计算：

$$BER = \frac{E_{\text{REESS,STP}}}{EC_{\text{DC}}} \tag{10-30}$$

式中，BER 为续驶里程（km）；$E_{\text{REESS,STP}}$ 为缩短法试验前后，REESS 的电能变化量（W·h）；EC_{DC} 是基于 REESS 电能变化量的能量消耗量（W·h/km）。

其中，轻型汽车的 $E_{\text{REESS,STP}}$ 按照式（10-31）计算，重型商用汽车的 $E_{\text{REESS,STP}}$ 按照公式（10-32）计算，EC_{DC} 按照公式（10-33）计算：

$$E_{\text{REESS,STP}} = \Delta E_{\text{REESS,DS}_1} + \Delta E_{\text{REESS,CSS}_\text{M}} + \Delta E_{\text{REESS,DS}_2} + \Delta E_{\text{REESS,CSS}_\text{E}} \tag{10-31}$$

式中，$\Delta E_{\text{REESS,DS}_1}$ 为按照规定计算得到的试验循环段 DS_1 所有 REESS 的电能变化量（W·h）；$\Delta E_{\text{REESS,CSS}_\text{M}}$ 为按照规定计算得到的恒速段 CSS_M 所有 REESS 的电能变化量（W·h）；$\Delta E_{\text{REESS,DS}_2}$ 是按照规定计算得到的试验循环段 DS_2 所有 REESS 的电能变化量（W·h）；$\Delta E_{\text{REESS,CSS}_\text{E}}$ 是按照规定计算得到的恒速段 CSS_E 所有 REESS 的电能变化量（W·h）。

186

$$E_{\text{REESS,STP}} = \Delta E_{\text{REESS,be}} + \Delta E_{\text{REESS,DS}_1} + \Delta E_{\text{REESS,CSS}_\text{M}} + \Delta E_{\text{REESS,DS}_2} + \Delta E_{\text{REESS,CSS}_\text{E}} \tag{10-32}$$

式中，$\Delta E_{\text{REESS,be}}$ 为试验前车辆移动过程中所有 REESS 的电能变化量（W·h）；$\Delta E_{\text{REESS,DS}_1}$ 为按照规定计算得到的试验循环段 DS_1 所有 REESS 的电能变化量（W·h）；$\Delta E_{\text{REESS,CSS}_\text{M}}$ 为按照规定计算得到的恒速段 CSS_M 所有 REESS 的电能变化量（W·h）；$\Delta E_{\text{REESS,DS}_2}$ 为按照规定计算得到的试验循环段 DS_2 所有 REESS 的电能变化量（W·h）；$\Delta E_{\text{REESS,CSS}_\text{E}}$ 为按照规定计算得到的恒速段 CSS_E 所有 REESS 的电能变化量（W·h）。

$$EC_{\text{DC}} = \sum_{c=1}^{4}(EC_{\text{DC},c} K_c) \tag{10-33}$$

式中，c 为试验循环的序号；$EC_{\text{DC},\ c}$ 为基于 REESS 电能变化量的第 c 个试验循环的能量消耗量（W·h/km）；K_c 为第 c 个试验循环的权重系数，按照式（10-34）计算：

$$K_c = \begin{cases} \dfrac{\Delta E_{\text{REESS},c}}{E_{\text{REESS,STP}}}, (c \leqslant 2) \\ \dfrac{1 - K_1 - K_2}{n - 2}, (c > 2) \end{cases} \tag{10-34}$$

式中，$\Delta E_{\text{REESS},c}$ 为按照规定计算得到的第 c 个试验循环所有 REESS 的电能变化量（W·h）。

4. 确定试验结果

如果第一次试验后，试验结果满足表 10-8 中第一次试验要求，型式检验结果采用汽车生产企业的申报综合值作为型式认证值。否则，应进行第二次试验。

表 10-8　试验次数准则

试验	判断标准	*EC*	*BER*
第一次试验	第一次试验结果	≤申报综合值 ×1.02	>申报综合值 ×0.98
第二次试验	两次试验结果算术平均值	≤申报综合值 ×1.02	>申报综合值 ×0.98
第三次试验	三次试验结果算术平均值	≤申报综合值 ×1.02	>申报综合值 ×0.98

第二次试验结束后，计算两次试验结果的算术平均值，如果算术平均结果满足表 10-8 中第二次试验的要求，型式检验结果采用汽车生产企业的申报综合值作为型式认证值。否则，应进行第三次试验。

第三次试验结束后，计算三次试验结果的算术平均值。如果算术平均结果满足表 10-8 中第三次试验的要求，型式检验结果采用汽车生产企业的电报综合值作为型式认证值。如果算术平均结果不满足表 10-8 中第三次试验的要求，型式检验结果采用三次试验结果的算术平均值。

汽车生产企业根据表 10-9 申报试验车辆的结果。

表 10-9　汽车生产企业需提供的申报综合值

项目	申报综合值①
能量消耗量 *EC*/（W · h/km）	按照 10.2.3 第 2 条确定
续驶里程 *BER*/km	按照 10.2.3 第 3 条确定

①　申报综合值精度应符合表 10-7 的要求。

参 考 文 献

[1] 李玉忠，李全民 . 新能源汽车技术概论 [M]. 北京：机械工业出版社，2020.

[2] 姚为民 . 汽车构造：上册 [M].4 版 . 北京：机械工业出版社，2022.

[3] 姚为民 . 汽车构造：下册 [M].4 版 . 北京：机械工业出版社，2022.

[4] 南友飞 . 纯电动城市客车动力系统参数匹配优化及制动能量回收控制策略研究 [D]. 西安：长安大学，2020.

[5] 中华人民共和国公安部 . 机动车运行安全技术条件：GB 7258—2017[S]. 北京：中国质检出版社，2017.

[6] 中华人民共和国工业和信息化部 . 汽车、挂车及汽车列车外廓尺寸、轴荷及质量限值：GB 1589—2016[S]. 北京：中国标准出版社，2016.

[7] 苟琦智，李耀华，杨阳，等 . 基于行驶工况的纯电动城市客车动力系统参数匹配优化 [J]. 西华大学学报自然科学版，2021，40(2)：47-57.

[8] 中华人民共和国工业和信息化部 . 电动汽车安全要求：GB 18384—2020[S]. 北京：中国标准出版社，2020.

[9] 张利新，刘逸群，明杰婷 . 纯电动城市客车动力系统匹配设计及仿真分析 [J]. 客车技术与研究，2022，44(3)：15-18.

[10] 沈鑫泽，何锋，郑永樑，等 . 纯电动城市客车动力系统参数匹配及仿真分析 [J]. 农业装备与车辆工程，2021，59(6)：9-13.

[11] 沈鑫泽 . 中型纯电动城市客车动力系统匹配研究 [D]. 贵阳：贵州大学，2021.

[12] MA J，GU F，FENG Z，et al. Parameter Matching of Power Systems and Design of Vehicle Control Strategies for Mini-Electric Trucks[J].World Electric Vehicle Journal，2023，14(8)：207.

[13] 全国汽车标准化技术委员会 . 电动汽车　能量消耗率和续驶里程　试验方法：GB/T 18386—2017[S]. 北京：中国标准出版社，2018.

[14] 朱升高，王国涛，韩素芳 . 电动汽车动力电池管理系统原理与检修 [M]. 北京：机械工业出版社，2021.

[15] 黄学杰 . 浅谈混合电动汽车用锂离子蓄电池 [J]. 电池工业，2008：13(3)：187-190.

[16] 杨妙梁 . 国外车用锂离子蓄电池的应用与发展动向（一）[J]. 新能源汽车，2008(3)：30-33.

[17] 杨妙梁 . 国外车用锂离子蓄电池的应用与发展动向（二）[J]. 新能源汽车，2008(4)：46-48.

[18] 毕明 . 直流电动机驱动控制器硬件的设计与实现 [D]. 成都：电子科技大学，2007.

[19] 双纪文 . 混合动力电动汽车的无位置传感器无刷直流电机控制系统研究 [D]. 成都：西南交通大学，2008.

[20] 秦岭 . 基于无刷直流电机的电动汽车驱动控制器的研制 [D]. 合肥：合肥工业大学，2007.

[21] 董昭 . 无刷直流电动机控制系统的研究 [D]. 西安：西安理工大学，2007.

[22] 孙振川 . 异步电机直接转矩控制理论和技术的研究 [D]. 济南：山东大学，2008.

[23] 姚海兰 . 永磁同步电机直接转矩控制系统 [D]. 上海：同济大学，2008.

[24] 郝亚川 . 基于永磁同步电机的电动汽车驱动系统研究 [D]. 北京：北京工业大学，2008.

[25] 张金柱 . 永磁同步电动机在混合动力电动汽车上的应用 [J]. 上海汽车，2005(6)：33-35.

[26] 石小波 . 电动车用开关磁阻电机低转矩脉动控制系统研究及实现 [D]. 长沙：湖南大学，2008.

[27] 李时伟 . 开关磁阻电动机参数分析及控制系统研究 [D]. 哈尔滨：哈尔滨工业大学，2007.

[28] 电气学会电动汽车驱动系统调查专门委员会 . 电动汽车最新技术 [M]. 康龙云，译 . 北京：机械工业出

版社，2008.

[29] EHSANI M，GAO Y，EMADI A. 现代电动汽车、混合动力电动汽车和燃料电池车：基本原理理论和设计 [M]. 倪光正，倪培宏，熊素铭，译 . 北京：机械工业出版社，2008.

[30] 姜辉 . 电动汽车传动系统的匹配及优化 [D]. 哈尔滨：哈尔滨工业大学，2006.

[31] 夏青松 . 电动汽车动力系统设计及仿真研究 [D]. 武汉：武汉理工大学，2007.

[32] 张巍 . 纯电动汽车电池管理系统的研究 [D]. 北京：北京交通大学，2008.

[33] 刘博 . 基于纯电动汽车的制动能量回收系统的研究与实现 [D]. 北京：清华大学，2004.

[34] 王秀玲 . 电动汽车驱动系统的研究 [D]. 长春：吉林大学，2007.

[35] 陈全世，信继欣，孙力 . 中国电动车辆研究与开发 [M]. 北京：北京理工大学出版社，2005.

[36] 王凤麒 . 并联式混合动力电动汽车动力传动系的研究 [D]. 哈尔滨：哈尔滨工业大学，2005.

[37] 李建兴 . 铅酸蓄电池电动汽车续驶里程的研究 [D]. 哈尔滨：哈尔滨工业大学，2004.

[38] 崔智全 . 混合动力电动汽车动力源功率分配研究 [D]. 哈尔滨：哈尔滨工业大学，2004.

[39] 孙刚 . 混合动力车辆制动能量回收系统的控制研究 [D]. 哈尔滨：哈尔滨工业大学，2006.

[40] 胡骅，宋慧 . 燃料电池电动汽车（I）[J]. 汽车电器，2007（1）：51-55.

[41] 尹安东，于霞 . 燃料电池电动汽车驱动系统及其控制技术 [J]. 农业装备与车辆工程，2007（4）：36-38.

[42] 陈家昌，王菊，伦景光 . 国际燃料电池汽车技术研发动态和发展趋势 [J]. 汽车工程，2008，30（5）：380-385.

[43] 熊伟铭，张觉慧，任纪良，等 . 燃料电池汽车整车集成的关键技术 [J]. 上海汽车，2007（8）：3-6，13.

[44] 朱可 . 燃料电池城市客车动力系统关键技术研究 [D]. 合肥：合肥工业大学，2007.

[45] 程伟，欧阳启，张晓辉 . 燃料电池汽车用电机驱动系统选型及性能参数研究 [J]. 上海汽车，2008（3）：4-7.

[46] 魏学哲，戴海峰，孙泽昌 . 燃料电池汽车辅助动力蓄电池选型设计 [J]. 电源技术，2007（10）：13-17.

[47] 赵云峰，陈俊，朱自萍，等 . 混合动力电动汽车和新能源汽车数据分析 [J]. 农业装备与车辆工程，2012，50（5）：26-33.

[48] 温有东 . 电动汽车用永磁同步电机的研究 [D]. 哈尔滨：哈尔滨工业大学，2012.

[49] 张鹏 . 电动汽车制动能量回收系统的研究与实现 [D]. 哈尔滨：哈尔滨工业大学，2010.

[50] 秦韵 . 增程式电动汽车动力传动系统参数匹配及性能仿真 [D]. 哈尔滨：哈尔滨工业大学，2012.

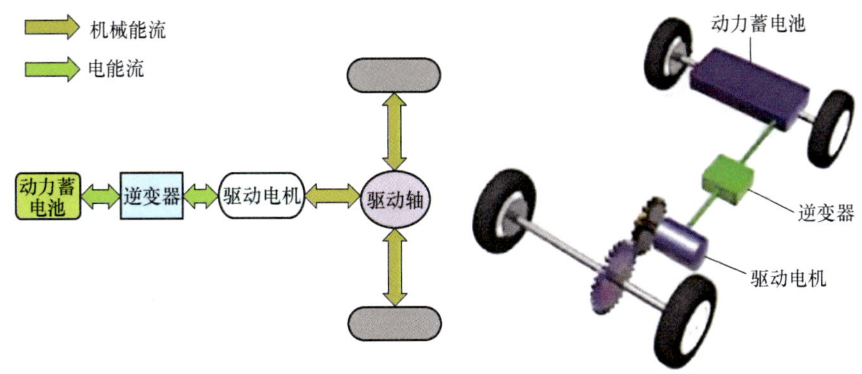

图 5-2　纯电动汽车的工作原理

图 6-1　混合动力电动汽车的结构

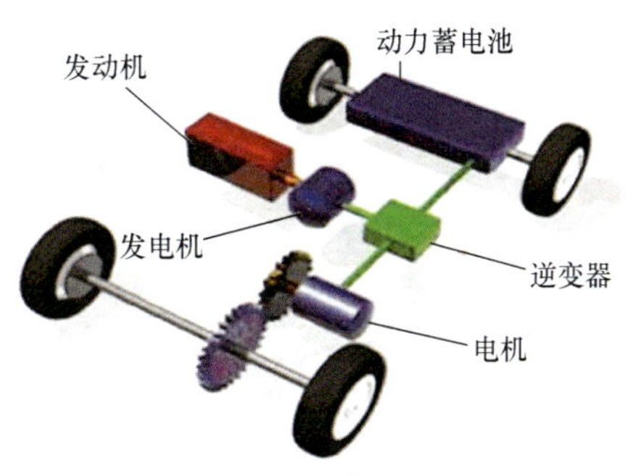

图 6-2　串联式混合动力电动汽车的结构示意图

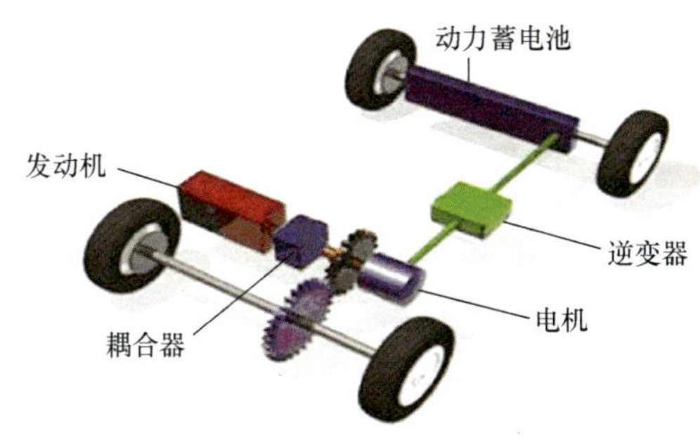

图 6-3　并联式混合动力电动汽车的结构示意图

图 6-4　并联结构混合动力电动汽车动力总成

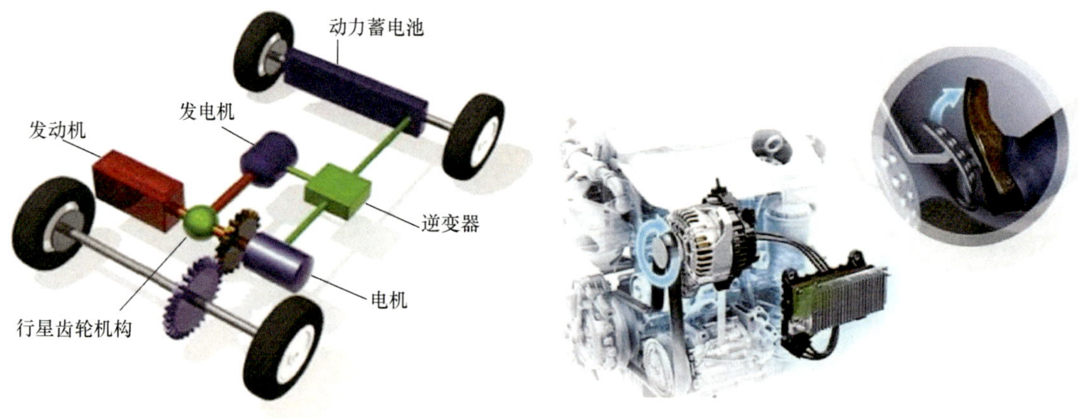

图 6-5　混联式混合动力电动汽车的结构示意图　　图 6-6　微度混合动力电动汽车发电机

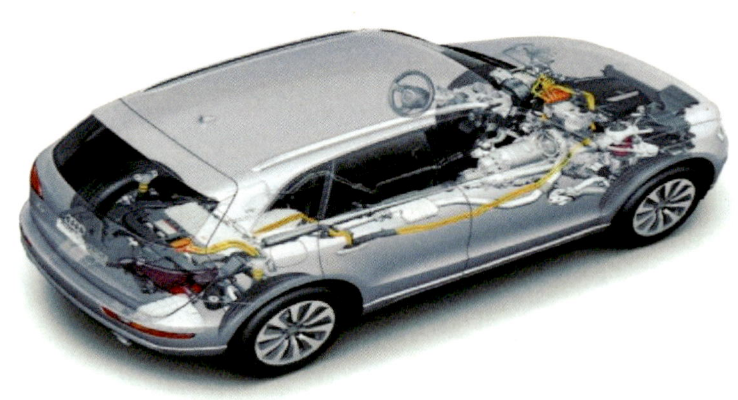

图 6-7　深度混合动力电动汽车

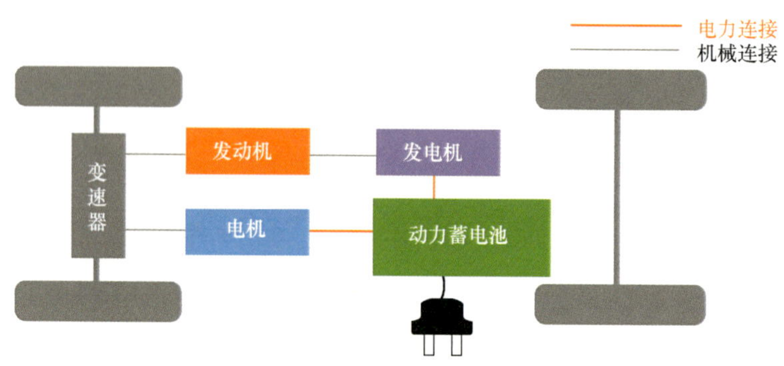

图 6-8　插电式混合动力电动汽车的结构示意图

图 6-9 丰田普锐斯插电式混合动力电动汽车

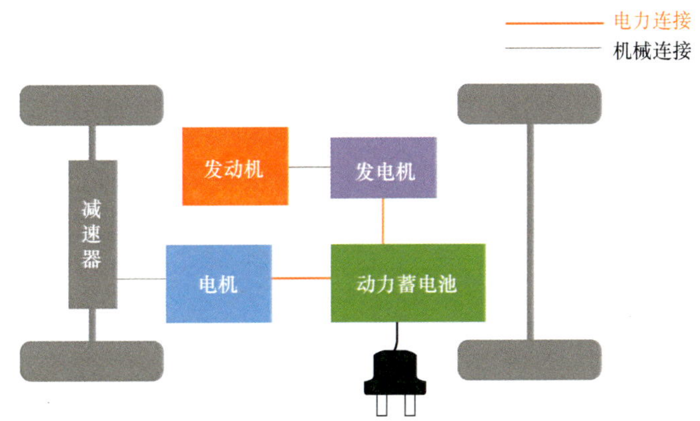

图 6-10 插电增程式混合动力电动汽车动力系统示意图

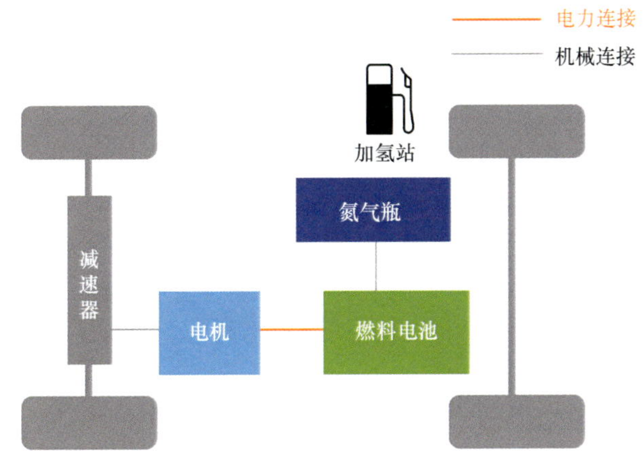

图 7-1 燃料电池电动汽车动力系统示意图

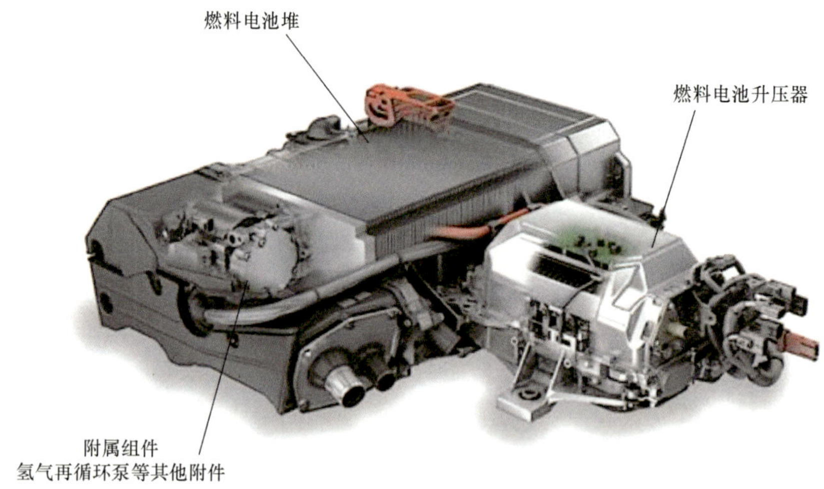

图 7-2　车载燃料电池堆及附件系统

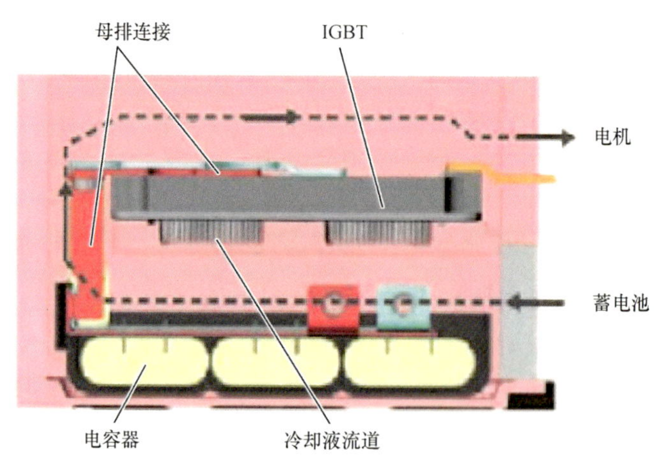

图 9-16　日立公司第二代电机控制器内部结构示意图

图 10-2　试验中的冷却风机